图书在版编目（CIP）数据

汉字应用水平测试（HZC）应试指导/唐余俊编著. —广州：暨南大学出版社，2009.4

ISBN 978-7-81135-181-1

Ⅰ.汉…　Ⅱ.唐…　Ⅲ.汉语—水平考试—自学参考资料　Ⅳ.H1

中国版本图书馆 CIP 数据核字（2009）第 003743 号

出版发行：暨南大学出版社

地　址：中国广州暨南大学
电　话：总编室（8620）85221601
　　　　营销部（8620）85225284　85228291　85220693（邮购）
传　真：（8620）85221583（办公室）　85223774（营销部）
邮　编：510630
网　址：http://www.jnupress.com　http://press.jnu.edu.cn

排　版：暨南大学出版社照排中心
印　刷：佛山市浩文彩色印刷有限公司

开　本：787mm×960mm　1/16
印　张：18
字　数：375 千
版　次：2009 年 4 月第 1 版
印　次：2009 年 4 月第 1 次
印　数：1—3000 册

定　价：33.00 元

前　言

也曾亲历“秀才识字认半边”，结果错上了天；也曾频遇“熟字”而不能规范书写……直面诸多不该误写而误写了的现代汉字字形，直面诸多不该误读而误读了的现代汉字字音，直面诸多不该误用而误用了的现代汉字字义，身为“现代汉语”课程教师、省级普通话水平测试员，痛心之余，深感规范应用现代汉语语音、语汇、语法及现代文字大有必要。

令人欣慰的是，从2005年起，中华人民共和国教育部、国家语言文字工作委员会正式组织实施了又一项国家通用语言文字标准化水平测试——“汉字应用水平测试”（HZC），它与普通话水平测试（PSC）相辅相成，贯彻落实教育部、国家语委《中华人民共和国国家通用语言文字法》“国家推广普通话，推行规范汉字”的规定要求；2006年，《汉字应用水平等级及测试大纲（语言规范GF2002—2006）》（以下简称《大纲》）正式发布；2007年，我国第一次汉字应用水平测试在上海举行；2008年，河北等11个省（区、市）先后组织了计有4万多人参加的HZC；从2009年起，HZC推行范围将进一步扩大直至全面展开……

欣喜之余，笔者有感于“推广普通话，推行规范汉字”活动虽然是如火如荼，但有益于“推行规范汉字”的助学资料仅见一二，远远不能满足全面推进HZC的需要，不能满足应试人取得较好HZC成绩的需要。笔者有意为规范应用现代汉字字形、字音、字义尽点儿绵薄之力，于是自2007年秋起便着手搜集资料，费时一年许，数易其稿，拙编著《汉字应用水平测试（HZC）应试指导》（以下简称《应试指导》），功成于“奥运之年”岁末。

《应试指导》全书正文共有4章，第一章“汉字应用水平测试概说”，概括介绍汉字及汉字应用水平测试（HZC）的相关情况，对《大纲》所附汉字应用水平测试题型（样题）进行解读。第二章“现代汉字字形的正确掌握”、第三章“现代汉字字音的正确掌握”和第四章“现代汉字字义的正确掌握”，其分别论及如何正确掌握现代汉字字形、字音、字义，既有适量的理论阐述，也有较为细致的考点精讲和应试要领解析。附录篇数不多，但力求实用、够用，其中的《汉字应用水平测试字表》加注汉语拼音，提高了应试人的学习效率。应试人如果恰当完成附录中的3份模拟试卷，可使应试人在进行了较为系统的学习后，对自己掌握规范的现代汉字字形、字音、字义情况有个大致了解，有助于应试人更有针对性地作考前冲刺。

《应试指导》是编著之作。它的“编”主要体现在：第一，它汇编了《汉字应用水平等级及测试大纲（语言规范 GF2002—2006）》、《第一批异形词整理表》等数篇重要的体现国家通用语言文字规范化要求的文件、字表；第二，它直接或间接引用了“参考文献”所列文献的相关内容。它的“著”，体现在它的更多内容是由笔者呕心沥血撰写而成，其中有颇多经验之谈和独到见解。

《应试指导》讲求科学性。笔者熟悉 HZC 应规范掌握的知识要点，编著内容力求符合国家通用语言文字规范化文件、字表、权威语文工具书的规范要求。

《应试指导》讲求针对性。笔者多年从事“现代汉语”、“普通话”等课程教学，有较长时间的 PSC、MPA“语文”、GCT“语文”等证书或课程的考前辅导经历，了解应试人考前心理，使《应试指导》有可能在具备科学性的前提下，更具应试针对性。

《应试指导》讲求实用性。除了有助于应试，笔者的编著意图还在于使那些不一定参加 HZC 的读者能从《应试指导》中了解到什么是规范的现代汉字字形、字音和字义，而考取预期成绩后的应试人仍可视《应试指导》为案头必备参考读物之一。

笔者深知才疏学浅，但仍不揣冒昧编著《应试指导》，其勇气的获得有诸多来源：一从笔者南师读硕和苏大进修及各求学阶段诸位师长的渊博专业学识和严谨治学态度中获得；二从策划编辑杜小陆先生等暨南大学出版社的编辑们的指导和鼓励中获得；三从笔者所在单位盐城工学院的人文学院及其他相关部门领导和同事的支持和帮助中获得；四从拙编著参考文献编著者及其他亲友给予笔者的启迪和裨益中获得；五从多方面提供编著便利条件的笔者爱人——盐城纺织职业技术学院陈凤琴老师那里获得……在此一并致谢。

因受制于主客观条件，拙编著定有欠当之处，敬请大方之家和读者朋友指正。

编著者

2008 年 12 月 25 日

于“书香名邸”蜗居

目录

目录

第一章

汉字应用水平测试概说

第一节　汉字及其应用水平测试

一、汉字概述

汉字起源于距今四五千年前传说中的黄帝到夏禹时期，是由汉民族的祖先在长期的社会实践中逐渐创造出来的记录汉语的书写符号系统。

据史料记载，经过历代史官“仓颉们”的不懈努力，汉字由萌芽时期分散、不成系统的图画与符号，日渐形成完备的文字符号体系。现在我们所能看到的最早也最可靠的汉字符号，当属距今三千多年前的殷商甲骨文。世界上最古老的文字符号系统中，只有汉字仍在使用，并且虽经复杂演变，其形体仍保持了严谨的结构规律和完整的系统性。

汉字是表意体系的文字。汉字用数以万计的符号去表示语素或词的意义，同时也可表示汉字的读音。许慎《说文解字》：“吾，我自称也。从口，五声，五乎切。”其中，“我自称”表示“吾”字的语义，“五乎切”表示“吾”字的语音。

汉字形音、形义、音义之间的联系原本存在一定的理据。

从古代汉字到现代汉字，同一声旁的汉字读音较易相同，比如，以“方(fāng)”为声旁的“芳(fāng)”字读音与“方”字同音，“房(fáng)”、“仿(fǎng)”、“放(fàng)”则与“方”声韵一致而调类相异；而同一形旁的汉字其语义往往相关联，比如，以“艹”为形旁的“芳”、“芽”、“苔”等汉字的语义往往与草类植物有关。

汉字三要素形、音、义都处于动态变化之中。

汉字形体的变化规律有二：从“形象”到“抽象”；从“繁复”到“简洁”。甲骨文、金文、篆体（含大篆、小篆）属于“古文字”，形象性即象形程度较高。从隶书起，汉字进入“今文字”阶段，日渐脱离形象性，变得抽象起来。

尽管汉字从古文字到今文字本身就是一种由繁到简的过程，但自 1956 年中华人民共和国国务院公布的《汉字简化方案》起，尤其是 1964 年正式发布、推行《简化字总表》后，现代汉字由繁体字改为简化字，汉字形体发生了革命性变化。如繁体字“學習漢語”改为简体字后的字形为“学习汉语”。

汉字形体在其发展的各个阶段内则具有相对稳定性。汉字至魏晋发展到楷书阶段，其后一千多年，繁体汉字的形体没有大的变化。1964 年《简化字总表》发布、推行至今，虽然其间曾推行过《第二次汉字简化方案（草案）》

（1977 年发布，1986 年被废止），但简化汉字的字形仍维持了稳定发展。

汉字的语音也处于动态变化之中。古今汉字的声韵系统趋于简化。声母数量由先秦、两汉、隋唐的 33 个到宋以后的 21 个（元代曾是 25 个）；韵母数量由先秦、两汉的 151 个到隋唐的 113 个、宋代的 107 个、元代的 48 个、明代的 40 个再到普通话的 29 个。古今汉字的调类变化很大，由南朝齐梁以来的古汉语的平、上、去、入 4 类有规律地归入普通话的阴平、阳平、上声、去声 4 类。

古汉语声调归入普通话声调的对应关系如下：

平声	清 声 母→阴平	去声	清 声 母→去声
	次浊声母→阳平		次浊声母→去声
	全浊声母→阳平		全浊声母→去声
上声	清 声 母→上声	入声	清 声 母→阴平、阳平、上声、去声
	次浊声母→上声		次浊声母→去声
	全浊声母→去声		全浊声母→阳平

汉字的字义也处于动态变化之中，其变化形式主要有扩大、缩小和转移等。

字义扩大主要指字义内容增加。“醉”在古汉语中指“酒醉。喻极其爱好”，在现代汉语中指“①饮酒过量，神志不清。②沉迷；过分爱好。③用酒炮制（食品）”。“醉”在现代汉语中增加了义项“用酒炮制（食品）”。

字义缩小主要是指字义内容减少。“陪”在古汉语中指“①重叠的，隔层的。②伴随，陪伴。③辅助”；在现代汉语中指“①陪伴。②从旁协助”。“陪”在现代汉语中减少了义项“重叠的，隔层的”。

字义转移通常表现为出现了新义。“习”在古汉语中本义指“鸟屡次拍着翅膀飞行”，在现代汉语中的基本义为“学习；复习；练习”，而义项“鸟屡次拍着翅膀飞”反而没有被《现代汉语词典》等词典收录。

尽管 HZC 考查的是应试人对现代汉字三要素——形、音、义的实际掌握和应用情况，但现代汉字与古代汉字三要素之间的联系密不可分。适当了解古今汉字形、音、义方面的流变，有助于考好汉字应用水平测试。

二、汉字应用水平测试的名称与性质

“汉字应用水平测试”（HANZI YINGYONG SHUIPING CESHI，缩写为 HZC），是由中华人民共和国教育部、国家语言文字工作委员会组织实施的一项国家通用语言文字的标准化水平测试。它与普通话水平测试（PSC）相辅相成，贯彻落实教育部、国家语委《中华人民共和国国家通用语言文字法》（以下简称《国家通用语言文字法》）“国家推广普通话，推行规范汉字”的规定要求。

汉语应用水平测试是一种客观性测试，以有限的汉字和无限的使用环境相结合。这里的“使用环境”主要指由多个汉字组成的词语、句子、篇章及各种具体的语言交际环境。HZC 全面衡量应试人掌握现代汉字字形、字音、字义及其应用的情况，通过书写、辨别等方式考查应试人应用现代汉字的综合能力。HZC 不局限于辨识、修改错别字，也不只是简单地测查应试人的识字量。换言之，应试人不仅要能“识字”，更要善于“用字”。

三、汉字应用水平测试的目的和对象

教育部、国家语委组织实施汉字应用水平测试的目的，在于通过测试的方式，衡量具有中等以上受教育程度或文化程度与此相当的人在阅读、书面表达及相关活动中，是否掌握了汉字应用水平测试范围内汉字的规范字形、正确字音、确切字义，以及能否在实践中正确运用；是否掌握了这些汉字在权威工具书中所载的普通话读音、现代汉语义项及用法，以及能否在实践中准确运用，从而评定应试人掌握和使用现代汉字的实际水平及能力。

实施汉字应用水平测试，可以加快语言文字测评体系的建立和完善，加强我国公民对国家通用语言文字的规范意识，提高国家通用语言文字的应用水平，改善社会用字环境，以利于弘扬中华民族文化，更好地建设社会主义和谐社会。

根据汉字应用水平测试的指导性文件《汉字应用水平等级及测试大纲（语言规范 GF2002—2006）》（2006 年 8 月 28 日发布，2007 年 2 月 1 日试行。以下简称《大纲》），汉字应用水平测试适用于公务员，编辑、记者、校对和文字录入人员，各级各类学校教师和学生，文秘及办公室工作人员，广告从业人员，中文字幕机操作人员，以及日常工作与汉字应用紧密相关的人员；同时也适用于想要了解自己汉字应用水平和能力的人员。

HZC 应试人应当具有或者达到中等及中等以上受教育程度，或接受过与中等教育程度相当的中文教育。应试人应当了解和掌握《大纲》的规范性附录《汉字应用水平测试字表》（以下简称《字表》）中所列汉字的规范字形，及其在规范程度高、权威性强的工具书中的普通话读音和现代汉语义项及用法。应试人还可以参考某些规范程度高、权威性强的汉字学习材料和汉字应用手册，以及专门针对汉字应用水平测试编写的语文工具书、教辅材料。规范程度高、权威性强的现代汉字学习材料包括教育部、国家教委、新闻出版署等职能部门颁发的各类有关现代汉语语言文字规范方面的法规，工具书有《新华字典》、

《汉语大字典》、《现代汉语词典》及《现代汉语规范词典》等，专门针对HZC编写的工具书、教辅材料有孙曼均主编的《汉字应用水平测试字典》、佟乐泉主编的《汉字应用水平测试培训手册》等。

四、汉字应用水平测试的范围、内容和方式

根据《大纲》第5章“汉字应用水平等级”的相关规定，汉字应用水平测试的范围是现行规范汉字中的常用字和部分通用字，字量为5 500字，分甲、乙、丙三个子表，甲表为4 000字，乙表为500字，丙表为1 000字。对于其中使用率及识别率最高的4 000个汉字，应试人的答对率需达80%及以上。汉字应用水平测试范围还包括由5 500个现代汉字组成的46 246个词语。汉字应用水平测试的具体内容是《字表》中全部汉字的字形、字音、字义及用法。因为多数HZC试题的拟定和解答离不开语用环境，所以测试的内容实际上还包括《大纲》的资料性附件《汉字应用水平测试词语表》（以下简称《词语表》）中全部词语的形、音、义及用法。

与普通话水平测试（PSC）以口试方式进行不同，汉字应用水平测试（HZC）采用闭卷笔试方式。

五、汉字应用水平测试的试卷构成和答题时间

汉字应用水平测试试题卷和答题纸分开，试题、答题要求和例题印在试题卷上，应试者按照统一要求在答题纸上作答。

汉字应用水平测试试题卷由五个部分共130道试题构成。五个部分的试题内容均按以下比例选取：70%选自《字表》（甲表）；20%选自《字表》（乙表）；10%选自《字表》（丙表）。试题所依托的词语原则上从《词语表》中选取，总体比例不低于97%。

各类应试指导、培训所用模拟试卷的拟题均应符合以上比例要求。

答题纸由应试人姓名、准考证号、注意事项、填写答案数据等部分构成。具体题型及样题参见本章第二节“《大纲》汉字应用水平测试题型解读”部分。

全卷的答题时间为80分钟。完成各题所需时间因人而异，但在可能的情况下，力争留有不少于10分钟的复查时间。

六、汉字应用水平测试等级及要求

根据《大纲》规定，汉字应用水平测试根据应试人测试结果由高到低依次

分为一级、二级和三级3个等级。《大纲》对取得汉字应用水平测试3个不同等级的应试人，分别在字量的掌握、形音义的辨识和使用、阅读书写的综合表现、测试的成绩及胜任的工作等方面有不同要求。不同应试对象的等级要求不尽一致。

1. 字量的掌握。

从一级到二级再到三级，应试人认识汉字的使用环境依次由“很广泛”到“较广泛”到“一般”，应掌握的字量也从“4 500～5 500个汉字”到“4 000～4 500个汉字”到“3 500～4 000个汉字”。

2. 形、音、义的辨识和使用。

从一级到二级再到三级，《大纲》对应试人“识别和使用这些汉字的规范字形”的能力要求依次由“准确”到“比较准确”再到“基本准确”，而“辨析并纠正书写和使用中”“错误”的范围则依次由“各类”到“绝大多数”再到“大部分”；对“判断和使用这些汉字的普通话读音”的能力要求依次由“准确”到“比较准确”再到“基本准确”，而“在使用环境中能够识别和使用其中多音字的恰当读音”的范围则依次由“各类”到“绝大多数”再到“大部分”；对“在使用环境中，掌握和使用这些汉字的常用意义、基本用法和一些特殊用法”的能力要求，一级到二级是由“熟练”到“比较熟练”，三级是“能够掌握和使用这些汉字的常用意义、基本用法”但不能掌握这些汉字的“一些特殊用法”。在形、音、义辨识或使用错误方面，取得一级成绩的应试人是“偶然出现”且“一般都是非系统性或非常识性的零星错误”，取得二级成绩的应试人是“间或出现”且“一般集中在使用频率很低或极容易产生辨识和使用错误的汉字”，取得三级成绩的应试人是“有时出现”且“一般集中在使用频率比较低或比较容易产生辨识和使用错误的汉字”。

3. 阅读书写的综合表现。

从一级到二级再到三级，应试人“阅读以规范汉字为媒介的现代文献资料的汉字基础”的能力依次由“顺畅”到“比较顺畅”再到“具备”；其“用汉字进行书面表达”的领域则依次由“广泛”到“比较广泛”再到“一般”，三者分别具备了“完成汉语专业高等教育”、“完成高等教育”、“完成高中及同等教育”的汉字应用水平。

4. 测试成绩。

汉字应用水平测试根据试题原始分数、试题难度等指标将原始分数转换为汉字应用水平测试导出分数——HZC分数。同一应试人或不同应试人在不同时间、不同试卷获得的测试分数将经过分数等值，因此具有可比性。

简而言之，从一级到二级再到三级，应试人在汉字应用水平测试中，对占标准试卷容量70%、选自《字表》（甲表）的那部分测试内容，作答正确率均在80%（含）以上，但整份试卷获得的HZC分数则分别为“600分（含）以上”、“500分（含）至600分（不含）之间”和“200分（含）至500分（不含）之间”。

5. 胜任的工作。

从一级到二级再到三级，应试人所承担对汉字应用能力的要求依次由“很高”到“较高”再到“基本”，而“以使用汉字为主要任务”的工作范围依次由“各类”到“部分”再到仅为“涉及汉字应用的一般事务性工作”。

同 PSC 一样，HZC 也应在规定了上述等级要求的基础上，尽快根据大规模汉字应用水平测试的实际情况，制定各具体岗位从业人员的等级标准。

七、汉字应用水平测试的试点及推行

自中华人民共和国成立，尤其是从《国家通用语言文字法》颁布实施以来，虽然我国公民已日渐意识到语言文字规范化、标准化的重要性，但在现代汉字的实际应用中仍存在较为明显的错写、错读、错用汉字的不良现象。这些不良现象的存在，影响了祖国语言文字应用的纯洁性。除了进一步引导广大汉字应用工作者提高使用规范汉字的自觉性，国家职能部门已注意到应当标本兼治，基本建立了有针对性的应用汉字水平的评测制度和评测体系，以提高应用汉字的整体水平。国家语委“十五”科研规划设立了专题重点项目——汉字应用水平测试研究。

2005 年召开的全国语言文字年度工作会议上，教育部副部长、国家语委主任袁贵仁明确提出汉字应用水平测试在当年的三项主要任务，即公布《汉字应用水平测试大纲》、建设好汉字应用水平测试题库、提供给社会使用。近几年来，在陆续推出《〈汉字应用水平等级及测试大纲〉研制报告》、《〈汉字应用水平等级标准〉研制报告》、《汉字应用水平测试用字的统计与分级》等研究成果的基础上，中华人民共和国教育部、国家语言文字工作委员会于 2006 年 8 月 28 日发布（2007 年 2 月 1 日试行）《汉字应用水平等级及测试大纲》（语言文字规范 GF2002—2006）。由此，“写规范字”与“说普通话”齐头并进，确保《国家通用语言文字法》的相关规定能落到实处。

2007 年 9 月 16 日，共有 1 170 名应试人在上海参加了我国第一次汉字应用水平测试。应试人中有一半为上海市各类学校的教师，其余应试人包括党政机关公务员、记者、编辑、大学生及从事广告牌匾制作业的文案工作人员等。

2008 年 10 月 25 日，河北省率先组织了 2008 年度的首批汉字应用水平测试。11 月 16 日，上海、天津、黑龙江、辽宁、江苏、山东、河南、湖南、云南、宁夏 10 个省（区、市）也组织了合计 4 万多人参加的汉字应用水平测试。

2009 年起，HZC 推行范围将进一步扩大直至全面展开，预料今后若干年内每年将有数以万计的各类工作人员和在校学生参加这一考试。

第二节 《大纲》汉字应用水平测试题型解读

《大纲》汉字应用水平测试试卷分为五个部分，共有 130 道试题。五个部分试题内容的 70% 选自《字表》（甲表），20% 选自《字表》（乙表），10% 选自《字表》（丙表）。试题词语出自《词语表》的总比例原则上不小于 97%，但不限于《词语表》。

根据《大纲》给出的汉字应用水平测试的题型及样题的已知信息，探究有效的应试策略，得出正确的试题答案，是汉字应用水平测试题型解读的主要任务。

第一部分 书写填空题，根据语境、读音提示填写汉字，共 30 题

这部分试题分为两小类型。

（一）根据下列各题所给出的汉语拼音和同音字填写正确的汉字

赴汤____（dǎo 导）火

此小类试题提供了所需填写汉字（即考点汉字）的普通话拼音及其同音字，应试人不仅应明白填写哪个汉字，还得用正楷字体（不可以用行体，更不可以用草体）一笔一画（非同一笔画不可以连笔）地写出该汉字。此小题提供了考点汉字的语用环境——词语（含成语），题目的答案是唯一的。

本题答案为“蹈”。

“蹈”的正确笔画及笔顺是：

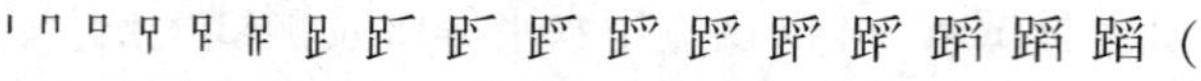（17 画）

甜言____（mì 密）语

本题答案为“蜜”。

“蜜”的正确笔画及笔顺是：

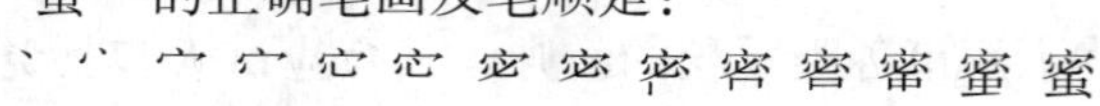（14 画）

____（zuò 作）月子

本题答案为“坐”。有的应试人可能错答为“做”。

“坐”的正确笔画及笔顺是：

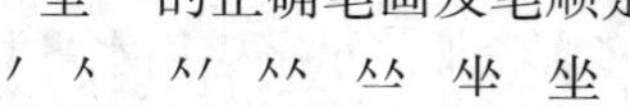（7 画）

（二）在下列各题的横线上填入正确的汉字，把成语补充完整

危言____听

此小类试题没有提供所需填写汉字（即考点汉字）的汉语拼音及其同音

字，难度有所加大，但试题提供了考点汉字的特定语用环境——成语。成语具有词形的凝固性，一般情况下，试题答案是唯一的。

本题答案为“耸”。

“耸”的正确笔画及笔顺是：

丿 人 从 从 丛 丛 丛 耸 耸 耸（10画）

再如：

毛遂自____

本题答案为“荐”。

“荐”的正确笔画及笔顺是：

一 十 艹 艹 芦 茬 荐 荐 荐（9画）

对成语（或其他多音节词语）及其考点汉字字形熟悉程度越高的应试人，填字的正确率越高。应试人同样不仅要知道应该填写哪个汉字，还得用正楷字体（不可以用行体，更不可以用草体）一笔一画（非同一笔画不可以连笔）地写出该汉字。

少数成语及其考点汉字的字形不是唯一的，如“揠苗助长”的“揠”现多写作“拔”，但HZC真卷的拟卷者试答考卷时会及时发现并撤换此类试题。

HZC第一部分作为书写填空题，意在考查应试人在有无汉语拼音提示的两种情况下，对汉字规范字形掌握的正确程度，及应试人在具体语用环境中准确运用现代汉字规范字形的能力。

答好本部分试题，着重要求应试人较好地掌握成语等多音节词语关键汉字（往往也是考点汉字）的规范字形，还应正确掌握这些考点现代汉字的笔画、笔顺及形体结构。

应试人不妨多以“米字格”练习正楷汉字的书写，可摹写《3 500常用汉字硬笔正楷字帖》等。

第二部分　选择题，在语境中判断字形正误，共40题

这部分试题分为两小类型。

（一）在下列各题的四个词语中，请找出用字有错误的一项

A. 磋商　　B. 急燥　　C. 修炼　　D. 严峻

此小类试题的选项往往错在字形方面，拟题者意在考查应试人正确辨别、应用容易混淆的现代汉字字形的能力。本部分试题中考点汉字的语用环境仅由考点汉字自身及其前后汉字构成。

本题答案为“B”，即“急燥”应为“急躁”。

“燥（zào）”与“躁（zào）”是形旁不同的形近同音字。“燥”形旁为“火”，语义是“缺少水分，干燥”；“躁”的形旁是“足”，语义是“性急；不

冷静”。“急躁”的语义是“①碰到不称心的事情马上激动不安。②想马上达到目的，不做好准备就开始行动”。“急躁”两个义项都与“性急；不冷静（即“躁”的义项）”有关而与“缺少水分；干燥（即“燥”的义项）”无关。由此判明，“急燥”的“燥”用字不当。

再如：

A. 练习　　B. 感激　　C. 切搓　　D. 腼腆

本题答案为“C”，即“切搓”应为“切磋”。

“搓（cuō）”与“磋（cuō）”也是形旁不同的形近同音字。“搓”的形旁为“扌”，语义是“两个手掌反复摩擦，或把手掌放在别的东西上来回揉”；“磋”的形旁是“石”，语义是“①〈书〉把象牙加工成器物。②商量讨论”。“切磋”的语义是“比喻相互商量、研讨”。“切磋”的语义同“磋”的义项②，与“搓”的义项“两个手掌反复摩擦，或把手掌放在别的东西上来回揉”没有关联。将“切磋”误写为“切搓”，混用了“磋”、“搓”字形。

（二）在下列各题的四句话中，请找出加点字使用错误的一项

A. 他费了半天工夫才把这几道题做出来。

B. 这批出土竹简上的文字已经很难分辩了。

C. 向筹委会提交论文的截止日期是星期一。

D. 上半年工会开支一共是两千零六元整。

此小类试题的考点汉字也错在字形方面，拟题者意在考查应试人正确辨别、应用现代汉字字形的能力。不过，此小类试题中汉字的语用环境较前一类宽泛得多，除了考点汉字所在词语内部的小语境，还多出了语句大语境。

本题答案为“B”，即“分辩”应为“分辨”。

“辨（biàn）”与“辩（biàn）”是形旁不同的形近同音字。“辨”的形旁是“刂”，语义为“辨别”；“辩”的形旁是“讠”，语义为“辩解；辩论”。根据试题所给语句大语境，“出土竹简上的文字”因年代久远或保存欠当，已字迹不清，所以“分 biàn”重在“辨别”，当为“分辨”。

再如：

A. 教育界知名人士大声急呼，要尽快消除社会用字中的不规范现象。

B. 这里山清水秀，景色宜人，是人们度假休闲的好去处。

C. “更快更高更强”是奥运精神，其他领域也应恰当体现。

D. 余秋雨是当代著名散文家，代表作有《文化苦旅》等。

本题答案为“A”，即“大声急呼”应为“大声疾呼”。

“急（jí）”与“疾（jí）”是形异同音字。“急”的基本义为“着急”；“疾[1]”的基本义为“疾病”，“疾[2]”的义项主要有“急速”、“猛烈”。根据语句的大语境，“大声 jí 呼”语义与“疾病”无关。因成语“大声疾呼”中“大”、“疾”词性、语义都形成对举，可知“疾”当取“猛烈”义。又“急速”语义在语句中已另以“尽快”体现。由此，“大声 jí 呼”只能是“大声疾呼”而非“大声急呼”。

导致现代汉字字形错用的原因不只是同音混淆，《应试指导》第二章第三节着重探析如何正确判别和书写现代汉字字形。

选对字形离不开对字义的正确理解和应用，《应试指导》第四章第三节着重探析如何正确理解和应用现代汉字字义。

第三部分　选择填空题，选择正确汉字填入句中，共10题

这部分试题只有一种类型。例如：

在下列各题的四个选项中，请选出能够正确填入句子括号中的一项

这次考（　）的重点是人民群众生活必（　　）品的生产情况。

A. 查/需　　B. 察/需　　C. 查/须　　D. 察/须

本部分试题要求应试人在特定语境中正确选用现代汉字字形。不过，该题需要应试人同时正确掌握前后两个词语中考点汉字的字形，难度有所提高。该题答案为B，即前后选项分别为“考察”、“必需品”。

“查”与“察”都读若“chá”。“查”的义项有“①检查。②调查。③翻检着看”。“察”的义项有“①仔细看；调查。②姓”。“考查”指“用一定的标准来检查衡量（行为、活动）”，重在“检查实绩”；“考察”指“①实地观察调查。②细致深刻地观察”，重在“观察状况”。根据语句大语境，“考chá”的施事者当为领导，正进行“实地观察调查”，因而将“考察”与“情况”搭配更为合理。

“须”与“需”都读若“xū”。“须[1]”义项有“①助动词。须要。②姓”。“须[2]”义项为“等待；等到”。“须[3]”义项有“①原来指长在下巴上的胡子，后来泛指胡须。②须子”。“需”义项有“①需要。②需用的东西”。“必须”义项有“①表示事理上和情理上必要；一定要。②加强命令语气”，取“须”义项①，重在强调“一定”。“必需”义项为“一定要有；不可少”，取“需”义项②，重在强调“需用”。考点所在句意既是事关“人民群众生活”，那么这样的东西（“×品”）就是“需用，不可少”的，因而，“必xū”当取“必需”。

再如：

小李有举一（　　）三的能力，这是不容（　　）疑的。

A. 反/质　　B. 返/质　　C. 返/置　　D. 反/置

本题答案为“D”，即前后选项分别为“反”、“置”。

“反”与“返”都读若“fǎn”。“举一反三”意为“从一件事情类推而知道许多事情”，其中“反”的适用义项为“类推”。“返”的义项有“返回”，显然不适用于成语“举一反三”。“质（zhì）”与“置（zhì）”是同音字。

"质[1]"的义项有"①性质；本质。②质量。③物质。④朴素"，"质[2]"的义项有"询问、责问"，"质[3]"的义项有"①抵押。②抵押品"。根据语句和成语大小语境，"置"的义项为"①搁；放。②设立；布置。③购置"。成语"不容置疑"意为"不容许有什么怀疑，指真实可信"。"置"的义项①"搁；放"最接近正确答案。

答好这部分试题离不开应试人对大语境（句子）和小语境（词语）中考点汉字字义的正确理解和应用。《应试指导》第四章第三节着重探析如何正确理解和应用现代汉字字义。应试人可将《应试指导》第二章第三节与第四章第三节两部分内容联系起来学习。

第四部分　选择题，判断字音正误或异同，共30题

这部分试题分为3小类型。

（一）在下列各题的四个字中，请找出注音（汉语拼音和同音字）错误的一项

A. 谒（yè 业）　B. 籼（xiān 先）　C. 啜（zhuì 坠）　D. 恸（tòng 痛）

此类试题要求应试人正确掌握单音节现代汉字的字音。这些汉字多受声旁发音的影响而导致误读，如"籼"往往误读为"shān"。有的受更为常见的形近字发音的影响而导致误读。本题中"啜"受形近字"缀"的影响而被注音为"zhuì"。本题正确答案为C，即"啜"的正确发音为"chuò"。

再如：

A. 哂（xī 西）　B. 涎（xián 咸）　C. 诣（yì 义）　D. 稗（bài 败）

本题答案为"A"。

"哂"受声旁"西"的影响而误读为"xī"，"哂"的正确读音为"shěn"。再者，"诣"易受声旁"旨"的影响而误读为"zhǐ"；"涎"易受声旁"延"的影响而误读为"yán"；"稗"也易受声旁"卑"的影响而误读为"bēi"，或受更常见的形近字"啤"的发音的影响而误读为"pí"。

（二）在下列各题的四组字中，请找出两个汉字读音不同的一项

A. 垢—够　B. 拈—瞻　C. 杳—咬　D. 绾—碗

此小类试题同样要求应试人正确掌握单音节现代汉字的字音，但难度有所提高。应试人要同时正确掌握每个选项中的2个字音（合计8个字音）。通常每组汉字中各有一个汉字相对常用，如"垢—够"中"够"字更为常用，而另一个汉字在语音方面会得到某些暗示，前后汉字的声旁至少是声旁中的韵母往往相同。"绾"和"碗"都是形声字，它们的韵母都是"uan"（有些应试人易受"绾"声旁的误导，读"绾"若"guān"）。由于现代汉字形声字的声旁发音与考点汉字的发音已不完全一致，也常常导致应试人误读。题中，"垢"

易受声旁“后”字的发音误导而读若“hòu”；“拈”易受声旁“占”字的发音误导而读若“zhān（或 zhàn）”。

本题答案为“B”，即“拈”的正确发音是“niān”。

再如：

A. 婧—倩　B. 盟—檬　C. 坛—潭　D. 嘉—枷

题中，假设这 4 组汉字声旁的韵母两两相同，则分别应是“ing”、“eng”、“an”、“ia”。其中，作为考点的一组汉字的声旁韵母往往相异。这就要求应试人能较为迅速地从 4 组汉字中，准确判明哪组汉字各自声旁韵母发音不同，即判明该题的正确答案。

根据《说文解字》，题中“倩”是“仓见切”，“婧”表示“有才”语义时“读若韭菁”，声旁不同；现代汉语中，“倩”仍读若“qiàn”，而“婧”是“女子有才能”义，读若“jìng”，“倩”、“婧”声旁韵母仍不同。

本题答案为“A”。

（三）在下列各题的四组词语中，请找出加点字读音不同的一项

A. 咀嚼—沮丧　B. 伶俐—杠铃　C. 揣度—猜度　D. 缄默—衔接

此小类试题也要求应试人正确掌握现代汉字字音。同组考点汉字多为同音字或多音字。同组的同音字，字形有完全相同的，如“揣度”的“度（duó）”与“猜度”的“度（duó）”；有些字形相近，如“咀嚼”的“咀（jǔ）”与“沮丧”的“沮（jǔ）”声旁同而形旁异。也会出现字形完全不同的同音字，如“绝活”的“绝（jué）”与“决定”的“决（jué）”。题中，“揣度”、“猜度”的“度”又是多音字，有“duó”与“dù”两种读音。题中也可能用多音字的不同发音作为答案的选项，如“长度—猜度”。不过，题中的“缄默—衔接”将不同音的考点汉字混在同音字中，由应试人辨选。

根据《说文解字》，“缄”为“古咸切”，“衔”是“金亦声”，古音不一；今音，两者分别读若“jiān”和“xián”，仍不相同。

本题答案为“D”。

再如：

A. 诟病—污垢　B. 校对—酒窖　C. 休憩—栖息　D. 腋窝—笑靥

作为同音字，“诟（gòu）”与“垢（gòu）”是形近字，声旁同而形旁异。“校（jiào）”与“窖（jiào）”、“腋（yè）”与“靥（yè）”形体完全不同。

“校”是多音字，分别读若“xiào”、“jiào”。如果应试人知道“校”释义为“订正”、“校对”、“比较”、“较量”时读若“jiào”，则知道“校对”的“校”与“窖”同音。

“诟”与“垢”虽然声旁“后”的声母“h”与考点汉字实际读音“gòu”的声母“g”发音不同，但“诟”与“垢”这两个考点汉字的发音却是相同的。

“腋”的声旁“夜（yè）”与考点汉字发音一致，“靥”的声旁“厌

(yàn)”与考点汉字发音只能算作相近了。

“憩（qì）”与“栖（qī）”读音声调不同，前者是去声字，后者是阴平字。

本题答案为“C”。

全部记住《字表》中所有现代汉字的正确读音，是最理想的，但受主客观因素制约，应试人往往难以做到。正确掌握多音字在不同组词（即不同语境）中的发音，掌握形同或形近同音字声旁发音与考点汉字整体发音之间的联系，多多记忆字形相差较大的同音字的发音，都有助于答好此小类型考题。

现代汉字字音误读原因不止上述几点，《应试指导》第三章第二节着重探析如何正确掌握和应用现代汉字的读音。

第五部分　选择题，判断字义正误或异同，共 20 题

这部分试题分为两小类型。

（一）在下列各题的四个选项中，请选出加点字解释正确的一项

既往不咎

A. 追究　　B. 纠正　　C. 惩治　　D. 责备

此小类试题要求应试人正确掌握现代汉字（应是语素或词）在特定语境中的字义。这些汉字有些是常用的，有些是不常用的。常用汉字的义项往往比较多，但只要有了语境多数还是容易辨别；不常用汉字的义项单一或不多，但因为比较冷僻，常令应试人无从选定。考点汉字不超出《大纲》范围，应试人应较好掌握《字表》和《词语表》中常用作考点汉字的字义。

答好此类考题，应试人不仅要掌握考点汉字的主要义项，还应掌握整个词语（即语境，此小类题目多为成语）的语义，才能判明 4 个不同选项中到底哪一个更适合于考点汉字。就本题而言，应试人如果知道“咎”的义项为“①过失；罪过。②责备。③凶。④姓”。成语“既往不咎”指“对过去的错误不再责备”，则本题的答案当然就是 D。

再如：

过犹不及

A. 赶上　　B. 达到　　C. 顾及　　D. 比得上

题中，应试人如果知道“及[1]”有“①达到。②赶上。③比得上。④推及；顾及。⑤姓”等义项，就能知道“过犹不及”的“过”指“超过（某个范围和限度）”，“过犹不及”指“事情办得过火，就跟做得不够一样，都是不好的”，那么该题答案当然选 B。

《词语表》收录的成语为出题重点，这些成语中的关键字往往又是重中之重。

（二）在下列各题的四组词语中，请找出加点字意义不同的一项

A. 款待—期待　B. 同等—优等　C. 依附—附议　D. 投合—投机

此小类试题要求应试人正确判明多义汉字不同义项在特定语境中的适用情况。

多义汉字不同义项的适用情况不尽一致，即有些义项能组较多的词语，有些义项可能只适用于一个或很少词语。如“禁”的义项“禁止”，可以组词如“禁毒”、“禁烟”、“严禁”等，而义项“监禁”通常只有“禁闭”一词。此类试题考点多为多义汉字，即使是单义汉字，其唯一的义项通常也能组成两个或两个以上的词语。“待”、“等”、“附”、“投”都是多义汉字。

题中，“同等、优等”的“等”都取“等级”义，“依附、附议”的“附”都取“依从；依附”义，“投合、投机”都取“合；迎合”义。换言之，B、C、D 三组词语中的考点汉字义项相同。而“款待”的“待”取“招待”义，“期待”的“待”取“期望；等待”义，两者有较大差别，因而本题答案是 A。

再如：

A. 缺口—缺页　B. 会话—话别　C. 催眠—催肥　D. 雄伟—伟论

题中，“缺”、“话”、“催”、“伟”都是多义汉字。“缺口、缺页”的“缺”都取“残破；残缺”义，“催眠、催肥”的“催”都取“使事物的产生和变化加快”义，“雄伟、伟论”的“伟”都取“伟大”义。换言之，A、C、D 三组词语中的考点汉字义项相同。而“会话”的“话”取“说出来的能够表达思想的声音，或者把这种声音记录下来的文字”义，“话别”的“话”取“说；谈”义，两者有较大差别。因而本题答案为 B。

完成此类考题的难点在于，应试人要尽可能多地掌握《大纲》范围内考点汉字的义项，并能在特定语境（多为《词语表》收词）中正确判别。

《应试指导》第四章第三节着重探析如何正确理解和应用现代汉字字义。

粗略解读《大纲》五部分样题，可以认为，HZC 第一部分试题主要考查应试人掌握和书写现代汉字字形的能力，第二部分和第三部分试题以考查应试人掌握和选用现代汉字字形的形式，兼及考查应试人掌握和应用现代汉字字义的能力，第四部分试题主要考查应试人掌握和应用现代汉字字音的能力，第五部分试题主要考查应试人掌握和应用现代汉字字义的能力。

自 2007 年 9 月 16 日上海首次开考以来，汉字应用水平测试总体受到好评，但也引发了较为广泛的争议，负面意见集中为如下几点：一是部分试题偏难，尤其正楷手写题对笔画书写的要求偏高，二是有些考点汉字或相关语境（词语）过于生僻，三是《字表》、《词语表》尤其后者没有收录一些已广为使用的新词语。也有学者对如何使 HZC 试卷（包括全真卷和模拟卷）试题更具权威性发表了意见。教育部语言文字应用研究所语言教学教研室主任、“汉字应用水平测试研究”研制组负责人张一清就曾表示，《大纲》“经过几年实践后，可能还会做一定补充修改”。

许多专家学者、一线教师已纷纷行动起来，他们根据近两年各地 HZC 实测统计数据，结合应试人工作、学习实际中对现代汉字掌握和应用情况，拿出了不少改进方案。本章附录一份由 HZC 科研“重镇”之一——北京语言大学教育测量研究所，于 2008 年 9 月 23 日制作的《汉字应用水平测试（样卷）简介》（附录略改动），供 HZC 应试人学习参考。

“北语”版《汉字应用水平测试（样卷）简介》题型设计与现行《大纲》题型设计虽有差异，但考查应试人掌握和应用现代汉字（含“选”和“写”两方面）形、音、义三要素的根本要求是一致的。新版《大纲》问世以前，《应试指导》仍以《大纲》（GF2002—2006）为编著依据。

附：汉字应用水平测试（样卷）简介（“北语”版）

一、试卷的调整

1. 试卷调整的基本考虑。

以《测试大纲》为基本依据。国家语委、语用所进行了多年的研发，完成了重要的基础性研究工作。这些研究成果是调整的基础。

总结了 2007 年河北等省市试测的经验，对试测数据进行了大量的统计分析。

广泛征询各方专家的意见和建议。

保留了过去试卷中一些被各方专家认可、数据分析结果较为理想的题型，放弃了一些争议较大或数据分析结果不够理想的题型，增加了一些新题型。

2. 新试卷的特点。

试卷包含字音认读、字形辨误、汉字选用和汉字书写 4 个部分，分别报告分数。这样，考生得到的不仅仅是一个总分，而且可以得到反映考生对汉字音、形、义掌握程度和书写水平的 4 个部分测验分数。

不再单独、孤立地考查某个汉字的音、形、义，所有的试题，都是将汉字放在或大或小的使用环境中去考查，更突出“应用”，更直接地反映考生的实际汉字应用水平 。

3. 样卷的特点。

题量减少，由 130 题减为 120 题。

拓宽了考查范围：不仅在词语和句子层面考查汉字的应用，而且在语段层面进行综合性的考查；不仅考查关于汉字的知识，而且考查在语段中发现汉字错误的能力。

适当降低了难度。

二、样卷总体构成

1. 汉字应用水平测试分为字音认读、字形辨误、汉字选用和汉字书写 4 个部分，各部分均为 30 题，共 120 题。

2. 其中，第 1～93 题为选择题，每题有 4 个选项，只有一个选项是正确的。第 94～120 题为书写题，需要根据要求写出恰当的汉字。

3. 考试时间为 80 分钟。

试卷结构：

<table>
<tr><th></th><th>题型</th><th>题号</th><th>例题</th></tr>
<tr><td rowspan="2">第一部分
认读</td><td>在词或成语中找出字音错误的一项</td><td>1～15</td><td>A. 掣肘（chè）　B. 吮（shǔn）吸
C. 污秽（suì）　D. 雏（chú）鸡

A. 一丘之貉（hé）　B. 阿（ē）谀奉承
C. 引吭（kàng）高歌　D. 人头攒（cuán）动</td></tr>
<tr><td>找出加点字不同音的一组</td><td>16～30</td><td>A. 菜肴——混淆　B. 缀合——累赘
C. 讣告——奔赴　D. 莅临——磨砺</td></tr>
<tr><td rowspan="2">第二部分
辨误</td><td>找出词语中的别字</td><td>31～50</td><td>A. 书籍　B. 反省　C. 敲诈　D. 陷井

A. 顶礼膜拜　B. 玩忽职守
C. 得不偿失　D. 委屈求全</td></tr>
<tr><td>找出段落中有别字的一项</td><td>51～60</td><td>A. 俭朴教育首先是要竖立正确的消费观。我们既不赞成否定物质利益，也反对过分超前消费。B. 在精神生活方面，俭朴要求人们不图虚荣、不浮躁，不见异思迁。C. 清清白白做人，认认真真做事，忠贞不渝地追求真理。D. 坚定不移地将理想付诸实现。</td></tr>
<tr><td rowspan="2">第三部分
选用</td><td>选用正确的汉字填入词语</td><td>61～80</td><td>整（　　）
A. 斥　B. 敕　C. 叱　D. 饬

不（　　）之论
A. 刊　B. 勘　C. 堪　D. 戡</td></tr>
<tr><td>选择恰当的汉字</td><td>81～90</td><td>表格里（　）录着数据的类别及来（　）等信息。
A. 记　原　B. 记　源　C. 纪　原　D. 纪　源</td></tr>
<tr><td rowspan="2">第四部分
书写</td><td>选择正确的笔画</td><td>91～93</td><td>“医”的第二笔是：
A. 丨　B. 丿　C. ㄴ　D. 一</td></tr>
<tr><td>根据拼音写汉字</td><td>94～110</td><td>精神____（jué）铄</td></tr>
</table>

（续上表）

	题型	题号	例题
第四部分书写	找出错别字并进行改正	111 ~ 120	111 ~ 115 题（语段一）雄伟壮观的万里长城象一条巨龙，在重峦迭嶂之间蜿蜒盘旋，从山海关到嘉峪关全长六千七百多公里。它是人类建筑史上罕见的古代军事防御工程，凝聚着我们祖先的血汗和智慧，象征着中华民族艰不可摧的意志和力量。它以幽久的历史，浩大的工程，雄伟的气魄著称于世，与埃及的金字塔、印度的泰姬陵等一起被喻为世界的奇迹。 116 ~ 120 题（语段二）（略）

三、题型说明

整份试卷分为 4 个部分测验，共 9 种题型。

（一）字音认读

字音认读部分主要测查考生的字音认读能力，包括对难认字、多音字、异读字的考查。

题型 1

字音认读的第一部分（15 题）

要求考生判断词语和成语中的加点字注音是否正确，并将每个题目中注音错误的一项找出。

例题 1

A. 掣（chè）肘　　B. 吮（shǔn）吸

C. 污秽（suì）　　D. 雏（chú）鸡

例题 2

A. 一丘之貉（hé）　　B. 寡廉鲜（xiǎn）耻

C. 引吭（kàng）高歌　　D. 人头攒（cuán）动

关于题型 1 的说明：

1 ~ 10 题由双音节词语组成，11 ~ 15 题由成语、四字格组成。

考点中既包括难认字，又包括多音字，且考点都是具有一定代表性的容易读错的字。

选项中的错误读音也是具有代表性的且对交际影响较大。声调方面的错误所占比例不太大。

题型 2

字音认读的第二部分（15 题）

要求考生能够辨别每组词语中的加点字读音是否相同，并将每个题目中读音不同的一组找出。

例题 3

A. 菜肴——混淆　　B. 缀合——累赘

C. 讣告——奔赴　　D. 莅临——磨砺

例题 4

A. 暴露——露骨　　B. 参差——差错

C. 称职——对称　　D. 处罚——处理

关于题型 2 的说明：

15 个题目均由双音节词语组成。16 ~ 25 题每组中加点的两个汉字字形不同；26 ~ 30 题专门考查多音字，每组中的两个加点字的字形完全一样，它考查同一个汉字在不同语境中的读音。

16 ~ 25 题，每组词语中的两个加点字不仅都是容易读错的汉字，而且彼此之间具有一定的内在联系：或者是读音相近的汉字，或者是容易混淆的汉字。

（二）字形辨误

字形辨误部分旨在测查考生的汉字辨误能力。要求考生能够在词语或连续文字中发现使用错误或不规范的汉字。

题型 3

字形辨误的第一部分（20 题）

要求考生能够判断词语和成语中的汉字字形是否正确、规范，并将每个题目中用字有错误或者不规范的一项找出。

例题 5

A. 赦免　　B. 深邃　　C. 岔路　　D. 聪惠

例题 6

A. 再接再励　　B. 竭泽而渔　　C. 孺子可教　　D. 珠联璧合

关于题型 3 的说明：

31 ~ 45 题由双音节词语组成，46 ~ 50 题由成语、四字格组成。

存在较大争议、难以定论的汉字不在考查范围之列。

题型 4

字形辨误的第二部分（10 题）

每段文字分为 4 个部分，要求考生能够找出含有别字的一项。

例题 7

A. 他的作品反应了中国人民在前进道路上的坎坷历程，B. 他也由初期的热情、纯真趋于后来的清醒、冷峻，C. 而且乐观向上、激情充沛，并在创作中进行不倦的探索和创新，D. 成为当代文坛上创作最为丰硕、始终保持创作活力的作家之一。

关于题型 4 的说明：

①考点应是结合上下文语境才能做出判断的汉字。也就是说，将该汉字所依存的词单独拿出来看是正确的，但是联系上下文可以发现该词语不符合语境在语义等方面的要求（如：例题 7，A 选项中的“反应”）。

②每个选项都必须包含若干个容易用错的字词，具有一定的迷惑性。

（三）汉字选用

汉字选用部分旨在测查考生根据需要正确选用汉字的能力。

题型 5

汉字选用的第一部分（10 题）

要求考生能够为所给词语选用恰当的汉字。

例题 8

（　　）费

A. 妄　　B. 枉　　C. 罔　　D. 惘

例题 9

不（　　）之论

A. 刊　　B. 勘　　C. 堪　　D. 戡

关于题型 5 的说明：

61～65 题由双音节词语组成，66～70 题由成语、四字格组成。

考点均是在现实使用过程中容易出错的汉字。

题型 6

汉字选用的第二部分（20 题）

要求考生结合语境选择恰当的汉字。

例题 10

这次考（　　）的重点是人民群众生活必（　　）品的生产情况。

A. 查/须　　B. 查/需　　C. 察/须　　D. 察/需

关于题型 6 的说明：

每个题目有两个空，每个空有两个汉字可供选择。

语料字数在 10～80 字之间，能够为考点提供适宜的语言环境。

迷惑选项与正确选项所对应的汉字一般是音同或音近字，这部分试题着重考查的是字义，而非字形。它所考查的是考生能否根据一定的语义要求选择恰当的汉字。

（四）汉字书写

汉字书写部分主要考查汉字书写能力。这部分包括客观题部分和主观题部分。

客观题部分考查汉字的笔顺、笔画及笔画名称，主观题部分既考查汉字的书写能力，同时也考查在阅读中发现别字的能力。

题型 7

汉字书写的第一部分（3 题）

要求考生能够按照规范的笔顺、笔画书写汉字，并掌握汉字基本笔画的名称。

例题 11 ~ 13

11. “迟”的第五笔是：

A. 丶　　B. 丿　　C. ㇕　　D. 一

12. “鼎”字的笔画数是：

A. 10　　B. 11　　C. 12　　D. 13

13. “轻”第四笔的名称是：

A. 横　　B. 竖　　C. 撇　　D. 提

关于题型 7 的说明：

这 3 个题目的考查目的各有侧重。第 1 题考查笔顺；第 2 题考查汉字的笔画数；第 3 题在考查笔顺的基础上着重考查对笔画名称的掌握。

这 3 个题目旨在引导大家关注对汉字笔画、笔顺的学习和掌握，其“导向”作用大于“评价”作用，因而题目不会过偏或过难。

题型 8

汉字书写的第二部分（17 题）

要求考生根据拼音书写出词语、成语或句子的空格处所需的汉字。

例题 14 ~ 17

14. ____（yù）订

15. ____（ní）虹灯

16. ____（āi）声叹气

17. 这个明星的做法受到了____（yú）论的批评。

关于题型 8 的说明：

题目形式依次为双音节词语、三音节词语、成语和四字格、句子。比例约为 1 : 1 : 1 : 1。

这部分题目既包括对难写字的考查，也包括对易错字的考查；既包括容易写别字的考点，也包括容易写错字的考点；既包括左右结构的汉字，也包括上下结构或其他结构的汉字；既包括甲表字，也包括一定数量的乙表字和丙表字。

此种题型旨在考查应试人的汉字书写能力，所以在命题过程中尽量避免了方言、方音对题目作答的影响。

题型 9

汉字书写的第三部分（10 题）

要求考生在阅读过程中发现使用错误的汉字，并进行改正。

例题 18 ~ 22

雄伟壮观的万里长城象一条巨龙，在重峦迭嶂之间蜿蜒盘旋，从山海关到嘉峪关全长六千七百多公里。它是人类建筑史上罕见的古代军事防御工程，凝聚着我们祖先的血汗和智慧，象征着中华民族艰不可摧的意志和力量。它以幽久的历史，浩大的工程，雄伟的气魄著称于世，与埃及的金字塔、印度的泰姬陵等一起被喻为世界的奇迹。

关于题型 9 的说明：

这部分包含 2 个独立的段落，每段中有 5 个别字。要求考生将正确的汉字写在答题纸上。

这部分只要求考生能找到用错的字，并将正确的汉字写出来，并不要求按照顺序依次写出，所以在命题时避免了考点之间存在同音关系。

评分时，写对的汉字得分，写错及改错的汉字不扣分。

第二章

现代汉字字形的正确掌握

第一节　汉字形体的历史演变

历史上，汉字先后出现了甲骨文、金文、篆书、隶书、楷书5种正式字体，出现了草书、行书2种辅助字体。其中甲骨文、金文、篆书是真正意义上的“古文字”，隶书及以后形体可称为“今文字”。

一、古文字的形体

甲骨文又称“卜辞”、“殷墟文字”，是殷商时期刻在龟甲或兽骨上的文字。甲骨文已是相当成熟的文字系统。甲骨文象形性较强，形体结构尚未稳定，异体字多，偏旁位置有互换现象，形声字约占四分之一。

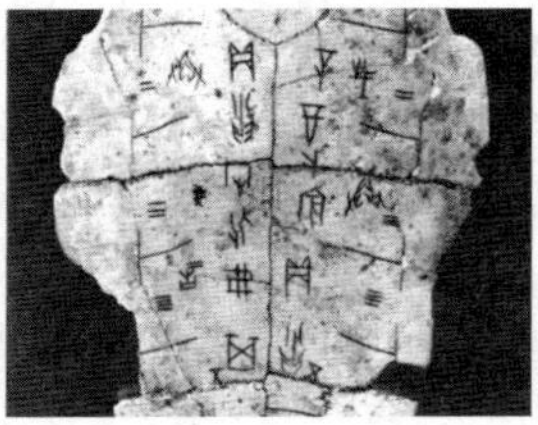

甲骨文

金　文

金文又称“钟鼎文”，是殷周尤其是西周时期刻铸在青铜器上的文字。金文象形性减弱，字形较为丰满、肥硕。笔画明显线条化，字形趋于方正。金文中的异体字明显少于甲骨文，而形声字较甲骨文增多。

篆书分为大篆和小篆。大篆又称“籀文”，主要通行于春秋战国时期的秦国。大篆渐失象形性，笔画更趋线条化，更趋匀称而方正。小篆的推行体现了秦始皇统一中国后“书同文”的统治理念，是汉字发展史上第一次由政府成功推行的规范化字体。小篆笔画较大篆简明，长方形体显得更为均匀。小篆力求废除异体字，偏旁位置大体固定，整字结构定型。我国第一部字典——东汉许慎撰写的《说文解字》就是以小篆为规范正字进行字形解析的。

大　篆

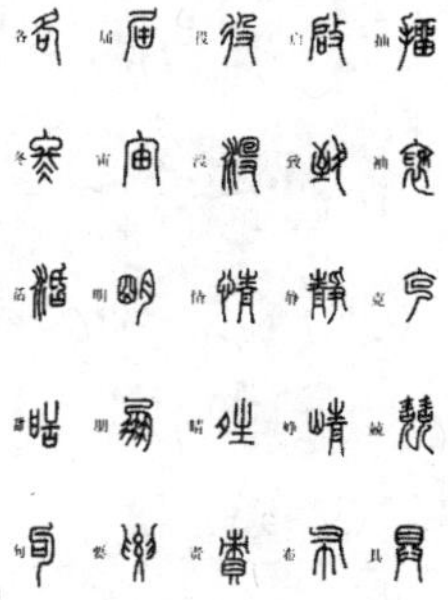

小　篆

二、今文字的形体

隶书是一种流行于秦汉之际的书体。秦隶由小篆省写而成，笔画波势尚不明显。汉隶则在秦隶的基础上成熟起来。汉隶笔画简化、平直，有波势。汉隶基本确立了汉字“横、竖、撇、点、折”的笔画系统，偏旁更趋简化、定型，书写方式和结构出现了“隶变”。

隶书是汉字从古文字向今文字演变的分水岭。

隶　书

楷　书

（以上插图均搜自“百度图片”，谨向原作者或发帖者致谢。）

楷书又称“真书”、“正书”，缘自汉末，盛于魏晋，是为省写汉隶波势、规范草书而形成的汉字形体。楷书笔形平直，笔势伸展，字形变扁方为方正，大小均匀工整。楷书确立了繁体汉字形体规范后，直至《简化字总表》发布、推行，几无变化。

草书写法简捷快速，笔画书写连贯，书写时只求形似，不辨笔画细部。

行书介于楷、草之间。它在楷书的基础上简化笔画，而具有草书的简洁流畅。倾向于楷书的叫“行楷”，倾向于草书的叫“行草”。

行 书

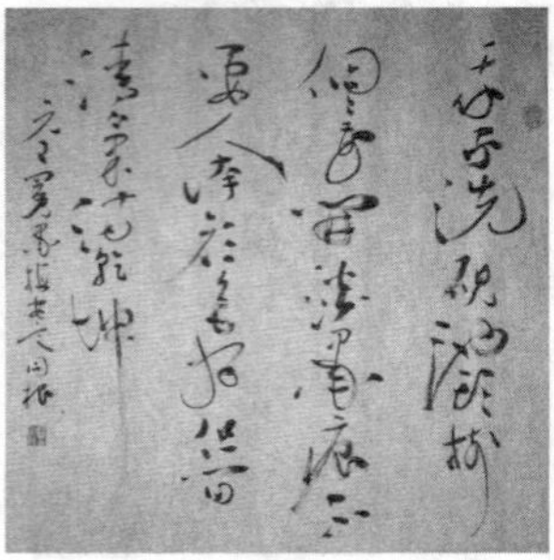

草 书

（以上插图由程同根先生友情提供，谨此鸣谢。）

现代社会里，“古文字”多以繁体字形保留于篆刻、书法等文艺作品中，“今文字”多以简体字形应用于新闻出版、教育教学及社会交际等广泛领域。

三、现代汉字的印刷字和手写字

现代汉字有印刷字和手写字之分。

现代汉字的印刷字笔画清晰端正，但一般书写者达不到那种水平。一般认为，现代汉字的印刷字指印刷上常用的楷体字及其变体宋体字、仿宋体字及黑体字等。中华人民共和国文化部和中国文字改革委员会公布于 1965 年的《印刷通用汉字字形表》规定了现代汉字印刷字的规范形体。

现代汉字楷体印刷字及其变体印刷字各有初号、小初号、一号、二号、三号、四号、小四号、五号、小五号、六号、七号共 11 种字号。其中使用频率较高的是四号字、小四号字和五号字。下表中的汉字“汉字应用水平测试应试指导”分别为楷体四号字、小四号字和五号字。

四号字	汉	字	应	用	水	平	测	试	应	试	指	导
小四号字	汉	字	应	用	水	平	测	试	应	试	指	导
五号字	汉	字	应	用	水	平	测	试	应	试	指	导

现代汉字的手写字，指用手执笔直接写成的汉字，又分为软笔字和硬笔字。手写现代汉字多为正楷、行书或草书。HZC 第一部分试题要求应试人书写的是硬笔手写楷体。

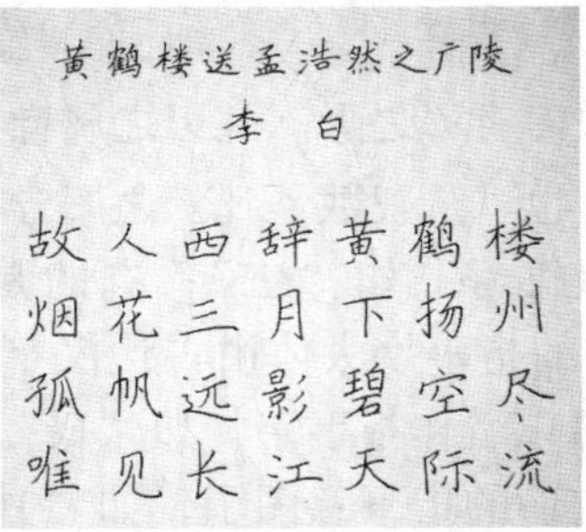

钢笔正楷

（以上插图由张志华先生友情提供，谨此鸣谢。）

第二节　现代汉字的结构

一、汉字造字法与现代汉字

“六书”指古代汉字中的象形、指事、会意、形声4种造字法及转注、假借2种用字法。这里主要介绍“六书”中4种造字法的主要内涵及其在现代汉字中的存在状况。

（一）现代汉字中的象形字

象形就是描绘事物形状以表示汉字意义的造字法，用这种造字法造出来的汉字就是象形字。据《说文解字》，“火”、“雨”、“竹”是象形字。

火（火）：燬也。南方之行炎而上。象形。凡火之属皆从火。

雨（雨）：水从云下也。一，象天；冂，象云。水零其间也。凡雨之属皆从雨。

竹（𥫗）：冬生草也。象形。下垂者箬箬也。凡竹之属皆从竹。

象形字像事物的概貌或部分特征或必要的附属部分，象形字是构成汉字的基础。象形字接近画图（见“火”、“雨”、“竹”的象形字形），但无法像复杂事物和抽象概念。单靠象形方法可造的汉字不多，能保留到现代且仍可见其“形”的象形字更少。除“火”、“雨”、“竹”外，现代汉字中另有“田”、“井”、“网”等仍可见其“形”的象形字，而“牛”、“马”、“首”等从现代汉字形体已看不出原物的样子了。

（二）现代汉字中的指事字

指事就是以象征性符号或将提示符号加在象形字上表示汉字意义的造字法，用这种造字法造出来的汉字就是指事字。据《说文解字》，“氐”、“山”、“刃”是指事字。

氏（氐）：至也。从氏，下箸一。一，地也。凡氐之属皆从氐。

刃（刃）：刀坚也。象刀有刃之形。凡刃之属皆从刃。

三（三）：天地人之道也。从三数。凡三之属皆从三。

有些指事字是象征性符号，如“三”；有的是象形字加提示符号，如“氐”、“刃”。现代汉字中的指事字大体由古代汉字中的指事字演变而来。其中一部分在现代汉字中还可以看作指事字，如“氐”、“刃”与“三”；有些从现代汉字形体上已看不出它们的指事意图了，如“甘”、“朱”、“亦”等。现代汉字中后起的指事字极少。“乒、乓”由近音字“兵”分别减去不同的一画而造成，可视为特殊的指事字。

（三）现代汉字中的会意字

会意即用两个或更多偏旁合成一个汉字，再由这些偏旁的意义合成新造汉字意义的造字法，用这种造字法造出来的汉字叫会意字。据《说文解字》，“偫”、“涉”、“森”是会意字。

偫（偫）：待也，从人从待。

涉（涉）：徒行历水也，从沝从步。篆文从水。

森（森）：木多儿，从林从木。

会意字包括异体会意字（如“伐”、“偫”、“涉”）和同体会意字（如“森”、“晶”、“淼”）。现代汉字中的会意字多数由古代汉字中的会意字演变而来。从现代汉字形体上看，古代汉字中保存下来的会意字，有些还能理解它们的语义，如“偫”、“呆”、“涉”、“森”等；有些已很难了解它们是如何会意的了，如“祭”、“寒”等。繁体字变为简化字后，有些古代汉字中的会意字成了形声字，如“郵→邮”、“竄→窜”；有些则成了独体字，已不再是会意字，如“東→东”、“韋→韦”。

后起的古今会意字数量较少，但都较易理解。“小土”为“尘”，“目氵（水）”为“泪”。

（四）现代汉字中的形声字

形声字就是用表示字义类属的偏旁（形旁）和表示字音类属的偏旁（声旁）组成新字的造字法，用这种造字法造出來的汉字叫形声字。据《说文解字》，“涕”、“柱”是形声字。

涕（涕）：泣也。从水，弟声。他礼切。

涕，“氵”是形旁，表示眼泪（液体）；“弟”是声旁，表示“涕”的读音。“涕”是“他礼切”。

柱（柱）：楹也。从木，主声。直主切。

柱，“木”是形旁，表示木类物品；“主”是声旁，表示“柱”的读音。“柱”是“直主切”。

形声字都是合体字。现代汉字形声字的形旁和声旁结构关系主要有：左形右声（如“江”）、右形左声（如“功”）、上形下声（如“蕉”）、下形上声（如“熟”）、外形内声（如“匣”）、内形外声（如“闷”），此外还有形旁声旁部位较为特殊的，如“遏”是“左下形，右上声”等。

从古代汉字到现代汉字，形声字所占同时期全部汉字的比例逐渐加大，殷商时期约占25%，东汉《说文解字》所收形声字占80%以上，清代《康熙字典》所收形声字约占90%。现代汉字中的许多新造字，主要是形声字，如“氢”、“钡”。不少简化了的现代汉字仍然是形声字，如“胆”（膽）、“粮”（糧）、“忧”（憂）、“邮”（郵）。

HZC应试人较好地掌握形声字的形旁有助于理解和辨析区别现代汉字的字义。

以“扌（手）”作形旁的汉字一般与手的动作行为有关，如“挠”的基本义是“（用手指）轻轻地抓”。以“劳”作声旁的形声字，在通用字中有“捞”、“崂”、“痨”等，可以通过形旁了解其意义类属。“捞”的基本义是“从水或其他液体里取东西”（与形旁“扌”有关），“崂”的基本义是“崂山，山名，在山东”（与形旁“山”有关），“痨”的基本义是“痨病”（与形旁“疒”有关）。

不过，由于古今社会客观事物发展变化很大，不少形声字的形旁意义已难以从现代汉字的形体中加以理解，应试人应适当了解一些古代汉字的相关知识。如果应试人知道“顾”的本义是“还视（回头看）”，“频”的本义是“低头”，都与“页”的本义“头”有联系，那么他就能明了“顾”、“频”形旁何以从“页”。绝大多数应试人都知道“砚”是什么器物，而“砚”之所以能成为文房四宝之一，正在于它的本义是“石滑也”。

HZC应试人较好掌握形声字的声旁有助于理解和辨析现代汉字的字音。现代汉字形声字中还能用来表示读音的声旁约占全部形声字的四分之一。形声字“俚”、“娌”、“理”、“鲤”等读音与其声旁“里（lǐ）”读音完全相同；形声字“抡拳”的“抡（lūn）”、“言论”的“论（lùn）”与其声旁“仑（lún）”不全相同但还算相近。“抡（抡拳）”与“论（言论）”与“仑”声韵相同而声调相异。然而，古今汉字语音一直处于变化之中，现代汉字中大约四分之三的形声字，其声旁和整个汉字的读音已相差较大甚至完全不同了。以“且（jū）”为声旁的现代汉字“苴”、“狙”、“沮（水）”普通话发音仍为“jū”，而“沮丧”的“沮（jǔ）”、“祖（zǔ）”、“阻（zǔ）”、“粗（cū）”、“徂（cú）”、“殂（cú）”等的普通话发音，则与“且（jū）”有着或声或韵或调方面的差别。有些形声字的声旁在简化了的现代汉字中已不易看出，如“鄧（邓）”、“層（层）”，而从它们的繁体字的声旁“登”、“曾”还可看出其近似读音。

二、现代汉字的结构单位

现代汉字包括笔画和偏旁两级结构单位。

（一）现代汉字的笔画

汉字书写过程中不间断的一笔或一画叫笔画。笔画是构成现代汉字字形的最小单位。“横折提”（⺄）的“线”的数量有“3”，但因为它们是连笔写成，所以只算“一笔（一画）”。

《印刷通用汉字字形表》与1988年国家语言文字工作委员会、中华人民共和国新闻出版署发布的《现代汉语通用字表》，规定了现代汉字的5种基本笔画，它们是“一”（横）、“丨”（竖）、“丿”（撇）、“丶”（点）、“乛”（折），即“札”字法。5种基本笔画又叫主笔形，它们各有不同的附笔形。“一”（横）是主笔形，“㇀”（提）等是附笔形；“丨”（竖）是主笔形，“亅”（竖钩）等是附笔形；“丿”（撇）是主笔形，“㇒”（平撇）等是附笔形；“丶”（点）是主笔形，“㇏”（平捺）等是附笔形；“乛”（折）是主笔形，“乚”（竖折钩）等是附笔形。

现代汉字中，“横”、“竖”、“撇”、“点”是单一笔画，“折”是复合笔画。现代汉字笔画之间的组合方式有相离、相接与相交3种。

汉字的两个以上的笔画分布在一个方块之内而互不相连，叫相离，如“二”字上下两“一”的笔画关系；两个以上的笔画分布在一个方块之内，笔画之间互相连接但不交叉，叫相接，如“工”字的第二笔“丨”与第一笔、第三笔两“一”分别是相接关系；两个以上的笔画分布在一个方块之内而互相交叉，叫相交，如“九”字的第一笔“丿”与第二笔“乙”的笔画关系。多数现代汉字综合运用了上述2种或3种方式构成。如“干”字第一笔“一”与第三笔“丨”是相接关系，第二笔“一”与第三笔“丨”是相交关系；“犬”字第一笔“一”与第二笔“丿”是相交关系，第三笔“㇏”与第一笔“一”、第二笔“丿”分别构成相接关系，第四笔“丶”与第一笔“一”、第二笔“丿”分别构成相离关系。

笔画虽同而组合方式相异，往往形成不同的现代汉字，如“王”字的“丨”分别与上下两“一”相接而与中间的“一”相交；“丰”字的“丨”笔画分别与上中下三“一”相交。

据《现代汉语通用字表》，7 000个现代汉字的总笔画数是75 290画，平均每字10.75画；笔画数最少的是1画（一、乙），较多的有26画（蠼）、30画（爨），最多的是36画（齉）。需要注意的是，新旧字形汉字笔画数目往往不一致。据《新旧字形对照表》，新字形的“吕”为6画，而旧字形的“呂”为7画。

《印刷通用汉字字形表》和《现代汉语通用字表》发布之后，字形统一，笔画数目也固定下来了，它们是正确计算笔画数目的最重要的依据。《现代汉语通用字表》中，4画〔丨〕起笔字包括了“止、少、曰、日、中、贝、内、水、冈、见”。

笔顺就是书写现代汉字时笔画安排的顺序。现代汉字笔顺的基本规则是：

先横后竖，如“十”；先撇后捺，如“人”；从上到下，如“云”；从左到右，如“儿”；从外到内，如“风”；从外到内后封口，如“围”；先中间后两边，如“承”。只运用单一笔顺方法的汉字是少数，多数汉字综合运用了上述两种或多种规则。如“刚”字，偏旁“冈”从外到内，偏旁“刂”从左到右。整个汉字是左右结构，也是先左后右。

《印刷通用汉字字形表》和《现代汉语通用字表》对现代汉字笔顺有具体而明确的规定。国家语言文字工作委员会、中华人民共和国新闻出版署 1997 年 4 月又专门发布了《现代汉语通用字笔顺规范》，成为 HZC 应试人正确书写现代汉字笔顺的依据。

虽然 HZC 试卷第一部分的答案反映出来的是应试人现代汉字书写的最终结果，但能否正确掌握现代汉字的笔画和笔顺，影响到应试人的答题正确率。“北语”版《汉字应用水平测试（样卷）简介》第四部分“书写”的第一小类题型“选择正确的笔画”，拟题目的正在于考查应试人正确书写现代汉字笔画、笔顺的能力。

有些汉字如果不恰当连笔书写，会模糊其笔画，甚至可能被判为误写。“学”字共 8 画，如果将中间的“了”连笔书写，就容易理解为 7 画。连笔的手写体“讠”和“氵”容易混淆，连笔的手写体“礻”和“衤”也容易混淆。爱好练习行书甚至草书的应试人，要逐步习惯一笔一画书写正楷汉字。

（二）现代汉字的偏旁

偏旁又称部件，是汉字中由笔画构成的能组配汉字的较大单位。偏旁可以由一画构成，如“乙”，更多的偏旁由两画（如“冖”）或更多笔画（如“艹”）构成。单一偏旁构成的汉字叫独体字，如“水”。合体字由 2 个或 2 个以上偏旁构成，如“扣”字由偏旁“扌”和“口”构成。

合体字多为会意字，如“森”、“磊”、“甭”等。有些合体字在现代汉字中已被视为异体字而成为规范对象，如“淼”的规范形体是“渺”。有些表示计量单位的单音节合体字也被规范为双音节词语，如合体字“瓩”已规范写作“千瓦”。同样，“哩”规范为“英里”、“呎”规范为“英尺”、“吋”规范为“英寸”、“嗧”规范为“加仑”。

现代汉字中的偏旁，可分为成字偏旁（现在能独立成字）和非成字偏旁（现在不能独立成字）两类。成字偏旁如“熄”字中的偏旁“火”、“自”、“心”（有的成字偏旁在独立成字时笔画有调整，如“跟”中的“足”）；非成字偏旁如“狼”字中的偏旁“犭”。

偏旁还可分为单一偏旁（不能切分为更小偏旁的偏旁）和复合偏旁（可以切分为更小偏旁的偏旁）。前者如“儿”，后者如“胁”。“胁”可切分为“月（肉）＋办”。复合偏旁的切分可以是多层的，如“梦”字先切分为“林＋夕（一级偏旁）”，“林”再切分为“木＋木（二级偏旁）”。

相当一部分成字偏旁就以该字的读音来称呼，如“马”做偏旁就说成“马字旁儿”；不成字偏旁多数按习惯称呼，如“宀”说成“宝盖儿”；有些不成字偏旁暂未有统一的称呼，往往选用一个以该偏旁组成的常用字称呼，如“丬”说成“将字旁儿”，“髟”说成“髦字头儿”。

部分现代汉字偏旁及其名称：

偏旁	名称	例字	偏旁	名称	例字	偏旁	名称	例字
厂	偏厂儿	厉	匚	区字框儿	匝	刂	立刀旁儿	刘
冂	同字框儿	周	亻	单人旁儿	俭	勹	包字头儿	句
亠	京字头儿	交	冫	两点水儿	冰	冖	秃宝盖儿	冠
讠	言字旁儿	谅	卩	单耳旁儿	却	土	提土旁儿	埋
阝	左耳旁儿	陈	阝	右耳旁儿	郑	厶	私字旁儿	去
廴	建之旁儿	延	扌	提手旁儿	搭	艹	草头儿	芳
廾	弄字底儿	开	尢	尤字旁儿	龙	囗	国字框儿	围
彳	双人旁儿	徐	彡	三撇儿	须	犭	反犬旁儿	狼
夂	折文旁儿	冬	饣	食字旁儿	饭	丬	将字旁儿	状
广	广字旁儿	庞	氵	三点水儿	汉	忄	竖心旁儿	愉
宀	宝盖儿	宣	辶	走之儿	逝	子	子字旁儿	孩
纟	绞丝旁儿	缠	巛	三拐儿	巢	王	斜玉旁儿	珏
木	木字旁儿	松	贝	贝字旁儿	财	攵	反文旁儿	放
爫	爪字头儿	孚	火	火字旁儿	炯	灬	四点底儿	烈
礻	示字旁儿	祀	耒	春字头儿	奏	罒	四字头儿	罡
皿	皿字底儿	盍	钅	金字旁儿	铁	禾	禾木旁儿	秆
疒	病字头儿	疗	衤	衣字旁儿	补	癶	登字头儿	凳
覀	西字头儿	覆	虍	虎字头儿	虐	⺮	竹字头儿	篮
羊	羊字旁儿	翔	牜	牛字旁儿	特	马	马字旁儿	骑
户	户字头儿	肩	龹	卷字头儿	豢	米	米字旁儿	糕
𧾷	足字旁儿	踢	髟	髦字头儿	鬓	耂	老字头儿	考
凵	凶字框儿	函	彐	雪字底儿	彗	共	共字头儿	恭

现代汉字数量虽多但偏旁有限。国家语言文字工作委员会 1997 年 12 月 1 日发布、1998 年 5 月实施的《信息处理用 GB13000. 1 字符集汉字部件规范》所收 20 902 个汉字共有单一部件（偏旁）560 个，393 组，每组 1 个主形部件（偏旁），其余是附形部件（偏旁）。如：“衣”是主形偏旁，“衤”是附形偏

旁；“手”是主形偏旁，“扌”是附形偏旁。

现代汉字偏旁和偏旁的组合方式有左右结构的，如“猫”字；左中右结构的，如“粥”字；上下结构的，如“芒”字；上中下结构的，如“莽”字；全包围结构的，如“团”字；半包围结构的，如“匮”字；穿插结构的，如“爽”字。

部首是具有字形归类作用的偏旁，是字书中各部的首字。部首为汉字分类检索而设，由从分析字形结构而产生。自东汉许慎《说文解字》以来，历代语文工具书给汉字的归类就不尽相同。《说文解字》为540部，明代《字汇》、清代《康熙字典》、现当代《中华大字典》、《辞源》（新旧版）、《辞海》（旧版）都是214部，《新华字典》为189部，《辞海》（新版）为250部，《汉语大字典》、《汉语大词典》都是200部，《现代汉语常用字表》、《现代汉语词典》及《现代汉语规范词典》都是201部（当前的规范部数）。其中，不计算重复者，《现代汉语规范词典》“1画”部首5个，“2画”部首21个，“3画”部首34个，“4画”部首39个，“5画”部首22个，“6画”部首27个，“7画”部首19个，“8画”部首11个，“9画”部首9个，“10画”部首4个，“11画”部首3个，“12画”部首3个，“13画”部首2个，“14画”部首1个，“15画”、“16画”部首各0个（标注的部首分别与前面的部首重复），“17画”部首1个。

作为部首的汉字偏旁，大都具有表示意类的作用，如形声字中的形旁。“岛、屿、岗、峰、峦”等有共同的形旁“山”，字义与“山”有关；“热、烈、烹、煎、熬”等有共同的形旁“灬”，字义与“火”有关；“妇”、“妃”、“好”、“娇”、“媚”、“嫣”等有共同的形旁“女”，字义与“女子”有关。作为部首的汉字偏旁，还可以起到表示音类的作用，如形声字中的声旁。“洱”、“饵”、“珥”等有共同的声旁“耳”，读若“ěr”。

尽管存在一定的局限性，但适当分析和研究汉字偏旁，仍有助于应试人对现代汉字字义的理解和辨析，有助于其掌握现代汉字的字音。

第三节　正确判别和书写现代汉字字形

一、字形容易被误判、误写的现代汉字

根据《大纲》要求，需要应试人正确书写和判别字形的现代汉字包括《字表》和《词语表》收入的全部现代汉字。

HZC试卷第一到第三部分试题即以考查应试人正确书写和判别现代汉字字

形的能力为主。其中，第一部分试题要求应试人正确书写现代汉字字形，第二和第三部分试题要求应试人正确判别现代汉字字形。这三部分试题中作为考点的现代汉字字形的出现各有语境，主要为《词语表》所收词语（含成语）。

《词语表》所收词语中容易被误判、误写的关键汉字，往往成为 HZC 相关试题的考点汉字。这些关键字字形容易被误判、误写的词语主要有：

艾（爱）滋病
唉（哀）声叹气
安分（份）
安详（祥）
安（按）装
按部（步）就班
按捺（纳）
按（案）语
暗淡（澹）
黯（暗）然销魂
吧嗒（哒）
跋（爬）山涉水
百废俱（具）兴
百叶（页）窗
稗（裨）官野史
班（搬）门弄斧
斑（班）驳
斑（斒）斓
坂（板）上走丸
扮相（像）
扮装（妆）
棒槌（棰）
孢（胞）子
报销（消）
抱残守缺（阙）
暴虎冯（凭）河
暴戾恣睢（雎）
暴殄（珍）天物
杯盘狼藉（籍）
卑躬（恭）屈膝
背（悖）时
璧（壁）还
编纂（篡）
鞭笞（苔）
变本加厉（利）
辩（辨）证法
表率（帅）
别出心裁（才）
并行不悖（背）
病入膏肓（盲）
舶（泊）来品
不辨菽（黍）麦
不卑不亢（坑）
不计（记）其数
不胫（径）而走
不可思议（义）
不落窠（巢）臼
不能自已（己）
不肖（孝）子孙
不屑（宵）
步入正轨（规）
部（布）署
残（惨）酷无情
惨绝人寰（环）
惨（残）无人道
草菅（管）人命
插科打诨（浑）
掺（渗）水
长（常）年累月
瞋（填）目叱之
沉湎（缅）
陈词滥（烂）调
驰骋（聘）
赤膊（搏）上阵
重叠（迭）
凑合（和）
出类拔萃（粹）
出其（奇）不意
出奇制（致）胜
川（穿）流不息
传诵（颂）
床笫（第）之言
戳（戮）穿
刺（剌）刺（剌）不休
粗犷（旷）
大拇（姆）指
大有裨（稗）益
打蜡（腊）
耽（担）搁
殚（弹）精竭虑
淡（澹）然置之
当仁（人）不让
玷（沾）污
掉（调）以轻心
鼎力（立）相助
动辄（辙）得咎
斗殴（欧）
度（渡）假村
断壁颓垣（桓）
锻炼（练）
咄（拙）咄（拙）逼人
堕（坠）落
阿谀（腴）奉承

额手（首）称庆
耳濡（儒）目染
发轫（韧）之作
发扬光（广）大
翻（反）云覆雨
翻来覆（复）去
烦恼（脑）
烦躁（燥）
反（翻）复无常
反映（应）意见
方枘（柄）圆凿
防患于未然（燃）
妨（防）碍
飞扬跋（拔）扈
肺腑（府）
蜂拥（涌）
丰功伟绩（迹）
风尘仆（扑）仆（扑）
风靡（糜）一时
风声鹤唳（泪）
风雨如晦（诲）
俸禄（录）
肤（浮）浅
敷衍（演）
辐（幅）射
富丽堂皇（黄）
覆（复）盖
覆（复）灭
改弦更张（章）
干燥（躁）
甘拜（败）下风
甘冒不韪（讳）
刚愎（腹）自用
高瞻远瞩（属）
亘（互）古未有
公之（诸）于众
功亏一篑（匮）

呱呱坠（堕）地
孤注（柱）一掷
辜（姑）负
鼓噪（躁）
故作矜持（恃）
观摩（磨）
纶（伦）巾
官运亨（享）通
灌（贯）输
规矩（距）
诡（鬼）计
鬼鬼祟（崇）祟（崇）
哈密（蜜）瓜
海市蜃（唇）楼
含辛茹（如）苦
寒暄（喧）
汗流浃（夹）背
好高骛（鹜）远
和蔼（霭）
和（合）盘托出
涸泽而渔（鱼）
化学反应（映）
横渡（度）
哄（轰）堂大笑
鸿（宏）篇巨制
候（侯）车室
侯（候）门如海
虎视眈（耽）眈（耽）
怙恶不悛（俊）
欢度（渡）
焕（涣）发
荒（谎）谬
诙（恢）谐
会晤（悟）
火中取栗（粟）
荤（晕）腥
即（既）使

急躁（燥）
计日程（成）功
记忆犹（尤）新
既（即）往不咎
家（傢）具（俱）
艰（坚）难困苦
缄（箴）口不言
矫（娇）揉（柔）造作
接踵（踪）而至
洁白无瑕（暇）
竭泽而渔（鱼）
截（接）长补短
金榜题（提）名
金碧（壁）辉煌
金瓯（殴）
精粹（萃）
精悍（干）
精简（减）
痉挛（孪）
兢（竞）兢（竞）业业
迥（迴）然不同
赳（纠）赳（纠）武夫
九州（洲）
九霄（宵）云外
就绪（序）
鞠躬尽瘁（粹）
绝（决）对
竣（峻）工
开天辟（劈）地
炕（坑）头
颗（棵）粒无收
可望不可即（及）
恪（格）守
刻（克）苦
坑（吭）害
空（恐）前绝后
苦心孤诣（旨）

脍（烩）炙人口
宽宏（洪）大量
蓝（篮）本
蓝（兰）天白云
谰（滥）言
篮（蓝）球
滥竽（芋）充数
浪费（废）
老生（声）常谈
冷不防（妨）
寥（廖）寥（廖）无几
瞭（了）望
雷（类）同
羸（嬴）弱
礼尚（上）往来
厉（励）行节约
利（厉）害得失
良莠（秀）不齐
两（俩）口子
潦（了）草
列（例）举
临摹（摩）
浏（流）览
流（浏）连忘返
龙蟠虎踞（据）
戮（戳）力同心
啰（罗）唆
绿草如茵（荫）
脉搏（膊）
脉络（胳）
漫（满）山遍野
冒天下之大不韪（讳）
毛骨悚（耸）然
眉梢（捎）
美轮（仑）美奂
谜（迷）团
绵（棉）里藏针
勉（免）强
面面俱（具）到
民生凋敝（蔽）
名副（符）其实
明辨（辩）是非
明（名）信片
明知故（固）犯
模（糢）糊
莫衷（中）一是
墨（默）守成规
宁缺勿（毋）滥
呕（沤）心沥血
偶尔（而）
磐（盘）石
旁征（证）博引
赔礼（理）道歉
膨胀（涨）
披（批）沙拣金
披星戴（带）月
癖（僻）好
贫瘠（脊）
平（凭）添
迫不及（急）待
破纪（记）录
朴（扑）素
气冲云霄（宵）
气喘吁（嘘）吁（嘘）
气概（慨）
恰（洽）如其分
千钧（钓）一发
迁徙（徒）
前倨（踞）后恭
前仆（扑）后继
强弩（努）之末
悄（俏）然
敲诈（榨）
乔（巧）装打扮
巧夺天工（功）
青（亲）睐
情不自禁（尽）
罄（磬）竹难书
趋之若鹜（骛）
却（缺）之不恭
人才（材）荟萃
人情世（事）故
人言啧（责）啧（责）
任（忍）劳任（忍）怨
融会（汇）贯通
融洽（恰）
如法炮（泡）制
如火如荼（茶）
孺（儒）子可教
入不敷（付）出
入场券（卷）
三部（步）曲
三番（翻）两次
三国鼎立（力）
瘙（搔）痒病
搔（瘙）首弄姿
杀戮（戳）
歃（插）血为盟
煞（杀）费苦心
潸（潜）然泪下
擅（善）长
赡（瞻）养
商榷（确）
稍（少）纵即逝
身体姿势（式）
深奥（粤）
生死攸（悠）关
声名鹊（雀）起
时过境（景）迁
食不果（裹）腹
史无前例（列）

始终不渝（逾）
世外桃源（园）
事迹（绩）
手不释（失）卷
手头宽裕（余）
首（手）屈一指
授（受）予
水龙（笼）头
水性杨（扬）花
死皮赖（癞）脸
肆（肄）无忌惮（弹）
梳妆（装）
诵（颂）读
蒜薹（苔）
随声附和（合）
索隐（引）派
谈笑风生（声）
蹚（趟）水
天崩地坼（折）
天翻地覆（复）
恬（括）不知耻
甜言蜜（密）语
条分缕析（拆）
挑拨是（事）非
铤（挺）而走险
图穷匕首见（现）
挖墙脚（角）
歪风邪（斜）气
枉（妄）费心机
望风披靡（糜）
文笔精粹（萃）
唯（为）命是听
惟（维）妙惟（维）肖
帷幄（握）
委（痿）靡（糜）不振
为虎作伥（帐）
味同嚼蜡（腊）

斡（干）旋
无独有偶（隅）
无礼谩（漫）骂
戊（戌）戌政变
雾凇（淞）
淅（浙）沥
稀（惜）世之珍
熙熙攘（让）攘（让）
瑕（暇）瑜互见
相距（矩）
相形见绌（拙）
向（想）往光明
向隅（偶）而泣
骁（饶）勇善战
销赃（脏）
笑眯（咪）眯（咪）
胁（协）从不问
雄奇峻（俊）拔
心狠手辣（棘）
心怀叵（巨）测
心灰（恢）意懒
心劳日拙（绌）
欣赏（尝）
新颖（颍）
星罗棋（旗）布
惺（醒）忪
休（修）养生息
修葺（茸）
栩（诩）栩（诩）如生
宣（渲）泄
喧（宣）宾夺主
旋（弦）律
悬梁刺股（骨）
学而优则仕（士）
学识修（休）养
寻人启事（示）
徇（殉）私舞弊

循规蹈（导）矩
循（寻）序渐进
训练（炼）
压榨（诈）
雅（鸦）俗共赏
揠（偃）苗助长
湮（淹）没不闻
言简意赅（该）
演绎（译）
偃（揠）旗息鼓
宴（晏）会
赝（膺）品
洋泾浜（滨）
杳（沓）无音信
夜宵（霄）
谒（竭）见
一抔（杯）黄土
一筹（愁）莫展
一副（幅）对联
一鼓（股）作气
一劳永逸（易）
一诺千金（斤）
一如既（继）往
一望无垠（银）
一张一弛（驰）
一枕黄粱（梁）
一掷（郑）千金
贻（遗）笑大方
以见一斑（般）
以偏概（盖）全
以逸待（代）劳
义不容辞（词）
义愤填（添）膺
屹（圪）立
异（一）口同声
肄（肆）业
饮鸩（鸠）止渴

英雄辈（倍）出	蘸（醮）水	皱（绉）纹
荧（萤）光	张皇（惶）失措	蛛丝马（蚂）迹
庸庸碌（录）碌（录）	仗义执（直）言	装帧（祯）
永葆（保）青春	招摇撞（装）骗	追溯（朔）
优待俘虏（掳）	招之即（既）来	缀（掇）句成文
优（忧）柔寡断	遮天蔽（避）日	惴（揣）惴（揣）不安
犹（尤）如	蛰（蜇）伏	捉襟见肘（胄）
有恃（持）无恐	针砭（贬）	擢（捉）发难数
幼稚（雅）	针灸（炙）	自暴（抱）自弃
语无伦（仑）次	真知灼（卓）见	自顾不暇（遐）
逾（渝）期作废	缜（慎）密	姿（恣）态
元（原）气	震撼（憾）	恣（姿）意妄为
元宵（霄）	震（振）惊	纵横捭（俾）阖
缘（沿）木求鱼	抵（抵）掌而谈	走投（头）无路
怨天尤（由）人	指手画（划）脚	诅（咀）咒
再接再厉（励）	治丝而棼（纷）	罪不及孥（奴）
赃（脏）款	炙（灸）手可热	遵（尊）循
札（扎）记	掷（抛）地有声	坐（座）落
眨（贬）眼	中流砥（抵）柱	坐（做）月子
拈（沾）花惹草	终身（生）受益	坐镇（阵）
崭（展）露头角		

其中，括号外汉字为正确字形，括号内汉字是不当字形——未能在特定语境中正确使用的汉字。

二、避免误判、误写现代汉字的字形

误判、误写现代汉字字形的主要原因包括：字形繁难不易掌握，字形相近易于混淆，字音相同或相近易于混淆，不辨字（词）义，手写造成多出笔画、少写笔画，错误处理笔画、偏旁的相互关系，以及未能熟知国家职能部门颁发的相关文字规范等。

（一）熟记繁难现代汉字的字形

应试人对《字表》（尤其是乙表和丙表）所收录的某些现代汉字完全不熟悉，因而很容易误判、误写字形。

“擢”（丙表字），有些应试人可能既不能读出它的正确读音“zhuó”，又不知道它的词义是“①拔。②提拔”，因而遇到填写词语“____（zhuó）发难数”时，要么写得不成字形，要么写成别字“琢”（甲表字）、“酌”（甲表字）

等。这样的考点汉字还有“方枘圆凿”中的“枘 ruì”（丙表字）、“不稼不穑”中的“穑 sè”（丙表字）等。

毋	凹	凸	捋	玺
麸	腠	蓟	煦	肄
睿	噗	瘸	黏	麝
臼	秉	匿		

——见于甲表

尥	佘	谄	鸨	邕
豉	崴	粳	觑	馔
膪	黜	鳏	瀣	曦

——见于乙表

孓	牝	夼	茌	戕
哓	奘	喙	阕	彘
搋	酹	缫	蕤	畿
噬	隰	薹	邋	爨

——见于丙表

以上繁难汉字，有的笔画虽然不多却不好写，如“凹”、“凸”、“臼”；有的是不好读，如“孓”、“佘”；有的是不好懂，如“蕤”、“茌”；有的干脆不好写、不好读也不好懂，如“瀣”、“薹”。

当然，《字表》中的繁难汉字不尽于此，且就不同应试人而言，繁难字也有所不同。应试人最好能将《字表》所收录的 5 500 个现代汉字对照《现代汉语通用字笔顺规范》逐个学写一遍，列出能满足应试人自身需要的繁难字表。

（二）正确判别和书写字形相近的现代汉字

有些现代汉字并不繁难，但也常常被误判、误写。

就字形而言，应试人首先要避免误判、误写字形相近的现代汉字。

1. 有些形声字，部分偏旁相同或相近，另一部分偏旁则差别较大。应试人因混淆偏旁而误判、误写。

“蔼”与“霭”

“蔼”与“霭”都读若“ǎi”。“蔼”的形旁为“艹”，字义与“草木茂盛”有关；“霭”的形旁是“雨”，字义与“云气”有关。将“和蔼”的“蔼”写作“烟霭”的“霭”，混淆了形声字的形旁。

“黯”与“暗”

“黯”与“暗”都读若“àn”。“黯”的形旁为“黑”，字义与“深黑，昏暗”有关；“暗”的形旁是“日”，字义与“光线不足”有关。将“黯然”的“黯”写作“黑暗”的“暗”，混淆了形声字的形旁。

“笆”与“芭”

“笆”与“芭”都读若“bā”。“笆”的形旁是“⺮”，字义与“竹制屏障”有关；“芭”的形旁是“艹”，与“蕉”构成“芭蕉”。将“篱笆”的“笆”写作“芭蕉”的“芭”，混淆了形声字的形旁。

“坂”与“板”

“坂”与“板”都读若“bǎn”。“坂”的形旁为“土”，字义与“山土”有关；“板”的形旁为“木”，本义是“片状的较硬的物体”。将“坂上走丸”的“坂”写作“木板”的“板”，混淆了形声字的形旁。

“萃”与“粹”

“萃”与“粹”都读“cuì”。“萃”的形旁是“艹”，字义与“集中”有关；“粹”的形旁是“米”，字义与“纯”有关。将“出类拔萃”的“萃”写作“纯粹”的“粹”，混淆了形声字的形旁。

“果”与“裹”

“果”与“裹”都读若“guǒ”。“果”有“果实”义，“裹”字的基本义为“（用纸、布或其他片状物）缠绕；包扎”，形旁为“衣”。将“食不果腹”的“果”写作“包裹”的“裹”，多出了形旁。

“诨”与“浑”

“诨”与“浑”分别读若“hùn”与“hún”，声韵同而调类异。“诨”的字义为“戏谑；开玩笑”，与言语有关，形旁为“讠”；“浑”的字义为“浑浊”，与水有关，形旁为“氵”。将“诨”写作“浑浊”的“浑”，混淆了形声字的形旁。

“胫”与“径”

“胫”与“径”都读若“jìng”。“胫”的字义是“小腿”，与动物肢体有关，所以形旁为“月（肉）”；“径”的字义与“道路”有关，所以形旁是“彳”。将“不胫而走”的“胫”写作“路径”的“径”，混淆了形声字的形旁。

“湎”与“缅”

"湎"与"缅"都读若"miǎn"。"湎"的形旁为"氵"，字义与"沉湎于酒"有关；"缅"的形旁是"纟"，字义与"远"有关。将"沉湎"的"湎"写作"缅"，混淆了形声字的形旁。

"摩"与"磨"

"摩"与"磨"都读若"mó"。"摩"的形旁为"手"，字义与"摩擦"有关；"磨"的形旁是"石"，字义与"磨砺"有关。将"观摩"的"摩"写作"磨砺"的"磨"，混淆了形声字的形旁。

"瑕"与"暇"

"瑕"与"暇"都读若"xiá"。"瑕"的形旁为"王（玉）"，本指"赤色玉石"；"暇"的形旁是"日"，与"闲暇"有关。将"洁白无瑕"的"瑕"写作"闲暇"的"暇"，混淆了形声字的形旁。

"宵"与"霄"

"宵"与"霄"都读若"xiāo"。"宵"的形旁为"宀"，本义为"夜"；"霄"的形旁是"雨"，本义指"雪珠"。将"九霄"的"霄"写作"通宵"的"宵"，混淆了形声字的形旁。

"帧"与"祯"

"帧"与"祯"都读若"zhēn"。"帧"的形旁是"巾"，字义与"画幅"有关；"祯"的形旁是"礻"，字义与"吉祥"有关。将"装帧"的"帧"写作"祯休"的"祯"，混淆了形声字的形旁。

"拔"与"拨"

两字形旁形体都是"扌"。"拔"发"bɑ"音，"拨"发"bo"音，将"拔除"的"拔"写作"拨"，混淆了形声字的声旁。

"掷"与"抛"

两字形旁形体都是"扌"。"掷"发"zhi"音，"抛"发"pɑo"音，将"掷地有声"的"掷"写作"抛"，混淆了形声字的声旁。

因字形相近而被误判、误写的现代汉字形声字（括号外为正确字形）还有：

安详（祥）	斑（班）驳	报销（消）
稗（裨）官野史	孢（胞）子	暴殄（珍）天物

杯盘狼藉（籍）
璧（壁）还
编纂（篡）
鞭笞（苔）
辩（辨）证法
不屑（宵）
不胫（径）而走
插科打诨（浑）
粗犷（旷）
戳（戮）穿
赤膊（搏）上阵
瞋（填）目叱之
大有裨（稗）益
打蜡（腊）
大拇（姆）指
殚（弹）精竭虑
玷（沾）污
堕（坠）落
锻炼（练）
斗殴（欧）
咄（拙）咄（拙）逼人
断壁颓垣（桓）
动辄（辙）得咎
阿谀（腴）奉承
耳濡（儒）目染
发轫（韧）之作
烦躁（燥）
烦恼（脑）
方枘（柄）圆凿
妨（防）碍
飞扬跋（拔）扈
风雨如晦（诲）
风靡（糜）一时
辐（幅）射
干燥（躁）
甘冒不韪（讳）
刚愎（腹）自用

纶（伦）巾
孤注（柱）一掷
鼓噪（躁）
故作矜持（恃）
规矩（距）
功亏一篑（匮）
哈密（蜜）瓜
寒暄（喧）
好高骛（鹜）远
和蔼（霭）
焕（涣）发
诙（恢）谐
会晤（悟）
荤（晕）腥
虎视眈（耽）眈（耽）
怙恶不悛（俊）
火中取栗（粟）
急躁（燥）
即（既）使
既（即）往不咎
缄（箴）口不言
矫（娇）揉造作
接踵（踪）而至
金瓯（殴）
痉挛（孪）
迥（迴）然不同
赳（纠）赳（纠）武夫
鞠躬尽瘁（粹）
竣（峻）工
炕（坑）头
颗（棵）粒无收
恪（格）守
坑（吭）害
脍（烩）炙人口
蓝（篮）本
篮（蓝）球
滥竽（芋）充数

冷不防（妨）
羸（赢）弱
临摹（摩）
浏（流）览
流（浏）连忘返
龙蟠虎踞（据）
戮（戳）力同心
冒天下之大不韪（讳）
脉络（胳）
脉搏（膊）
眉梢（捎）
绵（棉）里藏针
民生凋敝（蔽）
名副（符）其实
明辨（辩）是非
墨（默）守成规
呕（沤）心沥血
旁征（证）博引
披（批）沙拣金
癖（僻）好
破纪（记）录
朴（扑）素
气概（慨）
气冲云霄（宵）
千钧（钓）一发
前倨（踞）后恭
前仆（扑）后继
强弩（努）之末
恰（洽）如其分
悄（俏）然
罄（磬）竹难书
趋之若鹜（骛）
融洽（恰）
如法炮（泡）制
孺（儒）子可教
杀戮（戳）
歃（插）血为盟

潸（潜）然泪下
赡（瞻）养
瘙（搔）痒病
搔（瘙）首弄姿
死皮赖（癞）脸
肆（肄）无忌惮（弹）
食不果（裹）腹
始终不渝（逾）
水性杨（扬）花
天崩地坼（折）
甜言蜜（密）语
恬（括）不知耻
铤（挺）而走险
歪风邪（斜）气
望风披靡（糜）
惟（维）妙惟（维）肖
帷幄（握）
为虎作伥（帐）
味同嚼蜡（腊）
无独有偶（隅）
无礼谩（漫）骂
淅（浙）沥
瑕（暇）瑜互见
相距（矩）
相形见绌（拙）
向隅（偶）而泣

骁（饶）勇善战
销赃（脏）
胁（协）从不问
雄奇峻（俊）拔
欣赏（尝）
心劳日拙（绌）
新颖（颍）
星罗棋（旗）布
惺（醒）忪
栩（诩）栩（诩）如生
徇（殉）私舞弊
训练（炼）
雅（鸦）俗共赏
揠（偃）苗助长
言简意赅（该）
演绎（译）
偃（揠）旗息鼓
赝（膺）品
谒（竭）见
夜宵（霄）
一副（幅）对联
一望无垠（银）
一张一弛（驰）
一枕黄粱（梁）
屹（圪）立
肄（肆）业

逾（渝）期作废
饮鸩（鸠）止渴
荧（萤）光
优（忧）柔寡断
有恃（持）无恐
幼稚（雅）
赃（脏）款
札（扎）记
眨（贬）眼
拈（沾）花惹草
遮天蔽（避）日
蛰（蜇）伏
针砭（贬）
缜（慎）密
震撼（憾）
抵（柢）掌而谈
中流砥（抵）柱
皱（绉）纹
装帧（祯）
惴（揣）惴（揣）不安
诅（咀）咒
姿（恣）态
自顾不暇（遐）
恣（姿）意妄为
纵横捭（俾）阖

2. 有些现代汉字不是形声字，或虽是形声字，但被误判、误写字形的汉字之间并无明显的声旁或形旁方面的关联。应试人因混淆形近的笔画或偏旁而误判、误写现代汉字。

“剌”与“刺”

“剌”与“刺”有共同偏旁“刂”，但“剌”的另一偏旁是“朿”，“刺”的另一偏旁是“朿”。“朿”较“束”少一笔画，且中间形体不封口。常有应试人将“剌剌不休”误判、误写为“刺刺不休”。

“亨”与“享”

"亨"与"享"都是上中下结构。两者最上部分都是偏旁"亠"，中间都是偏旁"口"，但最下部分偏旁则分别是"了"和"子"。"了"较"子"少一笔画。常有应试人将"官运亨通"误判、误写为"官运享通"。

"窠"与"巢"

"窠"与"巢"下半部分都是"果"，但"窠"的上半部分是"穴"，"巢"的上半部分是"巛"。且"窠"的本义是"动物的巢穴"，"巢"的本义是"鸟及蜂蚁的窝"，字义相近。常有应试人将"不落窠臼"误判、误写为"不落巢臼"。

"已"和"己"

"已"的上部半封口，"己"的上部不封口。虽然"不能自已"像个没说完的句子，但还是有应试人将"不能自已"误判、误写为"不能自己"。

"菅"与"管"

"菅"与"管"都有个偏旁"官"，但"菅"的上半部分是"艹"，"管"的上半部分是"⺮"。常有应试人将"草菅人命"误判、误写为"草管人命"。

"笫"与"第"

"笫"与"第"字形非常相近，其实字音和字义相差甚远。应试人很容易就会将"床笫之言"误写为"床第之言"。

部分因字形相近而被误判、误写的现代汉字（括号外为正确字形）还有：

亳（毫）州	沁（泌）园春	心怀叵（巨）测
驰骋（聘）	如火如荼（茶）	修葺（茸）
亘（互）古未有	入场券（卷）	洋泾浜（滨）
候（侯）车室	深奥（粤）	杳（沓）无音信
侯（候）门如海	条分缕析（拆）	一抔（杯）黄土
寥寥（廖廖）无几	戊（戍）戌政变	针灸（炙）
迁徙（徒）	心狠手辣（棘）	炙（灸）手可热

（三）避免受词语内部前后汉字偏旁误导而误判、误写现代汉字字形

有些汉字受同一词语中或前或后汉字偏旁误导而误判、误写。

"络"与"胳"

"络"读若"luò"，声旁为"各"，形旁为"纟"，基本义为"像网一样的东西"。"胳"读若"gē"，声旁也为"各"，形旁为"月（肉）"，与"臂"、

“膀”等语素合用，基本义为“人的上肢”。“脉络”基本义为“中医学对人体血管的统称”。人体血管呈“网状”，所以用“络”字。应试人有时会受“脉”字为“月（肉）”旁影响，误将“脉络”判作或写作“脉胳”。

“搏”与“膊”

“搏”读若“bó”，声旁为“尃”，形旁为“扌”，语义有“搏斗”、“跳动”等。“膊”读若“bó”，声旁也为“尃”，形旁为“月（肉）”，与“胳”合用时读轻声。“膊”的基本义为“臂的上部靠近肩的部分”。“脉搏”基本义为“心脏收缩时由于输出血液冲击动脉管壁而使动脉有规律地跳动的迹象”。动脉跳动，则用“搏”字。应试人有时会受“脉”字为“月（肉）”旁影响，误将“脉搏”判作或写作“脉膊”。

此类因受词语内部前后汉字偏旁误导而错写的，还有误将“宣泄”判作或写作“渲泄”，误将“斑斓”判作或写作“斒斓”，误将“皱纹”判作或写作“绉纹”等。

（四）避免因音同音近而误判、误写现代汉字的字形

有些现代汉字字形相异，字义之间并无直接关联或毫无关系，只因彼此字音相同或相近，在特定语境（词语）中被误判、误写。

“川”与“穿”

“川”与“穿”都读若“chuān”。“川”的主要义项有“①河；水道。②四川。③平坦的田野。”“穿”的主要义项有“①通过凿、钻或刺等手段使形成孔洞。②通过（孔洞等）。③把物体串联起来。④把衣服、鞋袜等套在身上。⑤指衣服、鞋袜等。⑥用于某些动词后，表示彻底显露的状态”。“川流不息”指“河水流动不停。形容来来往往的行人、车马等像水流一样连续不断”。应试人将“川流不息”的“川”误判、误写为“穿”，主要因为受两字同音的影响，且未能正确理解成语“川流不息”的语义。

“力”与“立”

“力”与“立”都读若“lì”。“力”的基本义为“力气”，“立”的基本义为“人或物体直立”。“鼎力相助”的语义为“出大力气帮助别人”。应试人将“鼎力相助”的“力”误判、误写为“立”，主要因为受两字同音的影响，且未能正确理解成语“鼎力相助”的语义。

“川”与“穿”、“力”与“立”，字形两两各不相同。如此同音误判、误写字形的还有（括号外为正确字形）：

唉（哀）声叹气	按部（步）就班	百叶（页）窗
按捺（纳）	暗淡（澹）	班（搬）门弄斧

扮相（像）
扮装（妆）
抱残守缺（阙）
暴虎冯（凭）河
卑躬（恭）屈膝
背（悖）时
变本加厉（利）
表率（帅）
别出心裁（才）
并行不悖（背）
部（布）署
不辨菽（黍）麦
不计（记）其数
不肖（孝）子孙
步入正轨（规）
残（惨）酷无情
惨绝人寰（环）
惨（残）无人道
长（常）年累月
重叠（迭）
凑合（和）
传诵（颂）
陈词滥（烂）调
出其（奇）不意
出奇制（致）胜
耽（担）搁
当仁（人）不让
掉（调）以轻心
额手（首）称庆
发扬光（广）大
翻（反）云覆雨
反映（应）意见
反（翻）复无常
蜂拥（涌）
丰功伟绩（迹）
风声鹤唳（泪）
风尘仆（扑）仆（扑）

肤（浮）浅
敷衍（演）
富丽堂皇（黄）
改弦更张（章）
甘拜（败）下风
辜（姑）负
灌（贯）输
诡（鬼）计
和（合）盘托出
化学反应（映）
哄（轰）堂大笑
鸿（宏）篇巨制
计日程（成）功
记忆犹（尤）新
艰（坚）难困苦
截（接）长补短
金榜题（提）名
精简（减）
精悍（干）
兢（竞）兢（竞）业业
就绪（序）
绝（决）对
可望不可即（及）
刻（克）苦
空（恐）前绝后
宽宏（洪）大量
老生（声）常谈
蓝（兰）天白云
谰（滥）言
浪费（废）
瞭（了）望
雷（类）同
耒（未）耜
礼尚（上）往来
利（厉）害得失
潦（了）草
浏（流）览

流（浏）连忘返
漫（满）山遍野
毛骨悚（耸）然
名副（符）其实
明（名）信片
明知故（固）犯
宁缺勿（毋）滥
偶尔（而）
赔礼（理）道歉
膨胀（涨）
披星戴（带）月
平（凭）添
迫不及（急）待
气喘吁（嘘）吁（嘘）
敲诈（榨）
乔（巧）装打扮
青（亲）睐
情不自禁（尽）
却（缺）之不恭
人情世（事）故
融会（汇）贯通
入不敷（付）出
三部（步）曲
三国鼎立（力）
煞（杀）费苦心
擅（善）长
商榷（确）
稍（少）纵即逝
身体姿势（式）
声名鹊（雀）起
时过境（景）迁
世外桃源（园）
事迹（绩）
梳妆（装）
诵（颂）读
手头宽裕（余）
手不释（失）卷

首（手）屈一指
随声附和（合）
索隐（引）派
谈笑风生（声）
蹚（趟）水
挑拨是（事）非
挖墙脚（角）
歪风邪（斜）气
枉（妄）费心机
唯（为）命是听
稀（惜）世之珍
熙熙攘（让）攘（让）
向（想）往光明
悬梁刺股（骨）
旋（弦）律
休（修）养生息
寻人启事（示）

循规蹈（导）矩
循（寻）序渐进
学识修（休）养
压榨（诈）
一筹（愁）莫展
一鼓（股）作气
一劳永逸（易）
一诺千金（斤）
一如既（继）往
贻（遗）笑大方
义愤填（添）膺
以见一斑（般）
以偏概（盖）全
以逸待（代）劳
义不容辞（词）
异（一）口同声
英雄辈（倍）出

元（原）气
缘（沿）木求鱼
怨天尤（由）人
优（忧）柔寡断
崭（展）露头角
仗义执（直）言
招摇撞（装）骗
真知灼（卓）见
震（振）惊
指手画（划）脚
终身（生）受益
捉襟见肘（胄）
擢（捉）发难数
自暴（抱）自弃
走投（头）无路
坐镇（阵）
坐（做）月子

有些同音或近音现代汉字之间是古今字的关系。古字的字义发生变化后，由其中的一个语义（有时是本义）分化出一个新汉字，而古字的原有语义反而失去。如：

“然”与“燃”

“然”是“燃”的古字，其本义就是“燃烧”。《孟子·公孙丑上》：“若火之始然，泉之始达。”句中的“然”用的就是“燃烧”义。但在现代汉语中，“然”只剩下代词或连词义项，没有了动词（“燃烧”）义项。“燃”的基本义就是“燃烧”。就现代汉语而言，“然”与“燃”只是同音字，都读若“rán”。如果HZC应试人不知道“防患于未然”的语义为“在祸患发生前就采取措施加以防备”，其中的“然”是代词义，则会想当然地将“防患于未然”的“然”误判、误写为“燃”。

有些同音现代汉字之间是假借字关系，属于“六书”中的用字法。如：

“度”与“渡”

古汉语中，“度[1]”的本义是“计量长短的标准”。“渡”的本义是“通过江河”。《汉书·贾谊传》已见“渡”由“度”假借的例证：“若夫经制不定，是犹度江河亡维楫。”现代汉语中，“度”与“渡”表示“经历”时是同音字，读若“dù”。“度”作为动词，其基本义是“跨过；越过”，主要指时间上的经过；“渡”的基本义是“通过”，主要指由水面的这一边到那一边，两者不再允许假借使用了。将“横渡”的“渡”写作“度”与“欢度”的“度”写作“渡”，都是误判、误写同音字形。

有些同音现代汉字在古今汉语中虽曾有一定联系，但这些联系有时很有局限性，有些现在已失去了原有的联系。如：

“侯”与“候”

古代汉语中，“侯”与“候”在“迎候”义可以通假，但这种假借用法在现代汉语中已失去。“侯”与“候”在现代汉语中只在“侯”作地名（“闽侯”）时是同音字，读若“hòu”，而用在“侯门如海”中，要读若“hóu”。混写“恭候（侯）大驾”与“侯（候）门如海”，同样犯了因音同音近而误判、误写现代汉字字形的错误。

容易因音同音近而错写字形的现代汉字（括号外为正确字形）还有：

安分（份）	两（俩）口子	授（受）予
百废俱（具）兴	列（例）举	水龙（笼）头
不可思议（义）	啰（罗）唆	天翻地覆（复）
翻来覆（复）去	美轮（仑）美奂	心灰（恢）意懒
肺腑（府）	谜（迷）团	喧（宣）宾夺主
俸禄（录）	勉（免）强	学而优则仕（士）
覆（复）盖	面面俱（具）到	演绎（译）
覆（复）灭	民生凋敝（蔽）	一掷（郑）千金
高瞻远瞩（属）	莫衷（中）一是	语无伦（仑）次
含辛茹（如）苦	磐（盘）石	优待俘虏（掳）
汗流浃（夹）背	贫瘠（脊）	犹（尤）如
荒（谎）谬	巧夺天工（功）	庸庸碌（录）碌（录）
家（傢）具（俱）	人才（材）荟萃	永葆（保）青春
竭泽而渔（鱼）	人言啧（责）啧（责）	再接再厉（励）
九州（洲）	三番（翻）两次	张皇（惶）失措
开天辟（劈）地	生死攸（悠）关	蛛丝马（蚂）迹
苦心孤诣（旨）	死皮赖（癞）脸	追溯（朔）
厉（励）行节约	食不果（裹）腹	遵（尊）循
良莠（秀）不齐	史无前例（列）	坐（座）落

这些音同或音近现代汉字在形体上还有一个特点，即笔画少的往往构成笔画多的同音近音字的偏旁。如“洲”由“氵”加“州”构成，“遵”由“辶”加“尊”构成。如果应试人对考点汉字及其语境（词语）语义不甚明了，很

容易受同音近音且字形相近汉字影响而误判、误写字形。

（五）避免因多写、少写或误写笔画而误判、误写现代汉字字形

上述误判、误写的现代汉字毕竟还是成字的，可看作“错别字”中的“别字”类。应试人手写的现代汉字，可能因多写、少写或误写笔画，则可能出现狭义的“错字”，即不成现代汉字的“字”形。这样的“错字”有不少例子可举。

“嗳”字右偏旁是“爱”，如将“爱”误写为“爰”或“受”，则写出“喛”或“嗖”这两个错误字形。

“袄”字左偏旁是“衤”，不能写作“礻”，如果把“衤”写成“礻”，则写出错误字形“祆”；右偏旁第一画是“一”（平撇），不能写作“-”，反之会写出错误字形“袄”。

“拔”字的右边是“犮”，如果误写为“友”，则将写成错误字形“抜”。

“掰”字的左右偏旁各是一个“手”，都由一“一”（平撇）加两“-”构成。左“手”用作偏旁，“亅”变“丿”了。左“手”如不变形，则错写出“掰”字形。

“瓣”字由左中右三部分构成，左右偏旁都是“辛”，中间偏旁为“瓜”，如果将“瓜”误写为“爪”，则写出“瓣”这个错误字形。

“叱”字右偏旁是“七”，如果将“七”误写为“匕”，则写出“叱”这个错误字形。

“豺”字易受“豺狼”的“狼”字的偏旁影响而误写为“犲”。

“拗”字“扌”的右边是“幼”字，不能少写笔画成“幻”字。如果把“幼”写成“幻”，则写出错误字形“抝”。

“状”字右偏旁是“犬”，如果将“犬”误写为“大”，则写出“状”这个错误字形。

“琼”字左偏旁“王”是“玉字旁儿”，但不要把“丶”写出来，如果写出“丶”来，则写出“琼”这个错误字形。

以下现代汉字手写错误同前，但难以从电脑里拼出相应的错字“字”形。

“埃”字右下偏旁是“矢”不是“失”。

“皑”字右下偏旁是“己”不是“已”或“巳”。

“敖”字反文旁儿“攵”不要和折文旁儿“夂”混淆。

“翱”字左偏旁由“白”、“大”、“十”3个偏旁构成，不能写作“本”。

“昂”字下偏旁“卬”左半边不能多出一“丿”，否则就成了“卯”了。

“罢”字上偏旁是“罒”，不能写成“曰”。

“备”字上偏旁是折文旁儿“夂”，不要写成反文旁儿“攵”。

“鼻”字上部偏旁是“自”，不能写成“白”，最后两画都不要超出横线，即不能变成“弄字底”。

“璧”字下偏旁“玉”的“丶”不能省去。

“飙”字左偏旁由3个“犬”构成，不能漏写“犬”上的“、”。

“瘪”字“仓”偏旁不能误写成“仓”。

“丙”字中间是“人”，不能写成“厶”。

“剥”字左偏旁下方是“泰字底⺢”，不能写成“水”。

“步”字右下部分不是“少”，不能多写一“、”。

“察”字偏旁“宀”和“示”之间，不是“登字头”。

“蚕”字第一画是“一”，不要误写为“㇒”（平撇）。

“臣”字中间多写一“丨”则误为“口”。

“齿”字下偏旁是半包围结构，里面是“人”，不是“×”。

“番”字上半部分由“㇒”（平撇）和“米”构成，不能误写为“采”。

“璞”字右下偏旁不要写成“美”。

“染”字右上偏旁“九”不能写成“丸”。

“武”字右上“、”不能漏写，右下不能多写出“丿”。

（六）避免错误处理笔画之间、偏旁之间或笔画与偏旁之间关系。

“凹”字第二画“㇈”（横折折）不要拆分为“一”、“丨”、“一”3画；第三画“丨”不要与第四画“㇕”（横折）连写；第四画“㇕”（横折）不要拆分为“一”、“丨”2画。

“白”字第一画“丿”不要和第二画“丨”连笔。

“办”字左右两“、”都不要和“力”相接或相交。

“下”字“、”和“下”相离，不能相接。

“憨”字第四画“㇆”不要拆分成2画。

“兵”字第一画“㇒”（平撇）和第二画“丨”连写，就错成6画了。

“不”字笔画“丿”与“丨”相接，“、”与“丨”相离。

“采”字“爪字头”中间点“、”不要和偏旁“木”的“丨”连笔。

“舛”字第五画是一笔“㇗”，不能分写为短竖线“丨”和横线“—”两笔。

“垂”字第四画“—”最长，不是第八画“—”最长。

“告”字第三画“丨”和第四画“—”是相接，不是相交。

“骨”字第三画“㇕”（横折）不要拆分成“—”和“丨”两笔。

“鬼”字第六画“丿”不能断开书写，否则全字的笔画就由9画错成10画了。

“孑”字“子字旁”是3画，不要错写成2画。第三画是“㇀”（横提），不是“—”。

“皮”字笔画“丨”和偏旁“又”要相接。

“片”字第四画是“㇕”（横折）1画，不能拆成“—”和“丨”2画。

“凸”字第一画“丨”不要与第二画“一”连笔；第三画“丨”也不要与

第二画“乛”连笔；第四画“㇈”（横折折折）不要拆分为“乛”、“丨”、“乛”、“丨”4 画。

“雪”字下偏旁是“彐”，“彐”的中间“—”右边不出头。

“舟”字第四画和第六画都是“丶”，两者不相连，也各不与第五画“—”相接。

“藏”字第六画是“𠃊”（竖折），不能拆分为“丨”和“—”两画；第七画“—”和第八画“丿”不要连笔。

“纟”：绞丝旁儿，是 3 画，不能拆写成 5 画。

“阝”：双耳旁儿，右半部分是 1 画不是 2 画。

“辶”：“走字旁儿”，是 3 画，不能写成 2 画。

应试人完成 HZC 第一部分试题时，特别要注意避免因多写、少写或误写笔画而错写现代汉字字形，也不要错误处理笔画之间、偏旁之间、笔画和偏旁之间的相互关系。

（七）正确选用现代汉字的规范形体

中华人民共和国成立以来，国家职能部门先后发布了多部规范现代汉语要素的法规，其中《简化字总表》、《第一批异体字整理表》、《新旧字形对照表》、《第一批异形词整理表》等直接规范现代汉字字形。许多现代汉字字形在规范发布以前是可用的，但在法规发布后，则成了不规范的现代汉字字形。以下着重了解掌握繁简字、异体字、异形词及部分计量单位用字等方面的规范字形。

“漢字應用水平測試應試指導”中，“漢”、“應”、“測”、“試”和“導”的繁体字形体已分别为简化字形体“汉”、“应”、“测”、“试”、“导”替代。

国家语委 1986 年发布的《简化字总表》包括第一表“不作简化字偏旁用的简化字”、第二表“可作简化偏旁用的简化字和简化偏旁”及第三表“应用第二表所列简化字和简化偏旁得出来的简化字”。与简化字对应的繁体字，除书法创作外，在日常书写尤其是正式出版物和正式社交场合中已不多用，但仍有少数繁体字形为应试人等所喜用，如将“财”写作“財”、“门”写作“門”、“页”写作“頁”、“张”写作“張”等。HZC 应试人答写第一部分试题时不可使用繁体字形。

异体字指与规定的正体字同音、同义而写法不同的字。“餻”是“糕”的异体字，“凾”是“函”的异体字，“餻”、“凾”已属不规范汉字，其字形已不再为正式出版物所使用，应试人在完成填写汉字试题时不可书写这些异体字。

以下括号外字形是当前使用频率仍相对较高的异体字（括号内为规范字形），应试人答题时要避免误写这些异体字。

並（并）　　佈（布）　　邨（村）

櫈（凳）	淚（泪）	羣（群）
峯（峰）	凓（栗）	谿（溪）
餻（糕）	畧（略）	詠（咏）
够（夠）	蔴（麻）	湧（涌）
僱（雇）	淼（渺）	遊（游）
掛（挂）	舒（拿）	癒（愈）
菓（果）	砲（炮）	喆（哲）
圅（函）	強（强）	姪（侄）

异形词指普通话书面语中并存并用的音义完全相同而书写形式不同的词语。“百页窗”是“百叶窗”的异形词，“精采”是“精彩”的异形词，在词语“百页窗”、“精采”特定语境中，“页”、“采”已是不规范字形。当然，在“页码”、“采风”语境中，“页”、“采”仍是规范字形。

“案”与“按”都读若“àn”。“案”的形旁为“木”，字义为“①案桌。②古代进食用的木托盘”；“按”的形旁为“扌”，字义为“按[1]：①用手或指头压。②压住；搁下。③抑制。④依照。按[2]：①考查；核对。②（编者、作者等）加按语”。“案语”是“按语”的异形词，现在的规范词形是“按语”。

以下括号前不规范字形（括号内为规范字形）在给定词语中仍被较多人所使用，应试人答题时要避免误用这些欠规范字形。

案（按）语	雕（凋）谢	哄（轰）动
百页（叶）窗	跌荡（宕）	宏（弘）扬
辈份（分）	跌交（跤）	红通通（彤彤）
本份（分）	定（订）婚	弘（宏）愿
笔划（画）	定（订）货	鸿（洪）福
必（毕）恭必（毕）敬	定（订）阅	混（浑）水摸鱼
标识（志）	独脚（角）戏	记（纪）念
鬓脚（角）	二簧（黄）	寄与（予）
车箱（厢）	发人深醒（省）	佳（嘉）宾
成份（分）	蕃（繁）衍	架式（势）
侈糜（靡）	份（分）内	简炼（练）
筹画（划）	丰富多彩（采）	叫化（花）子
磁（瓷）器	疯颠（癫）	精采（彩）
赐与（予）	伏（服）罪	就坐（座）
带（戴）孝	告戒（诫）	角（脚）色
耽（担）心	孤苦零（伶）丁（仃）	狼籍（藉）
耽（担）忧	鬼哭狼嗥（嚎）	累坠（赘）
倒楣（霉）	喝采（彩）	联（连）贯

联（连）接	热呼（乎）呼（乎）	叙（序）言
联（连）绵	人材（才）	压（押）韵
连（联）结	日蚀（食）	洋（扬）琴
连（联）袂	入坐（座）	一古（股）脑儿
蹓（溜）跶（达）	杀一警（儆）百	义无返（反）顾
留（流）连	奢糜（靡）	赢（盈）余
录象（像）	神彩（采）	余辉（晖）
录相（像）	十（什）锦	元（原）来
门坎（槛）	书柬（简）	元（原）元（原）本本
摹（模）仿	挺（铤）而走险	原（缘）故
磨（摩）擦	图象（像）	原（缘）由
内哄（讧）	推委（诿）	月蚀（食）
凝炼（练）	玩艺（意）儿	月芽（牙）
盘据（踞）	污（乌）七八糟	再接再砺（厉）
披星带（戴）月	无动于中（衷）	帐（账）本
飘（漂）泊	无（毋）庸	折衷（中）
飘（漂）流	五采（彩）缤纷	支（肢）解
漂（飘）零	希（稀）奇	直接（截）了当
平（凭）空	希（稀）有	指手划（画）脚
牵联（连）	洗炼（练）	装璜（潢）
清彻（澈）	贤慧（惠）	姿式（势）
劝戒（诫）	小题大作（做）	自各（个）儿

应试人误判、误写、误用《第一批异形词整理表》所收非规范词（字）形的主要原因大抵同前。应试人错用异形词情况也存在个体差异，考前最好能将《第一批异形词整理表》（《应试指导》附录于后）所收全部推荐词（字）形学写一遍，同时注意避免使用非规范词（字）形。

部分计量单位名称的字形也已有规范，有些旧字形已被视为不规范字形，应试人不可误用。以下为部分常用计量单位名称的规范字形（括号内为旧的、非规范字形）：

海里（浬）	英寸（吋）	加仑（呏）
英里（哩）	英亩（嗴）	盎司（唡）
英尺（呎）	升（公升）	千瓦（瓩）

中国人名、中国地名及翻译成汉语的外国人名、外国地名的现代汉字书写形体也有规范，但《词语表》中未收录规范写法的人名、地名。这里仅根据《简化字总表》，将由原生僻汉字改为简明汉字的地名附录于此：

黑龙江
铁骊县→铁力县
瑷珲县→爱辉县
辽　宁
瀋阳市→沈阳市
青　海
亹源回族自治县→门源回族自治县
新　疆
和阗专区→和田专区
和阗县→和田县
于阗县→于田县
婼羌县→若羌县
江　西
雩都县→于都县
大庾县→大余县
虔南县→全南县
新淦县→新干县
新喻县→新余县
鄱阳县→波阳县
寻邬县→寻乌县
广　西
鬱林县→玉林县
四　川
酆都县→丰都县
石砫县→石柱县
越嶲县→越西县
呷洛县→甘洛县
贵　州
婺川县→务川县
鳛水县→习水县
陕　西
商雒专区→商洛专区
盩厔县→周至县
郿县→眉县
醴泉县→礼泉县
郃阳县→合阳县
鄠县→户县
雒南县→洛南县
邠县→彬县
鄜县→富县
葭县→佳县
沔县→勉县
栒邑县→旬邑县
洵阳县→旬阳县
汧阳县→千阳县
河　南
濬县→浚县

其余地名的正确写法参见国家职能部门发布的权威行政区划资料。

此外，1977年颁布、1986年废止的《第二次汉字简化方案（草案）》曾作了简化、后被废止的现代汉字，也不可以当作正确字形出现在HZC试题及其答案中。应试人在完成HZC第一部分试题时，尤其不能写出已视为不规范汉字的“二简字”。

影响较大、现仍偶被使用的“二简字”（括号内为“二简字”）有：

懊（忕）
帮（邦）
爆（炑）
蓖、篦、蔽（芘）
壁（坒）
病（疒）
播（抪）
部（卩）
彩（采）
菜、蔡（芽）
餐（歺）
舱（仓）
藏（芷）
瞅（𥃵）
答（荅）
蛋（旦）
蹈（𧿹）
稻（𥝌）
董（苳）
懂（㤺）
贰（弍）
愤（忿）
孵（孚）
富（实）
副（付）
秆、竿（杆）
钩（勾）
罐（𦈏）
灌（浂）
裹（果）
嬦（𦬊）
盒（合）
葫、猢、蝴、糊（胡）
籍（笈）
建（迠）
跤（交）
椒（茭）
街（亍）
阱（井）
境（坓）
镜（钘）
韭（艽）

酒（氿）
橘（桔）
慷（忼）
糠（粇）
靠（俈）
款（牧）
蓝、篮（兰）
澜、滥（兰）
谰（⿰讠兰）
懒（⿰忄兰）
缆（⿰纟兰）
荔（艻）
璃（玏）
量（⿱日力）
潦（了）
僚（⿰亻了）
燎（⿰火了）
寮、寥（⿱宀了）
廖（⿸广了）
磷（砱）
龄（令）
掳（虏）
慢（⿰忄万）
帽（⿰巾毛）
貌（皃）
酿（⿰酉上）

漆（⿰氵七）
谦（⿰讠千）
潜（汘）
歉（欠）
墙（垟）
勤（扐）
渠（洰）
嚷（⿰口上）
壤（⿰土上）
赛（⿱宀西）
煽、搧（扇）
杓（勺）
爽（夹）
私（厶）
算（祘）
泰（太）
檀（枟）
糖（⿰米广）
停（仃）
稳（⿰禾文）
舞（午）
稀（希）
瞎（⿰目下）
镶（⿰钅上）
萧（肖）

鞋（⿺乚圭）
信（⿰亻文）
雄（厷）
宣（⿱亠二）
癣（⿸疒先）
靴（⿰又化）
雪（彐）
阎（闫）
耀、曜（⿰光夭）
意（⿱乙心）
影（形）
游（沋）
愉（忬）
遇（迂）
预、豫（予）
圆（元）
原（⿸厂元）
源（沅）
缘（⿰纟元）
账（帐）
辙（⿰车切）
整（⿱大正）
籽（子）
嘴（咀）
座（坐）

应试人平时不可刻意书写，以免加深错误印象。反之，遇到上述“二简字”时，要意识到它们是被规范对象。

第三章

现代汉字字音的正确掌握

第一节　现代汉字的音节及其构成

一、现代汉字音节及其表示

现代汉字音节是指现代汉语中由音素构成的、能在语言口头表达中自然感到的语音单位。

现代汉字的音节可以只有一个音素加声调，如“é（鹅）”由单元音韵母“e”加阳平声调构成；也可以由多个音素加声调构成，如“dāo（刀）”由辅音声母“d”和复元音韵母“ɑo”加阴平声调构成。

一个汉语音节通常只由一个汉字来表示，如“jūn”可写作“军”或“均”等。儿化音节如“球儿”读起来是一个音节“qiúr”，却由两个汉字（后一个汉字“儿”往往“下标”）来表示，因为“儿化”只指一个音节中韵母带上卷舌色彩的特殊音变现象。《字表》未收录儿化音节，《词语表》收录了200多个儿化词语。

《词语表》收录的儿化词语有：

挨肩儿	草底儿	倒座儿	赶趟儿
扒头儿	碴儿	灯亮儿	哥们儿
把口儿	岔曲儿	低能儿	哥儿
白干儿	成个儿	吊儿郎当	歌片儿
白面儿	成总儿	掉点儿	够味儿
百儿八十	出数儿	掉过儿	光板儿
扳不倒儿	揣手儿	顶门儿	光棍儿
绊儿	蹿个儿	斗心眼儿	棍儿茶
包圆儿	打晃儿	豆嘴儿	过门儿
抱团儿	大伙儿	逗趣儿	孩儿
奔头儿	打蔫儿	对味儿	哼儿哈儿
镚儿	打挺儿	多会儿	后婚儿
蹦蹦儿戏	大片儿	朵儿	花儿
鼻儿	带好儿	幡儿	花扦儿
变法儿	当儿	份儿	花子儿
不是味儿	刀儿	盖帽儿	换个儿
藏猫儿	倒过儿	肝儿	鸡子儿
草刺儿	倒好儿	赶明儿	记事儿

加塞儿
接头儿
姐们儿
紧身儿
开怀儿
坎儿
坎儿井
块儿八毛
块儿
老婆儿
离格儿
两口儿
亮儿
刘海儿
麻经儿
猫儿食
猫儿眼
没词儿
没跑儿
没挑儿
没样儿
没影儿
没准儿
闷头儿
门插关儿
棉猴儿
面码儿
面坯儿
面人儿
摸门儿
拿印把儿
哪会儿
哪儿
那会儿
那么点儿
那儿
那阵儿
齉鼻儿
脑儿
泥胎儿
蔫儿坏
捻捻转儿
娘儿
娘儿们
扭股儿糖
排叉儿
排杈儿
攀高枝儿
刨根儿
跑片儿
皮板儿
皮猴儿
片儿
偏心眼儿
片儿会
片儿警
片儿汤
骗腿儿
起小儿
球儿
蛐蛐儿
缺心眼儿
上座儿
什不闲儿
什件儿
石头子儿
实心眼儿
使绊儿
是个儿
是味儿
是样儿
树凉儿
耍猴儿
耍心眼儿
说头儿
死心眼儿
送信儿
算盘子儿
太阳地儿
提味儿
挑刺儿
铁哥们儿
铜子儿
兔儿爷
褪套儿
外面儿光
玩儿不转
玩儿得转
玩儿命
玩儿票
玩儿完
围嘴儿
戏出儿
戏份儿
下本儿
小辫儿
小抄儿
小曲儿
小嗓儿
鞋跟儿
心眼儿
兴头儿上
压根儿
沿条儿
洋味儿
腰板儿
药捻儿
爷儿
爷儿们
一点儿
一会儿
一块儿
一时半会儿
一顺儿
一星儿
应名儿
影格儿
有门儿
月头儿
云头儿
杂拌儿
照片儿
这会儿
这么点儿
这儿
支炉儿
支着儿
直心眼儿
纸媒儿
指甲盖儿
指甲心儿
抓总儿
爪尖儿
爪儿
准儿
字帖儿
走道儿
走神儿
走味儿
座儿

普通话中的儿化具有区别词义、区分词性和表示感情色彩等作用。区别词义的，如“变法”，没有儿化时是动词，词义是“自上而下对国家法令制度等作较为重大的变化”；儿化后“变法儿”也是动词，但词义变为“变换采用不同办法”。区分词性的，如“盖”，没有儿化时是动词，儿化后“盖儿”是名词。儿化还可以表示亲昵等感情色彩。如“老头”，没有儿化时是中性词甚或是贬义词，儿化后“老头儿”则显出称呼者对被称呼者的亲近甚或敬爱之情。

带“儿”的词语，“儿”下标的（如“杂拌儿”的“儿”）一定是儿化词语；“儿”不下标的，则可能是儿化词语也可能不是儿化词语。《词语表》中有些词语带“儿”，却不是儿化词，这些“儿”有实在意义。如“新生儿”的“儿”指“（刚出生的）婴儿”，“宠儿”的“儿”指“（获得宠爱的）孩子”（“宠儿”另有比喻义）。《词语表》中这样的词语还有“产儿”、“宁馨儿”、“女儿”、“妻儿老小”、“弃儿”等。

掌握《词语表》中儿化词语的发音，辨明儿化词语儿化前后在词性、词义及色彩方面的变化，有助于应试人提高 HZC 第四部分第三小类题目的答题正确率。

小孩儿—产儿

“小孩儿”和“产儿”两个词语中的加点汉字“儿”的读音不同：前者是儿化音，后者读若“ér”。

二、现代汉字音节的构成

每个现代汉字的普通话音节均由声母、韵母和贯通整个音节的声调 3 部分构成。只有声、韵、调都标注无误，该现代汉字的汉语拼音才算正确。

声母位于现代汉字普通话音节的前半部分，主要由辅音构成。普通话共有 21 个声母，即 b、p、m、f、d、t、n、l、g、k、h、j、q、x、zh、ch、sh、r、z、c、s。“gōng”音节的声母是“g”。

韵母位于现代汉字普通话音节的后半部分，由元音或元音加辅音构成。普通话共有 39 个元音韵母，即 ɑ、o、e、ê、i、u、ü、-i［ɿ］、-i［ʅ］、er、ɑi、ei、ɑo、ou、iɑ、ie、uɑ、uo、üe、iɑo、iou、uɑi、uei、ɑn、iɑn、uɑn、üɑn、en、in、uen、ün、ɑng、iɑng、uɑng、eng、ing、ueng、ong、iong。“gōng”音节的韵母是“ong”。

结构完整的普通话韵母由韵头、韵身（韵腹和韵尾）构成。韵头只有 i、u、ü 3 个，韵腹由元音构成，韵尾包括元音 i、u 和辅音 n、ng 各 2 个。

声调指现代汉字普通话音节的音高变化，它依附于普通话的声韵结构，具有区别意义的作用。有声调是汉语区别于众多其他语言的语音方面的重要特点。

现代汉字普通话音节共有 4 个调类（将相同调值的音归并而得的声调类别）即“四声”：阴平、阳平、上声、去声。“gōng”音节的声调是“阴平调”。

现代汉字普通话音节声调具有区别意义的作用。如“山”（shān）和“陕”（shǎn）语义不同，“人”（rén）和“任”（rèn）语义不同，都是由声调的不同而区分的。

HZC 应试人要读准现代汉字的四个声调调值。

古今不同字书所收汉字数目不一，动辄上万。《现代汉语通用字表》收字 7 000 个，将它们确定为现代汉语通用汉字。而现代汉字中实际用来表达语音的音节却只有 400 个左右，且这些音节的声母与韵母之间存在一定的拼合规律，如舌面前音声母“j”、“q”、“x”不与开口呼韵母如“ɑo”等相拼，双唇音声母只能和合口呼中的“u”韵母相拼，等等。其中常用音节不到三分之一。HZC 应试人应在熟练掌握现代汉字音节声韵拼合规律的基础上，读准并记牢《字表》中现代汉字的音节。

为便于应试人查阅、记忆，提高学习效率，《应试指导》所附《字表》中的汉字全部标注了汉语拼音。

三、掌握现代汉字普通话音节重点声韵调的发音

就现代汉字普通话音节的声母而言，应试人应重点掌握好平舌音（z、c、s）和翘舌音（zh、ch、sh）的发音区别，掌握好鼻音（n）和边音（l）的发音区别，掌握好浊擦卷舌音“r”的发音。如应知道“知”的声母是“zh”，“资”的声母是“z”，“男”的声母是“n”，“兰”的声母是“l”，“惹”的声母是“r”等。再者，有些方言区的应试人不要把双唇音“f”和舌根音“h”的发音混淆起来。

《字表》收录的声母为翘舌音“zh”、“ch”、“sh”的现代汉字有：

zhā：扎查喳渣楂
zhá：扎札轧闸炸铡
zhǎ：拃眨
zhà：乍诈柞栅咤炸痄蚱榨
zhāi：斋摘
zhái：宅择翟
zhǎi：窄
zhài：债寨
zhān：占沾毡粘詹谵瞻
zhǎn：斩盏展崭搌辗
zhàn：占栈战站绽湛蘸
zhāng：张章獐彰漳璋樟蟑
zhǎng：长涨掌
zhàng：丈仗杖帐账胀涨障幛嶂瘴
zhāo：钊招昭着朝
zháo：着
zhǎo：爪找沼
zhào：召兆诏赵笊照罩肇

zhē：折蜇遮
zhé：折哲辄蛰蜇谪辙
zhě：者赭褶
zhè：这柘浙蔗鹧
zhe：着
zhēn：贞针侦珍帧胗浈真砧祯斟甄榛箴臻
zhěn：诊枕疹缜
zhèn：圳阵鸩振朕赈震镇
zhēng：丁正争征怔挣峥狰症睁铮筝蒸
zhěng：拯整
zhèng：正证郑诤政挣症
zhī：之支氏只汁芝吱枝知肢织栀胝脂蜘
zhí：执直侄值职植殖跖踯
zhǐ：止只旨址芷纸祉指枳咫趾酯徵
zhì：至志豸识帜帙制质炙治栉峙陟贽挚桎轾致秩鸷掷痔窒蛭智痣滞彘置雉稚
zhōng：中忪忠终盅钟衷
zhǒng：肿种冢踵
zhòng：中仲众种重
zhōu：舟州诌周洲啁粥
zhóu：妯轴
zhǒu：肘帚
zhòu：纣咒宙绉轴胄昼皱骤籀
zhū：朱侏诛茱珠株诸铢猪蛛潴
zhú：术竹竺逐烛躅
zhǔ：主拄渚煮属嘱瞩
zhù：伫苎助住贮注驻柱炷祝著蛀铸筑
zhuā：抓
zhuǎ：爪
zhuǎi：转
zhuài：拽
zhuān：专砖颛
zhuǎn：转
zhuàn：传转啭赚撰篆馔
zhuāng：妆庄桩装
zhuàng：壮状撞幢
zhuī：追椎锥
zhuì：坠缀惴赘
zhūn：肫谆
zhǔn：准
zhuō：拙捉桌涿
zhuó：灼茁卓浊酌啄着琢擢濯镯
chā：叉杈差插喳碴嚓
chá：茬茶查搽碴察
chǎ：叉衩镲
chà：叉汊杈岔刹衩诧差姹
chāi：拆钗差
chái：侪柴豺
chān：掺搀
chán：单谗婵馋禅孱缠蝉潺瀍蟾
chǎn：产谄铲阐
chàn：忏颤羼
chāng：伥昌菖猖阊娼鲳
cháng：长场肠尝常偿徜嫦
chǎng：场敞氅
chàng：怅畅倡唱
chāo：抄钞绰超焯
cháo：晁巢朝嘲潮
chǎo：吵炒
chē：车
chě：扯
chè：彻坼掣撤澈
chēn：抻郴嗔
chén：臣尘辰沉忱陈晨谌
chěn：碜
chèn：衬称趁谶
chēng：称蛏铛撑瞠
chéng：成丞呈诚承城乘盛程惩澄橙
chěng：逞骋
chèng：秤
chī：吃郗哧蚩鸱眵笞嗤痴魑
chí：池弛驰迟茌持匙踟

chǐ：尺齿侈耻豉褫
chì：彳叱斥赤饬炽翅敕啻
chōng：冲充忡舂憧
chóng：虫种重崇
chǒng：宠
chòng：冲
chōu：抽
chóu：仇俦惆绸畴酬稠愁筹踌雠
chǒu：丑
chòu：臭
chū：出初
chú：刍除厨锄滁蜍雏橱躇蹰
chǔ：处杵础储楚褚
chù：亍处怵绌畜搐触憷黜矗
chuāi：揣搋
chuǎi：揣
chuài：揣踹膪
chuān：川氚穿
chuán：传船椽
chuǎn：舛喘
chuàn：串
chuāng：创疮窗
chuáng：床幢
chuǎng：闯
chuàng：创怆
chuī：吹炊
chuí：垂陲捶棰椎槌锤
chūn：春椿
chún：纯莼唇淳鹑醇
chǔn：蠢
chuō：戳
chuò：啜绰辍龊
shā：杀杉沙纱刹砂莎铩痧煞裟鲨
shá：啥
shǎ：傻
shà：厦歃煞霎
shāi：筛
shǎi：色
shài：晒
shān：山芟杉删苫衫姗珊栅舢扇跚煽潸膻
shǎn：闪陕
shàn：讪汕苫疝单扇善禅骟鄯缮擅膳嬗赡鳝
shāng：伤汤殇商觞墒熵
shǎng：上垧晌赏
shàng：上尚
shang：裳
shāo：捎烧梢稍艄鞘
sháo：勺芍韶
shǎo：少
shào：少邵劭绍捎哨稍潲
shē：奢赊猞畲
shé：舌折佘蛇
shě：舍
shè：设社舍拾射涉赦摄慑歙麝
shéi：谁
shēn：申伸身呻参绅莘砷娠深糁
shén：什神
shěn：沈审哂婶
shèn：肾甚渗葚蜃瘆慎
shēng：升生声牲笙甥
shéng：绳
shěng：省
shèng：圣胜乘盛剩嵊
shī：尸失师诗虱狮施浉湿嘘
shí：十什石时识实拾食蚀莳鲥
shǐ：史矢豕使始驶屎
shì：士氏示世仕市式似势事侍饰试视拭柿是峙适恃室逝莳轼舐弑释谥嗜誓噬螫
shi：匙殖
shōu：收
shóu：熟

shǒu：手守首
shòu：寿受狩授售兽绶瘦
shū：殳书抒枢叔姝殊倏菽梳淑舒疏输毹蔬
shú：秫孰赎塾熟
shǔ：暑黍属署蜀鼠数薯曙
shù：术戍束述沭树竖恕庶数墅漱
shuā：刷
shuǎ：耍
shuāi：衰摔
shuǎi：甩
shuài：帅率蟀
shuān：闩拴栓
shuàn：涮
shuāng：双霜孀
shuǎng：爽
shuí：谁
shuǐ：水
shuì：说税睡
shǔn：吮
shùn：顺舜瞬
shuō：说
shuò：妁烁铄朔硕数

《字表》收录的声母为浊擦卷舌音“r”的现代汉字有：

rán：然髯燃
rǎn：冉苒染
rāng：嚷
ráng：瓤
rǎng：壤攘嚷
ràng：让
ráo：饶娆
rǎo：扰
rào：绕
rě：若惹
rè：热
rén：人壬仁任
rěn：忍荏稔
rèn：刃认仞任纫韧轫饪妊衽葚
rēng：扔
réng：仍
rì：日
róng：戎茸荣绒容嵘蓉溶榕熔蝾融
rǒng：冗
róu：柔揉糅蹂鞣
ròu：肉
rú：如茹儒嚅濡孺颥蠕
rǔ：汝乳辱
rù：入溽缛褥
ruǎn：阮软
ruí：蕤
ruǐ：蕊
ruì：芮枘锐瑞睿
rùn：闰润
ruò：若偌弱

就现代汉字普通话音节的韵母而言，应试人应重点掌握好前鼻音“n”和后鼻音“ng”的发音区别，掌握好卷舌音“er”的发音。如应知道“因”的韵母是“in”，“英”的韵母是“ing”，“而”的韵母是“er”等。再者，不要把前高元音“i”念成舌尖元音“-i［ɿ］”或［ʅ］，如有些方言区的应试人要发好“希”、“奇”、“衣”的语音等。避免韵头“i”和“u”的丢失，如不可将“对”的“duèi（duì）”读若“dèi”。

《字表》收录的韵母为后鼻音“eng”、“ing”的现代汉字有：

bēng：崩绷嘣
běng：绷
bèng：泵迸蚌绷镚蹦
bīng：冰兵槟
bǐng：丙秉柄饼炳屏禀
bìng：并病摒
cēng：噌
céng：层曾
cèng：蹭
chēng：称蛏铛撑瞠
chéng：成丞呈诚承城乘盛程惩澄橙
chěng：逞骋
chèng：秤
dēng：灯登噔蹬
děng：等戥
dèng：邓凳澄磴瞪镫蹬
dīng：丁仃叮盯钉疔酊
dǐng：顶酊鼎
dìng：订钉定碇锭
fēng：丰风枫封疯峰烽锋蜂
féng：冯逢缝
fěng：讽
fèng：凤奉俸缝
gēng：更庚耕羹
gěng：埂耿哽梗颈鲠
gèng：更
hēng：亨哼
héng：行恒横衡
hèng：横
heng：哼
jīng：茎京泾经荆菁旌惊晶腈睛粳兢精鲸
jǐng：井阱颈景儆憬警
jìng：劲径净胫痉竞竟靓敬靖静境镜
kēng：坑吭铿
lēng：棱
léng：棱楞
lěng：冷
lèng：愣
líng：令伶灵苓囹玲瓴铃凌陵聆菱棂蛉翎羚绫棱零龄鲮
lǐng：令岭领
lìng：另令
mēng：蒙
méng：氓虻萌蒙盟檬朦
měng：勐猛蒙锰蜢懵蠓
mèng：孟梦
míng：名明鸣茗冥铭溟暝螟
mǐng：酩
mìng：命
néng：能
ng（阳平）：嗯
ng（上声）：嗯
ng（去声）：嗯
pēng：抨怦砰烹嘭
péng：朋彭棚蓬硼鹏澎篷膨
pěng：捧
pèng：碰
pīng：乒娉
píng：平冯评坪苹凭枰屏瓶萍
qīng：青轻氢倾卿清蜻
qíng：情晴氰擎
qǐng：苘顷请
qìng：庆亲罄磬
rēng：扔
réng：仍
sēng：僧
shēng：升生声牲笙甥
shéng：绳
shěng：省
shèng：圣胜乘盛剩嵊
téng：疼腾誊滕藤
tīng：厅汀听
tíng：廷亭庭停蜓婷霆

tǐng：挺铤艇

wēng：翁嗡

wèng：瓮蕹

xīng：兴星猩惺腥

xíng：刑邢行饧形陉型荥

xǐng：省醒擤

xìng：兴杏幸性姓悻

yīng：应英莺婴瑛嘤罂缨璎樱鹦膺鹰

yíng：迎茔荥荧盈莹萤营萦蓥楹蝇潆

嬴羸瀛

yǐng：颍颖影

yìng：应映硬

zēng：曾增憎

zèng：锃赠甑

zhēng：丁正争征怔挣峥狰症睁铮筝蒸

zhěng：拯整

zhèng：正证郑诤政挣症

《字表》收录的韵母为卷舌元音“er”的现代汉字有：

ér：儿而

ěr：尔耳迩饵洱

èr：二贰

就现代汉字普通话音节的声调而言，应试人要正确掌握现代汉字普通话音节的语流音变。《字表》中的现代汉字普通话音节单念时，不存在音变问题，但如果是念读《词语表》中所收的词语，则词语中的某些汉字往往出现语流音变现象。语流音变就是指成串语流中，接连念读的音素或音位之间所发生的变化。语流音变的种类较多，但除儿化外，HZC 应试人需要重点掌握的语流音变现象为轻声。

轻声是指现代汉字普通话音节四声的调值，在一定语音条件下相对于原来声调发音变得又轻又短。现代汉字普通话音节读轻声的多为词语的第二个音节，且据《汉语拼音方案》，现代汉字普通话音节的轻声不标调号。如“关系”变调为“guān · xi”。这些轻读音节的变调有些有规律，如结构助词“的”、“地”、“得”要轻读；有的没有明显规律，属于习惯性读法，如“事情”（shì · qing）、“招呼”（zhāo · hu）等。

现代汉字普通话音节的轻声也具有区别词性、区别词义或兼而区别词性词义的作用。如“开通”一词，读“kāi tōng”时是动词，基本义为“使原来闭塞的（如思想、风气等）不闭塞”；读轻声“kāi · tong”时是形容词，基本义为“（思想）不守旧；不拘谨固执”。

《词语表》收录的普通话轻声词语与 PSC 必读轻声词语大致相同，主要有：

爱人 ài · ren
案子 àn · zi
巴掌 bā · zhang
把子 bà · zi
爸爸 bà · ba
白净 bái · jing
班子 bān · zi
板子 bǎn · zi
帮手 bāng · shou
梆子 bāng · zi
棒槌 bàng · chui
棒子 bàng · zi
包袱 bāo · fu
包涵 bāo · han
包子 bāo · zi

豹子 bào·zi
杯子 bēi·zi
被子 bèi·zi
本事 běn·shi
本子 běn·zi
鼻子 bí·zi
比方 bǐ·fang
鞭子 biān·zi
扁担 biǎn·dan
辫子 biàn·zi
别扭 biè·niu
饼子 bǐng·zi
拨弄 bō·nong
脖子 bó·zi
簸箕 bò·ji
补丁 bǔ·ding
不由得 bùyóu·de
不在乎 bùzài·hu
步子 bù·zi
部分 bù·fen
裁缝 cái·feng
财主 cái·zhu
苍蝇 cāng·ying
差事 chāi·shi
柴火 chái·huo
肠子 cháng·zi
厂子 chǎng·zi
场子 chǎng·zi
车子 chē·zi
称呼 chēng·hu
池子 chí·zi
尺子 chǐ·zi
虫子 chóng·zi
绸子 chóu·zi
除了 chú·le
锄头 chú·tou
畜生 chù·sheng
窗户 chuāng·hu
窗子 chuāng·zi
锤子 chuí·zi
刺猬 cì·wei
凑合 còu·he
村子 cūn·zi
耷拉 dā·la
答应 dā·ying
打扮 dǎ·ban
打点 dǎ·dian
打发 dǎ·fa
打量 dǎ·liang
打算 dǎ·suan
打听 dǎ·ting
大方 dà·fang
大爷 dà·ye
大夫 dài·fu
带子 dài·zi
袋子 dài·zi
耽搁 dān·ge
耽误 dān·wu
单子 dān·zi
胆子 dǎn·zi
担子 dàn·zi
刀子 dāo·zi
道士 dào·shi
稻子 dào·zi
灯笼 dēng·long
提防 dī·fang
笛子 dí·zi
底子 dǐ·zi
地道 dì·dao
地方 dì·fang
弟弟 dì·di
弟兄 dì·xiong
点心 diǎn·xin
调子 diào·zi
钉子 dīng·zi
东家 dōng·jia
东西 dōng·xi
动静 dòng·jing
动弹 dòng·tan
豆腐 dòu·fu
豆子 dòu·zi
嘟囔 dū·nang
肚子 dǔ·zi
肚子 dù·zi
缎子 duàn·zi
对付 duì·fu
对头 duì·tou
队伍 duì·wu
多么 duō·me
蛾子 é·zi
儿子 ér·zi
耳朵 ěr·duo
贩子 fàn·zi
房子 fáng·zi
份子 fèn·zi
风筝 fēng·zheng
疯子 fēng·zi
福气 fú·qi
斧子 fǔ·zi
盖子 gài·zi
甘蔗 gān·zhe
杆子 gān·zi
杆子 gǎn·zi
干事 gàn·shi
杠子 gàng·zi
高粱 gāo·liang
膏药 gāo·yao
稿子 gǎo·zi
告诉 gào·su
疙瘩 gē·da
哥哥 gē·ge

胳膊 gē · bo
鸽子 gē · zi
格子 gé · zi
个子 gè · zi
根子 gēn · zi
跟头 gēn · tou
工夫 gōng · fu
弓子 gōng · zi
公公 gōng · gong
功夫 gōng · fu
钩子 gōu · zi
姑姑 gū · gu
姑娘 gū · niang
谷子 gǔ · zi
骨头 gǔ · tou
故事 gù · shi
寡妇 guǎ · fu
褂子 guà · zi
怪物 guài · wu
关系 guān · xi
官司 guān · si
罐头 guàn · tou
罐子 guàn · zi
规矩 guī · ju
闺女 guī · nü
鬼子 guǐ · zi
柜子 guì · zi
棍子 gùn · zi
锅子 guō · zi
果子 guǒ · zi
蛤蟆 há · ma
孩子 hái · zi
含糊 hán · hu
汉子 hàn · zi
行当 háng · dang
合同 hé · tong
和尚 hé · shang

核桃 hé · tao
盒子 hé · zi
红火 hóng · huo
猴子 hóu · zi
后头 hòu · tou
厚道 hòu · dao
狐狸 hú · li
胡琴 hú · qin
糊涂 hú · tu
皇上 huáng · shang
幌子 huǎng · zi
胡萝卜 húluó · bo
活泼 huó · po
火候 huǒ · hou
伙计 huǒ · ji
护士 hù · shi
机灵 jī · ling
脊梁 jǐ · liang
记号 jì · hao
记性 jì · xing
夹子 jiā · zi
家伙 jiā · huo
架势 jià · shi
架子 jià · zi
嫁妆 jià · zhuang
尖子 jiān · zi
茧子 jiǎn · zi
剪子 jiǎn · zi
见识 jiàn · shi
毽子 jiàn · zi
将就 jiāng · jiu
交情 jiāo · qing
饺子 jiǎo · zi
叫唤 jiào · huan
轿子 jiào · zi
结实 jiē · shi
街坊 jiē · fang

姐夫 jiě · fu
姐姐 jiě · jie
戒指 jiè · zhi
金子 jīn · zi
精神 jīng · shen
镜子 jìng · zi
舅舅 jiù · jiu
橘子 jú · zi
句子 jù · zi
卷子 juàn · zi
咳嗽 ké · sou
客气 kè · qi
空子 kòng · zi
口袋 kǒu · dai
口子 kǒu · zi
扣子 kòu · zi
窟窿 kū · long
裤子 kù · zi
快活 kuài · huo
筷子 kuài · zi
框子 kuàng · zi
困难 kùn · nan
阔气 kuò · qi
喇叭 lǎ · ba
喇嘛 lǎ · ma
篮子 lán · zi
懒得 lǎn · de
浪头 làng · tou
老婆 lǎo · po
老实 lǎo · shi
老太太 lǎotài · tai
老头子 lǎotóu · zi
老爷 lǎo · ye
老子 lǎo · zi
姥姥 lǎo · lao
累赘 léi · zhui
篱笆 lí · ba

里头 lǐ · tou
力气 lì · qi
厉害 lì · hai
利落 lì · luo
利索 lì · suo
例子 lì · zi
栗子 lì · zi
痢疾 lì · ji
连累 lián · lei
帘子 lián · zi
凉快 liáng · kuai
粮食 liáng · shi
两口子 liǎngkǒu · zi
料子 liào · zi
林子 lín · zi
翎子 líng · zi
领子 lǐng · zi
溜达 liū · da
聋子 lóng · zi
笼子 lóng · zi
炉子 lú · zi
路子 lù · zi
轮子 lún · zi
萝卜 luó · bo
骡子 luó · zi
骆驼 luò · tuo
妈妈 mā · ma
麻烦 má · fan
麻利 má · li
麻子 má · zi
马虎 mǎ · hu
码头 mǎ · tou
买卖 mǎi · mai
麦子 mài · zi
馒头 mán · tou
忙活 máng · huo
冒失 mào · shi
帽子 mào · zi
眉毛 méi · mao
媒人 méi · ren
妹妹 mèi · mei
门道 mén · dao
眯缝 mī · feng
迷糊 mí · hu
面子 miàn · zi
苗条 miáo · tiao
苗头 miáo · tou
名堂 míng · tang
名字 míng · zi
明白 míng · bai
蘑菇 mó · gu
模糊 mó · hu
木匠 mù · jiang
木头 mù · tou
那么 nà · me
奶奶 nǎi · nai
难为 nán · wei
脑袋 nǎo · dai
脑子 nǎo · zi
能耐 néng · nai
你们 nǐ · men
念叨 niàn · dao
念头 niàn · tou
娘家 niáng · jia
镊子 niè · zi
奴才 nú · cai
女婿 nǚ · xu
暖和 nuǎn · huo
疟疾 nüè · ji
拍子 pāi · zi
牌楼 pái · lou
牌子 pái · zi
盘算 pán · suan
盘子 pán · zi
胖子 pàng · zi
狍子 páo · zi
盆子 pén · zi
朋友 péng · you
棚子 péng · zi
脾气 pí · qi
皮子 pí · zi
痞子 pǐ · zi
屁股 pì · gu
片子 piān · zi
便宜 pián · yi
骗子 piàn · zi
票子 piào · zi
漂亮 piào · liang
瓶子 píng · zi
婆家 pó · jia
婆婆 pó · po
铺盖 pù · gai
欺负 qī · fu
旗子 qí · zi
前头 qián · tou
钳子 qián · zi
茄子 qié · zi
亲戚 qīn · qi
勤快 qín · kuai
清楚 qīng · chu
亲家 qìng · jia
曲子 qǔ · zi
圈子 quān · zi
拳头 quán · tou
裙子 qún · zi
热闹 rè · nao
人家 rén · jia
人们 rén · men
认识 rèn · shi
日子 rì · zi
褥子 rù · zi

塞子 sāi · zi
嗓子 sǎng · zi
嫂子 sǎo · zi
扫帚 sào · zhou
沙子 shā · zi
傻子 shǎ · zi
扇子 shàn · zi
商量 shāng · liang
上司 shàng · si
上头 shàng · tou
烧饼 shāo · bing
勺子 sháo · zi
少爷 shào · ye
哨子 shào · zi
舌头 shé · tou
身子 shēn · zi
什么 shén · me
婶子 shěn · zi
生意 shēng · yi
牲口 shēng · kou
绳子 shéng · zi
师父 shī · fu
师傅 shī · fu
虱子 shī · zi
狮子 shī · zi
石匠 shí · jiang
石榴 shí · liu
石头 shí · tou
时候 shí · hou
实在 shí · zai
拾掇 shí · duo
使唤 shǐ · huan
世故 shì · gu
似的 shì · de
事情 shì · qing
柿子 shì · zi
收成 shōu · cheng
收拾 shōu · shi
首饰 shǒu · shi
叔叔 shū · shu
梳子 shū · zi
舒服 shū · fu
舒坦 shū · tan
疏忽 shū · hu
爽快 shuǎng · kuai
思量 sī · liang
算计 suàn · ji
岁数 suì · shu
孙子 sūn · zi
他们 tā · men
它们 tā · men
她们 tā · men
台子 tái · zi
太太 tài · tai
摊子 tān · zi
坛子 tán · zi
毯子 tǎn · zi
桃子 táo · zi
特务 tè · wu
梯子 tī · zi
蹄子 tí · zi
挑剔 tiāo · ti
挑子 tiāo · zi
条子 tiáo · zi
跳蚤 tiào · zao
铁匠 tiě · jiang
亭子 tíng · zi
头发 tóu · fa
头子 tóu · zi
兔子 tù · zi
妥当 tuǒ · dang
唾沫 tuò · mo
挖苦 wā · ku
娃娃 wá · wa
袜子 wà · zi
晚上 wǎn · shang
尾巴 wěi · ba
委屈 wěi · qu
为了 wèi · le
位置 wèi · zhi
位子 wèi · zi
蚊子 wén · zi
稳当 wěn · dang
我们 wǒ · men
屋子 wū · zi
稀罕 xī · han
席子 xí · zi
媳妇 xí · fu
喜欢 xǐ · huan
瞎子 xiā · zi
匣子 xiá · zi
下巴 xià · ba
吓唬 xià · hu
先生 xiān · sheng
乡下 xiāng · xia
箱子 xiāng · zi
相声 xiàng · sheng
消息 xiāo · xi
小伙子 xiǎohuǒ · zi
小气 xiǎo · qi
小子 xiǎo · zi
笑话 xiào · hua
谢谢 xiè · xie
心思 xīn · si
星星 xīng · xing
猩猩 xīng · xing
行李 xíng · li
性子 xìng · zi
兄弟 xiōng · di
休息 xiū · xi
秀才 xiù · cai

秀气 xiù · qi
袖子 xiù · zi
靴子 xuē · zi
学生 xué · sheng
学问 xué · wen
丫头 yā · tou
鸭子 yā · zi
衙门 yá · men
哑巴 yǎ · ba
胭脂 yān · zhi
烟筒 yān · tong
眼睛 yǎn · jing
燕子 yàn · zi
秧歌 yāng · ge
养活 yǎng · huo
样子 yàng · zi
吆喝 yāo · he
妖精 yāo · jing
钥匙 yào · shi
椰子 yē · zi
爷爷 yé · ye
叶子 yè · zi
一辈子 yībèi · zi
衣服 yī · fu
衣裳 yī · shang
椅子 yǐ · zi
意思 yì · si
银子 yín · zi
影子 yǐng · zi
应酬 yìng · chou
柚子 yòu · zi
冤枉 yuān · wang
院子 yuàn · zi
月饼 yuè · bing
月亮 yuè · liang
云彩 yún · cai
运气 yùn · qi
在乎 zài · hu
咱们 zán · men
早上 zǎo · shang
怎么 zěn · me
扎实 zhā · shi
眨巴 zhǎ · ba
栅栏 zhà · lan
宅子 zhái · zi
寨子 zhài · zi
张罗 zhāng · luo
丈夫 zhàng · fu
帐篷 zhàng · peng
丈人 zhàng · ren
帐子 zhàng · zi
招呼 zhāo · hu
招牌 zhāo · pai
折腾 zhē · teng
这个 zhè · ge
这么 zhè · me
枕头 zhěn · tou
镇子 zhèn · zi
芝麻 zhī · ma
知识 zhī · shi
侄子 zhí · zi
指甲 zhǐ · jia
指头 zhǐ · tou
种子 zhǒng · zi
珠子 zhū · zi
竹子 zhú · zi
主意 zhǔ · yi
主子 zhǔ · zi
柱子 zhù · zi
爪子 zhuǎ · zi
转悠 zhuàn · you
庄稼 zhuāng · jia
庄子 zhuāng · zi
壮实 zhuàng · shi
状元 zhuàng · yuan
锥子 zhuī · zi
桌子 zhuō · zi
琢磨 zhuó · mo
字号 zì · hao
自在 zì · zai
粽子 zòng · zi
祖宗 zǔ · zong
嘴巴 zuǐ · ba
作坊 zuō · fang
座子 zuò · zi
做作 zuò · zuo

掌握《词语表》中轻声词语的发音，辨明轻声词语变调前后在词性、词义方面的变化，有助于应试人提高 HZC 第四部分第三小类题目的答题正确率。

地方—方圆

“地方”的“方”读轻声“fang”，“方圆”的“方”读原声“fāng”。此小题中，两个“方”的读音不同。

孙子—子孙

“孙子”的“子”读轻声“zi”，“子孙”的“子”读原声“zǐ”。此小题中，两个“子”的读音不同。

衙门—门口

“衙门”的“门”读轻声“men”，“门口”的“门”读原声“mén”。此小题中，两个“门”的读音不同。

应酬—酬谢

“应酬”的“酬”读轻声“chou”，“酬谢”的“酬”读原声“chóu”。此小题中，两个“酬”的读音不同。

第二节　正确掌握现代汉字的读音

一、字音容易被误读的现代汉字

错读现代汉字字音的现象不同程度地存在于不同人群。错读现代汉字字音的主要原因在于：不熟悉具体现代汉字的汉语拼音、误按声旁或声旁类推发音、误受同音汉字影响、误受形近汉字影响、混淆多音字的不同语境以及不按规范要求拼读音节等。

虽然理论上每一个现代汉字的字音都可能被读错，但常见的容易被错读字音的现代汉字主要如下（括号外注音为正音，括号内注音为常见的错音）：

挨 āi（ái）边儿
白皑 ái（ǎi）皑 ái（ǎi）
狭隘 ài（yì）
不谙 ān（àn）水性
熬 āo（áo）菜
凹 āo（wā）陷
鏖 áo（ào）战
拗 ǎo（ɑo）断
翁媪 ǎo（wēn）
纵横捭 bǎi（bì）阖
稗 bài（bēi）官野史
扳 bān（bǎn）平
沙家浜 bāng（bīng）
炮 bāo（pào）羊肉
同胞 bāo（pāo）
剥 bāo（bō）皮
薄 báo（bó）纸
并行不悖 bèi（bó）
蓓 bèi（péi）蕾 lěi（léi）
投奔 bèn（bēn）
迸 bèng（bìng）发
卑鄙 bǐ（bì）
麻痹 bì（pí）
奴颜婢 bì（bēi）膝 xī（qī）
刚愎 bì（fù）自用
复辟 bì（pì）

秘 bì（mì）鲁
裨 bì（pí）益
濒 bīn（pín）临
针砭 biān（bian）
屏 bǐng（píng）气
波 bō（pō）涛
停泊 bó（pō）
哺 bǔ（pǔ）育
粗糙 cāo（zào）
嘈 cáo（zāo）杂
参 cēn（cān）差 cī（cā）
偏差 chā（chà）
搽 chá（cá）粉
猹 chá（zhā）
场 cháng（chǎng）院
赔偿 cháng（shǎng）
绰 chāo（chuò）起
风驰电掣 chè（chì）
瞠 chēng（táng）目结舌
乘 chéng（chèng）机
惩 chéng（chěng）前毖后
驰骋 chěng（pìn）
鞭笞 chī（tái）
痴 chī（chí）呆
奢侈 chǐ（chì）
整饬 chì（shí）
炽 chì（zhì）热
憧 chōng（tóng）憬
惆怅 chàng（zhàng）
相形见绌 chù（zhuō）
黜 chù（chuò）免
揣 chuǎi（chuāi）摩
创 chuāng（chuàng）伤
凄怆 chuàng（cāng）
辍 chuò（zhuì）学
宽绰 chuo（chuò）
瑕疵 cī（cí）
伺 cì（sì）候
从 cóng（cōng）容
淙淙 cóng（zóng）流水
一蹴 cù（jiù）而就
璀 cuǐ（cuī）璨
皴 cūn（jùn）裂
忖 cǔn（cūn）度 duó（dù）
呆 dāi（ái）板
答 dā（dá）应
逮 dǎi（dài）老鼠
逮 dài（dǎi）捕
殚 dān（dàn）精竭虑
虎视眈 dān（dàn）眈 dān（dàn）
肆无忌惮 dàn（dān）
档 dàng（dǎng）案
当（本）dàng（dāng）年
追悼 dào（diào）
提 dī（tí）防
瓜熟蒂 dì（tì）落
缔 dì（tì）造
掂 diān（diàn）掇
玷 diàn（zhān）污
装订 dìng（dīng）
订 dìng（dīng）正
恫 dòng（tóng）吓 hè（xià）
胴 dòng（tóng）体
句读 dòu（dú）
踱 duó（dù）步
阿 ē（ā）谀
讹 é（ó）诈
婀 ē（ě）娜 nuó（nà）
扼 è（é）要
蜚 fēi（fěi）声
菲 fěi（fēi）薄
沸 fèi（fú）点
氛 fēn（fèn）围
肤 fū（fú）浅

敷衍塞 sè（sāi）责
仿佛 fú（fó）
拂 fú（fó）晓
怫 fú（fó）然
篇幅 fú（fǔ）
辐 fú（fǔ）射
果脯 fǔ（pú）
随声附和 hè（hé）
准噶 gá（gé）尔
诸葛 gé（gě）亮
脖颈 gěng（jǐng）
提供 gōng（gòng）
供 gōng（gòng）销
供 gōng（gòng）给 jǐ（gěi）
供 gōng（gòng）不应 yìng（yīng）求
供 gòng（gōng）认
口供 gòng（gōng）
佝 gōu（jú）偻
勾 gòu（gōu）当
骨 gū（gǔ）朵
骨 gǔ（gú）气
蛊 gǔ（àng）惑
商贾 gǔ（jiǎ）
桎梏 gù（gào）
粗犷 guǎng（kuàng）
皈 guī（fǎn）依
鳜 guì（guī）鱼
瑰 guī（guì）丽
刽 guì（kuài）子手
聒 guō（guā）噪
哈 hǎ（hā）达
稀罕 han（han）
引吭 háng（hàng）高歌
沆 hàng（kēng）瀣 xiè（jiù）一气
巷 hàng（xiàng）道
呵 hē（hā）欠
干涸 hé（gù）
一丘之貉 hé（háo）
喝 hè（hē）采
负荷 hè（hé）
附和 hè（hé）
蛮横 hèng（héng）
飞来横 hèng（héng）祸
发横 hèng（héng）财
一哄 hòng（hōng）而散
囫 hú（hū）囵吞枣
华 huà（huá）山
怙恶不悛 quān（jùn）
病入膏肓 huāng（máng）
讳 huì（huǐ）疾忌医
诲 huì（huǐ）人不倦
混 hún（hùn）水摸鱼
混 hùn（hǔn）淆 xiáo（yáo）
和 huó（huò）泥
搅和 huo（he）
豁 huò（huō）达
霍 huò（huǒ）乱
茶几 jī（jǐ）
畸 jī（qí）形
羁 jī（jì）绊
羁 jī（jì）旅
放荡不羁 jī（jì）
无稽 jī（jì）之谈
跻 jī（jǐ）身
通缉 jī（jí）令
汲 jí（jī）取
即 jí（jǐ）使
即 jí（jì）兴
疾 jí（jī）恶如仇
嫉 jí（jì）妒
棘 jí（la）手
贫瘠 jí（jǐ）
一触即 jí（jì）发
脊 jǐ（jí）梁

人才济济 jǐ（jì）
给 jǐ（gěi）予
觊 jì（qí）觎
成绩 jì（jī）
古迹 jì（jī）
事迹 jì（jī）
雪茄 jiā（qié）
夹 jiā（jiá）道
夹 jiá（jia）袄
信笺 jiān（qiān）
歼 jiān（qiān）灭
草菅 jiān（guǎn）人命
缄 jiān（zhēn）默
渐 jiān（jiàn）染
眼睑 jiǎn（liǎn）
间 jiàn（jiān）断
离间 jiàn（jiān）
僭 jiàn（jiān）越
倔强 jiàng（qiáng）
姣 jiāo（jiǎo）好
蛟 jiāo（jiǎo）龙
矫 jiǎo（jiāo）枉过正
缴 jiǎo（jiāo）纳
校 jiào（xiào）对
发酵 jiào（xiào）
开花结 jiē（jié）果
事情结 jié（jiē）果
结 jié（jiē）冰
反诘 jié（jí）
拮 jié（jí）据 jū（jù）
桔 jié（jú）梗
押解 jiè（jiě）
尽 jǐn（jìn）管
劲 jìn（jìng）头
情不自禁 jīn（jìn）
根茎 jīng（jìng）叶
粳 jīng（gēng）米
长颈 jǐng（jìng）鹿
杀一儆 jǐng（jìng）百
强劲 jìng（jìn）
劲 jìng（jìn）敌
劲 jìng（jìn）旅
痉 jìng（jīng）挛
抓阄 jiū（guī）
针灸 jiǔ（jiū）
内疚 jiù（jiū）
既往不咎 jiù（jiū）
狙 jū（zǔ）击
咀嚼 jué（jiáo）
循规蹈矩 jǔ（jù）
矩 jǔ（jù）形
沮 jǔ（zǔ）丧
龃 jǔ（zǔ）龉 yǔ（wǔ）
前倨 jù（jū）后恭
镌 juān（juàn）刻
隽 juàn（jùn）永
角 jué（jiǎo）色
口角 jué（jiǎo）
角 jué（jiǎo）斗
角 jué（jiǎo）逐
倔 jué（juè）强
一蹶 jué（juè）不振
诡谲 jué（jú）
龟 jūn（guī）裂
俊 jùn（zùn）杰
隽 jùn（juàn）秀
同仇敌忾 kài（qì）
鸟瞰 kàn（kān）
不卑不亢 kàng（kēng）
窠 kē（cháo）臼
坎坷 kě（kē）
可 kè（kě）汗 hán（hàn）
恪 kè（què）守
倥 kǒng（kōng）偬 zǒng（cōng）

会 kuài（huì）计
窥 kuī（guī）探
岿 kuī（kuì）然
傀 kuǐ（kuí）儡
邋 lā（liè）遢
拉 lá（lā）家常
丢三落 là（luò）四
书声琅琅 láng（lǎng）
唠 láo（lào）叨
落 lào（luò）枕
落 lào（luò）色 shǎi（sè）
奶酪 lào（luò）
烙 lào（luò）印
勒 lè（lēi）索
勒 lēi（lè）紧
擂 léi（lèi）鼓
羸 léi（yíng）弱
果实累 léi（lěi）累 léi（lěi）
罪行累 lěi（léi）累 lěi（léi）
擂 lèi（léi）台
潋 liàn（liǎn）滟
入殓 liàn（liǎn）
打量 liáng（liàng）
量 liàng（liáng）入为出
撩 liāo（liáo）水
寂寥 liáo（liào）
撩 liáo（liāo）拨
瞭 liào（liáo）望
镣 liào（liáo）铐
趔 liè（lüè）趄
打猎 liè（lì）
恶劣 liè（lüè）
仓廪 lǐn（bǐng）
雕镂 lòu（lóu）
贿赂 lù（luǒ）
棕榈 lǘ（lǚ）
掠 lüè（lüě）夺
裸 luǒ（guǒ）视
抹 mā（mǒ）桌子
埋 mán（mái）怨
耄 mào（máo）耋 dié（zhì）
联袂 mèi（jué）
闷 mēn（mèn）热
扪 mén（mèn）心自问
愤懑 mèn（mǎn）
蒙 mēng（méng）头转向
蒙 méng（mēng）头盖脸
靡 mí（fēi）费
萎靡 mǐ（mí）不振
分娩 miǎn（wǎn）
幽冥 míng（mǐng）
酩 mǐng（míng）酊 dǐng（dīng）
荒谬 miù（niù）
脉 mò（mài）脉 mò（mài）
蓦 mò（mù）然回首
抹 mò（mǒ）墙
牟 móu（mó）取
模 mú（mó）样
模 mú（mó）具
老衲 nà（nèi）
呶 náo（nú）呶 náo（nú）不休
泥淖 nào（zhào）
口讷 nè（nà）
气馁 něi（nuǐ）
拟 nǐ（ní）人
隐匿 nì（nuò）
拘泥 nì（ní）
亲昵 nì（ní）
拈 niān（niǎn）花惹草
宁 nìng（níng）死不屈
泥泞 nìng（níng）
忸 niǔ（nǔ）怩
执拗 niù（ào）
虐 nüè（yuè）待

呕 ǒu（ōu）吐
怄 òu（ǒu）气
扒 pá（bā）手
迫 pǎi（pò）击炮
心宽体胖 pán（pàng）
蹒 pán（mǎn）跚
滂 pāng（páng）沱
炮制 páo（pào）
炮 páo（pào）烙 luò（lào）
胚 pēi（pī）胎
香喷 pèn（pēn）喷 pèn（pēn）
抨 pēng（píng）击
澎 péng（pēng）湃 pài（bài）
纰 pī（pí）漏
坯 pī（pēi）胎
毗 pí（bǐ）邻
癖 pǐ（pì）好
否 pǐ（fǒu）极泰来
媲 pì（bǐ）美
扁 piān（biǎn）舟
大腹便 pián（biàn）便 pián（biàn）
剽 piāo（piáo）窃
饿殍 piǎo（piáo）
一瞥 piē（piě）
湖泊 pō（bó）
糟粕 pò（bó）
解剖 pōu（pāo）
前仆 pū（pú）后继
奴仆 pú（pǔ）
风尘仆 pú（pǔ）仆 pú（pǔ）
玉璞 pú（pǔ）
匍 pú（pǔ）匐
瀑 pù（bào）布
一曝 pù（bào）十寒
休戚 qī（qì）与共
沏 qī（qiè）茶
蹊 qī（xī）跷
栖 qī（xī）息
祈 qí（qǐ）祷
岐 qí（qǐ）途
绮 qǐ（qí）丽
休憩 qì（tián）
关卡 qiǎ（kǎ）
悭 qiān（jiān）吝
掮 qián（jiān）客
潜 qián（qiǎn）移默化
虔 qián（qiǎn）诚
天堑 qiàn（zǎn）
戕 qiāng（qiáng）害
强 qiǎng（qiáng）迫
勉强 qiǎng（qiáng）
强 qiǎng（qiáng）求
牵强 qiǎng（qiáng）附会
襁 qiǎng（qiáng）褓
翘 qiáo（qiào）楚
翘 qiáo（qiào）首远望
讥诮 qiào（xiào）
地壳 qiào（ké）
怯 qiè（què）懦
提纲挈 qiè（qì）领
锲 qiè（qì）而不舍
惬 qiè（jiā）意
衾 qīn（qín）枕
倾 qīng（qǐng）盆大雨
引擎 qíng（jìng）
亲 qìng（qīn）家
曲 qū（qǔ）折
祛 qū（qù）除
黢 qū（qù）黑
水到渠 qú（qū）成
清癯 qú（xū）
瞿 qú（jú）塘峡
龋 qǔ（yǔ）齿
兴趣 qù（qǔ）

面面相觑 qù（xū）
债券 quàn（juàn）
麇 qún（jūn）集
妖娆 ráo（náo）
围绕 rào（rǎo）
荏 rěn（rèn）苒
稔 rěn（niàn）知
妊 rèn（rén）娠 shēn（chén）
仍 réng（rěng）然
冗 rǒng（chén）长
偌 ruò（nuò）大
缫 sāo（cáo）丝
丧 sāng（sàng）钟
堵塞 sè（sāi）
禅 shàn（chán）让
讪 shàn（shān）笑
赡 shàn（zhān）养
折 shé（zhé）本
慑 shè（niè）服
退避三舍 shè（shě）
海市蜃 shèn（chén）楼
舐 shì（tiǎn）犊之情
教室 shì（shǐ）
有恃 shì（sì）无恐
似 shì（sì）的
狩 shòu（shǒu）猎
束 shù（sù）缚
刷 shuà（shuā）白
游说 shuì（shuō）
吸吮 shǔn（yǔn）
朔 shuò（sù）方
塑 sù（suò）料
虽 suī（suí）然
鬼鬼祟 suì（chǒng）祟 suì（chǒng）
婆娑 suō（shà）
趿 tā（jí）拉
鞭挞 tà（dǎ）
叨 tāo（dāo）扰
叨 tāo（dāo）光
丝绦 tāo（tiáo）
体 tī（tǐ）己
孝悌 tì（dì）
倜 tì（chóu）傥 tǎng（dǎng）
恬 tián（tiǎn）不知耻
殄 tiǎn（zhēn）灭
腼腆 tiǎn（diǎn）
轻佻 tiāo（tiáo）
请帖 tiě（tiē）
字帖 tiè（tiě）
绿汀 tīng（dīng）
恸 tòng（dòng）哭
如火如荼 tú（chá）
湍 tuān（chuǎn）急
颓 tuí（tuī）废
蜕 tuì（shuì）化
囤 tún（dùn）积
逶 wēi（wěi）迤
违 wéi（wěi）反
崔嵬 wéi（wěi）
圩 wéi（yú）田
冒天下之大不韪 wěi（huì）
猥 wěi（wēi）琐
为 wèi（wéi）虎作伥 chāng（zhàng）
斡 wò（gàn）旋
深恶 wù（è）痛绝
膝 xī（qī）盖
檄 xí（xì）文
狡黠 xiá（xié）
厦 xià（shà）门
纤 xiān（qiān）维
翩跹 xiān（qiān）
屡见不鲜 xiǎn（xiān）
垂涎 xián（yán）三尺
勾股弦 xián（xuán）

舷 xián（xuán）窗
霰 xiàn（sǎn）弹
混淆 xiáo（yáo）
咆哮 xiào（xiāo）
肖 xiào（xiāo）像
采撷 xié（jié）
叶 xié（yè）韵
屑 xiè（xiāo）
机械 xiè（jiè）
省 xǐng（shěng）亲
不朽 xiǔ（qiǔ）
铜臭 xiù（chòu）
星宿 xiù（sù）
长吁 xū（yù）短叹
自诩 xǔ（yǔ）
酗 xù（xiōng）酒
抚恤 xù（xuè）金
煦 xù（xū）暖
眩 xuàn（xuán）晕 yùn（yūn）
炫 xuàn（xuán）耀
洞穴 xué（xuè）
噱 xué（xuè）头
戏谑 xuè（nuè）
驯 xùn（xún）服
徇 xùn（xún）私舞弊
殉 xùn（xún）情
倾轧 yà（zhá）
殷 yān（yīn）红
湮 yān（yīn）没
筵 yán（yàn）席
百花争妍 yán（yàn）
河沿 yán（yàn）
梦魇 yǎn（yàn）
俨 yǎn（yán）然
奄 yǎn（yān）奄 yǎn（yān）一息
赝 yàn（yīng）品
吊唁 yàn（yán）
怏 yàng（yāng）怏 yàng（yāng）不乐
杳 yǎo（miǎo）无音信
窈 yǎo（yáo）窕 tiǎo（tiáo）
发疟 yào（nüè）子
耀 yào（yuè）武扬威
鹞 yào（yáo）鹰
因噎 yē（yè）废食
揶 yé（yē）揄
陶冶 yě（zhì）
呜咽 yè（yàn）
摇曳 yè（yì）
拜谒 yè（yì）
笑靥 yè（yàn）
颐 yí（yì）和园
迤 yǐ（yí）逦 lǐ（lì）
自怨自艾 yì（ài）
后裔 yì（yī）
奇闻轶 yì（shì）事
造诣 yì（zhǐ）
友谊 yì（yí）
肄 yì（sì）业
熠 yì（xí）熠 yì（xí）闪光
一望无垠 yín（gēn）
荫 yìn（yīn）凉
应 yīng（yìng）届
应 yìng（yīng）承
应 yìng（yīng）用文
应 yìng（yīng）试教育
良莠 yǒu（yòu）不齐
迂 yū（yú）回
向隅 yú（yǔ）而泣
愉 yú（yù）快
逾 yú（yù）越
年逾 yú（yù）古稀
娱 yú（yù）乐
舆 yú（yù）论
伛 yǔ（ō）偻 lǚ（lóu）

囹圄 yǔ（wú）
参与 yù（yǔ）
家喻 yù（yú）户晓
熨 yù（yùn）贴
断瓦残垣 yuán（héng）
苑 yuàn（yuán）囿
头晕 yūn（yùn）
晕 yùn（yūn）船
酝 yùn（yūn）酿 niàng（rǎng）
扎 zā（zhā）小辫
柳荫匝 zā（zhā）地
登载 zǎi（zài）
载重 zài（zǎi）
载 zài（zǎi）歌载 zài（zǎi）舞
怨声载 zài（zǎi）道
拒载 zài（zǎi）
暂 zàn（zǎn）时
臧 zāng（zàng）否 pǐ（fǒu）
宝藏 zàng（cáng）
确凿 záo（zuò）
咋 zé（zhā）舌
憎 zēng（zèng）恶
赠 zèng（zēng）送
驻扎 zhā（zhá）
咋 zhā（zǎ）呼
轧 zhá（yà）钢
择 zhái（zé）菜
占 zhān（zhàn）卜
破绽 zhàn（dìng）
颤 zhàn（chàn）栗
高涨 zhǎng（zhàng）
着 zháo（zhāo）慌
沼 zhǎo（zhāo）泽
召 zhào（zhāo）开
折 zhē（zhé）腾
蛰 zhé（zhí）伏
铁砧 zhēn（zhàn）
箴 zhēn（jiān）言
缜 zhěn（zhēn）密
症 zhēng（zhèng）结
拯 zhěng（chéng）救
症 zhèng（zhēng）候
诤 zhèng（zhēng）友
挣 zhèng（zhēng）脱
脂 zhī（zhǐ）肪
博闻强识 zhì（shí）
标识 zhì（shí）
质 zhì（zhǐ）量
脍 kuài（huì）炙 zhì（jiǔ）人口
鳞次栉 zhì（jié）比
对峙 zhì（shì）
中 zhōng（zhòng）听
中 zhòng（zhōng）肯
刀耕火种 zhòng（zhǒng）
胡诌 zhōu（zōu）
啁啾 jiū（qiū）
压轴 zhòu（zhóu）
贮 zhù（chǔ）藏
莺啼鸟啭 zhuàn（zhuǎn）
谆谆 zhūn（chén）
弄巧成拙 zhuō（zhuó）
灼 zhuó（sháo）热
卓 zhuó（zhuō）越
啄 zhuó（zhú）木鸟
着 zhuó（zháo）陆
穿着 zhuó（zháo）打扮
恣 zì（zī）意
浸渍 zì（zé）
作 zuō（zuò）坊
柞 zuò（zhà）蚕

二、避免误读现代汉字的字音

（一）避免因不熟悉具体现代汉字造成误读字音

《字表》甲表、乙表和丙表分别存在着数量不等的冷僻汉字，应试人如果考前未能掌握它们的正确发音，那么单从这些汉字的字形中，几乎得不到一点儿相关发音“提示”，这种情况下，应试人读错字音就再正常不过的了。

“詈”读若“lì”。应试人能从字形中得到的语音“提示”有“言”（yɑn）或“罒”（si），都与“li”的发音相差很多。

“齁”读若“hōu”，应试人能从字形中得到的语音“提示”有“鼻”（bi）或“句”（ju），都与“hou”的发音相差很多。

这些汉字，即使给出语境，应试人也不一定能获得有效发音“提示”，照样错读字音。

“兵燹”的“燹”字读若“xiǎn”，语义为“野火”。即使有应试人根据其偏旁“火”字猜出字义与“火”有关，但在发音方面仍得不到有效“提示”。

“葳蕤”一词中，如果说应试人对“葳”字的发音，还能“秀才识字认半边”猜出它的读音为“wēi（威）”的话，那么，应试人从“蕤”字的形体结构“艹”、“豕”、“生”得不到半点“提示”，无法据此“猜”出它的读音为“ruí”。

不了解字义，又不易从字形“猜”出字音的现代汉字还有许多。如《字表》中的丙表字，有些看似笔画不多，但如果不知道字义，单看字形，不能联想到它们的正确读音。“乜（miē）”易误读为“yě”，“亍（chù）”易误读为“dīng”或“tíng”，“彳（chì）”易误读为“xíng”，“孓（jué）”易误读为“zǐ”或“jié”，“讦（jié）”易误读为“gān”或“jiān”，“乩（jī）”易误读为“zhàn”，“牝（pìn）”易误读为“mǔ”等。笔画多的如“谶（chèn）”、“蹇（jiǎn）”等就更不好拼读了。

这就需要应试人考前尽可能多地准确熟记《字表》所收现代汉字的汉语拼音，尤其要熟记乙表和丙表中繁难汉字的发音。为提高应试人的学习效率，《应试指导》所附《字表》已全部标注汉语拼音。

（二）避免误按声旁或声旁类推而误读字音

就字音方面而言，现代汉字中有些同声旁的形声字读音相同或相近，可以用声旁类推来读出它们的正确字音。

“昌”读若“chāng”，以“昌”为声旁的“菖”、“猖”、“阊”、“娼”、“鲳”也读若“chāng”；“倡”、“唱”则读若“chàng”，声韵同而调类异。

“段”读若“duàn”，以“段”为声旁的“缎”、“椴”、“煅”、“锻”也读若“duàn”。

“仓”读若“cāng”，以“仓”为声旁的现代汉字按其声母和韵头的不同，分别读若“cang”（沧、舱、苍）、“qiang”（枪、羌、呛）、“chuang”（创、疮、怆）等。这些以“仓”为声旁的声母和韵头不同的三组汉字，有的声调相同，有的声调不同。

但是，现代汉语中只有三分之一左右的形声字的声旁与实际读音一致或较为相近。

更多的声旁读音较为复杂。如：吴方言里，“长江”的“江”大致读“gāng”，与“女红”的“红（gōng）”声母一致，但在普通话里，“长江”的“江（jiāng）”和“女红”的“红（gōng）”的声母和韵母都不相同，不可受方音影响而读错字音。

将“狭隘”的“隘”字音“ài”读若“yì”，主要受“隘”的声旁“益”的发音“yì”误导。

将“一曝十寒”的“曝”字音“pù”读若“bào”，主要受“曝”的声旁“暴”的发音“bào”误导。

将“稗官野史”的“稗”字音“bài”读若“bēi”，主要受“稗”的声旁“卑”的发音“bēi”误导。

将“沙家浜”的“浜”字音“bāng”读若“bīng”，主要受“浜”的声旁“兵”的发音“bīng”误导。

将“凄怆”的“怆”字音“chuàng”读若“cāng”，主要受“怆”的声旁“仓”的发音“cāng”误导。

将“肆无忌惮”的“惮”字音“dàn”读若“dān”，主要受“惮”的声旁“单”的发音“dān”误导。

将“胴体”的“胴”字音“dòng”读若“tóng”，主要受“胴”的声旁“同”的发音“tóng”误导。

将“桎梏”的“梏”字音“gù”读若“gào”，主要受“梏”的声旁“告”的发音“gào”误导。

将“皈依”的“皈”字音“guī”读若“fǎn”，主要受“皈”的声旁“反”的发音“fǎn”误导。

将“畸形”的“畸”字音“jī”读若“qí”，主要受“畸”的声旁“奇”的发音“qí”误导。

将“歼灭”的“歼”字音“jiān”读若“qiān”，主要受“歼”的声旁“千”的发音“qiān”误导。

将“同仇敌忾”的“忾”字音“kài”读若“qì”，主要受“忾”的声旁“气”的发音“qì”误导。

将“窥探”的“窥”字音“kuī”读若“guī”，主要受“窥”的声旁“规”的发音“guī”误导。

将“擂台”的“擂”字音“lèi”读若“léi”，主要受“擂”的声旁“雷”

的发音“léi”误导。

将“婀娜”的“娜”字音“nuó”读若“nà”，主要受“娜”的声旁“那”的发音“nà”误导。

将“龋齿”的“龋”字音“qǔ”读若“yǔ”，主要受“龋”的声旁“禹”的发音“yǔ”误导。

将“稔知”的“稔”字音“rěn”读若“niàn”，主要受“稔”的声旁“念”的发音“niàn”误导。

将“慑服”的“慑”字音“shè”读若“niè”，主要受“慑”的声旁“聂”的发音“niè”误导。

将“吸吮”的“吮”字音“shǔn”读若“yǔn”，主要受“吮”的声旁“允”的发音“yǔn”误导。

将“霰弹”的“霰”字音“xiàn”读若“sǎn”，主要受“霰”的声旁“散”的发音“sǎn”误导。

将“自诩”的“诩”字音“xǔ”读若“yǔ”，主要受“诩”的声旁“羽”的发音“yǔ”误导。

将“笑靥”的“靥”字音“yè”读若“yàn”，主要受“靥”的声旁“厌”的发音“yàn”误导。

将“喑哑”的“喑”字音“àn”读若“yīn”，主要受“喑”的声旁“音”的发音“yīn”误导。

将“诤友”的“诤”字音“zhèng”读若“zhēng”，主要受“诤”的声旁“争”的发音“zhēng”误导。

将“浸渍”的“渍”字音“zì”读若“zé”，主要受“渍”的声旁“责”的发音“zé”误导。

容易因误按声旁或声旁类推而读错字音的现代汉字（括号外字音为正音）主要还有：

翁媪 ǎo（wēn）
并行不悖 bèi（bó）
蓓 bèi（péi）蕾 lěi（léi）
迸 bèng（bìng）发
奴颜婢 bì（bēi）膝
刚愎 bì（fù）自用
濒 bīn（pín）临
粗糙 cāo（zào）
瞠 chēng（táng）目结舌
驰骋 chěng（pìn）
鞭笞 chī（tái）
炽 chì（zhì）热
憧 chōng（tóng）憬
伺 cì（sì）候
淙淙 cóng（zóng）流水
一蹴 cù（jiù）而就
璀 cuǐ（cuī）璨
虎视眈眈 dān（dàn）
掂 diān（diàn）掇
玷 diàn（zhān）污
装订 dìng（dīng）
订 dìng（dīng）正

恫 dòng（tóng）吓 hè（xià）
菲 fěi（fēi）薄
沸 fèi（fú）点
提供 gōng（gòng）
供 gōng（gòng）销
供 gōng（gòng）给 jǐ（gěi）
佝 gōu（jú）偻
干涸 hé（gù）
负荷 hè（hé）
混淆 xiáo（yáo）
贫瘠 jí（jǐ）
给 jǐ（gěi）予
觊 jì（qí）觎
反诘 jié（jí）
拮 jié（jí）据
粳 jīng（gēng）米
杀一儆 jǐng（jìng）百
抓阄 jiū（guī）
循规蹈矩 jǔ（jù）
前倨 jù（jū）后恭
倥 kǒng（kōng）偬 zǒng（cōng）
潋 liàn（liǎn）滟
趔 liè（lüè）趄
仓廪 lǐn（bǐng）
棕榈 lú（lǚ）
裸 luǒ（guǒ）视
抹 mā（mǒ）桌子
耄 mào（máo）耋 dié（zhì）
联袂 mèi（jué）
愤懑 mèn（mǎn）
靡 mí（fēi）费
酩 mǐng（míng）酊 dǐng（dīng）
老衲 nà（nèi）
呶 náo（nú）呶 náo（nú）不休
隐匿 nì（nuò）
蹒 pán（mǎn）跚
滂 pāng（páng）沱
胚 pēi（pī）胎
抨 pēng（píng）击
毗 pí（bǐ）邻
癖 pǐ（pì）好
瀑 pù（bào）布
沏 qī（qiè）茶
蹊 qī（xī）跷
栖 qī（xī）息
绮 qǐ（qí）丽
悭 qiān（jiān）吝
掮 qián（jiān）客
天堑 qiàn（zǎn）
襁 qiǎng（qiáng）褓
讥诮 qiào（xiào）
锲 qiè（qì）而不舍
惬 qiè（jiā）意
引擎 qíng（jìng）
祛 qū（qù）除
兴趣 qù（qǔ）
面面相觑 qù（xū）
荏 rěn（rèn）苒
妊 rèn（rén）娠 shēn（chén）
偌 ruò（nuò）大
缫 sāo（cáo）丝
讪 shàn（shān）笑
赡 shàn（zhān）养
海市蜃 shèn（chén）楼
有恃 shì（sì）无恐
狩 shòu（shǒu）猎
塑 sù（suò）料
婆娑 suō（shà）
趿 tā（jí）拉
鞭挞 tà（dǎ）
叨 tāo（dāo）扰
叨 tāo（dāo）光
丝绦 tāo（tiáo）
孝悌 tì（dì）

倜傥 tǎng（dǎng）

腼腆 tiǎn（diǎn）

绿汀 tīng（dīng）

恸 tòng（dòng）哭

逶 wēi（wěi）迤

圩 wéi（yú）田

纤 xiān（qiān）维

翩跹 xiān（qiān）

垂涎 xián（yán）三尺

舷 xián（xuán）窗

混淆 xiáo（yáo）

采撷 xié（jié）

屑 xiè（xiāo）

机械 xiè（jiè）

长吁 xū（yù）短叹

酗 xù（xiōng）酒

抚恤 xù（xuè）金

炫 xuàn（xuán）耀

戏谑 xuè（nuè）

徇 xùn（xún）私舞弊

殉 xùn（xún）情

梦魇 yǎn（yàn）

俨 yǎn（yán）然

吊唁 yàn（yán）

怏怏 yàng（yāng）不乐

揶 yé（yē）揄

后裔 yì（yī）

造诣 yì（zhǐ）

友谊 yì（yí）

熠 yì（xí）熠 yì（xí）闪光

一望无垠 yín（gēn）

荫 yìn（yīn）凉

迂 yū（yú）回

囹圄 yǔ（wú）

断瓦残垣 yuán（héng）

破绽 zhàn（dìng）

蛰 zhé（zhí）伏

铁砧 zhēn（zhàn）

缜 zhěn（zhēn）密

症 zhēng（zhèng）结

拯 zhěng（chéng）救

症 zhèng（zhēng）候

挣 zhèng（zhēng）脱

脂 zhī（zhǐ）肪

鳞次栉 zhì（jié）比

对峙 zhì（shì）

啁啾 jiū（qiū）

莺啼鸟啭 zhuàn（zhuǎn）

灼 zhuó（sháo）热

柞 zuò（zhà）蚕

（三）避免误受形近汉字影响而误读字音

误受形近汉字影响而读错字音，其汉字相对而言比较冷僻，应试人更易记住的是施加影响的汉字的读音，尽管两者读音存在程度不等的差异。

“舐”与“舔”。根据《说文解字》，“舔”字是“他点切”，“舐”字是“神旀切”，两者古字就不同音。作为现代汉字，“舐”读若“shì”，“舔”读若“tiǎn”，也不同音。“舐”和“舔”都有“舔”义，但“舐犊”语出《后汉书·杨彪传》“……愧无日磾先见之明，犹怀老牛舐犊之爱”，且沿用至今。同为“舔”义，字形相近，应试人往往易受更熟悉的字形“舔”的影响，误将“舐 shì 犊情深”读若“舔 tiǎn 犊情深”

“琛宝”的“琛”往往由“chēn”误读为“shēn”，因受字形更为人熟知的“深”字的发音影响。

“郴州”的“郴”往往由“chēn”误读为“bīn”，因受字形更为人熟知的“彬彬有礼”的“彬”字的发音影响。

“驰骋”的“骋”往往由“chěng”误读为“pìn”，因受字形更为人熟知的“聘请”的“聘”字的发音影响。

“辍学”的“辍”往往由“chuò”误读为“zhuì”，因受字形更为人熟知的“点缀”的“缀”字的发音影响。

容易因误受形近汉字影响而读错字音的现代汉字主要还有：

“捭”受“婢”影响，发音由“bǎi”误读为“bì”。
“扳”受“板”影响，发音由“bān”误读为“bǎn”。
“裨”受“啤”影响，发音由“bì”误读为“pí”。
“砭”受“贬”影响，发音由“biān”误读为“biǎn”。
“嘈”受“糟”影响，发音由“cáo”误读为“zāo”。
“怅”受“帐”影响，发音由“chàng”误读为“zhàng”。
“绌”受“拙”影响，发音由“chù”误读为“zhuō”。
“皴”受“浚”影响，发音由“cūn”误读为“jùn”。
“忖”受“村”影响，发音由“cǔn”误读为“cūn”。
“悼”受“掉”影响，发音由“dào”误读为“diào”。
“（仿）佛”受“佛（教）”影响，发音由“fú”误读为“fó”。
“拂”受“佛（教）”影响，发音由“fú”误读为“fó”。
“蛊”受“盎”影响，发音由“gǔ”误读为“àng”。
“犷”受“旷”影响，发音由“guǎng”误读为“kuàng”。
“刽”受“侩”影响，发音由“guì”误读为“kuài”。
“肓”受“盲”影响，发音由“huāng”误读为“máng”。
“菅”受“管”影响，发音由“jiān”误读为“guǎn”。
“缄”受“箴”影响，发音由“jiān”误读为“zhēn”。
“睑”受“脸”影响，发音由“jiǎn”误读为“liǎn”。
“狙”受“阻”影响，发音由“jū”误读为“zǔ”。
“沮”、“龃”受“阻”影响，发音由“jǔ”误读为“zǔ”。
“谲”受“橘”影响，发音由“jué”误读为“jú”。
“窠”受“巢”影响，发音由“kē”误读为“cháo”。
“羸”受“赢”影响，发音由“léi”误读为“yíng”。
“殓”受“敛”影响，发音由“liàn”误读为“liǎn”。
“蓦”受“墓”影响，发音由“mò”误读为“mù”。
“讷”受“纳”影响，发音由“nè”误读为“nà”。
“胚”受“坯”影响，发音由“pēi”误读为“pī”。
“坯”受“胚”影响，发音由“pī”误读为“pēi”。

“剽”受“瓢”影响，发音由“piāo”误读为“piáo”。
“悛”受“俊”影响，发音由“quān”误读为“jùn”。
“怯”受“却”影响，发音由“qiè”误读为“què”。
“冗”受“沉”影响，发音由“rǒng”误读为“chén”。
“祟”受“崇”影响，发音由“suì”误读为“chóng”。
“倜”受“绸”影响，发音由“tì”误读为“chóu”。
“殄”受“珍”影响，发音由“tiǎn”误读为“zhēn”。
“荼”受“茶”影响，发音由“tú”误读为“chá”。
“湍”受“喘”影响，发音由“tuān”误读为“chuǎn”。
“蜕”受“税”影响，发音由“tuì”误读为“shuì”。
“斡”受“‘干’的繁体字‘幹’”影响，发音由“wò”误读为“gàn”。
“赝”受“鹰”影响，发音由“yàn”误读为“yīng”。
“冶”受“治”影响，发音由“yě”误读为“zhì”。
“曳”受“弋”影响，发音由“yè”误读为“yì”。
“弋”受“戈”影响，发音由“yì”误读为“gē”。
“肄”受“肆”影响，发音由“yì”误读为“sì”。
“垠”受“根”影响，发音由“yín”误读为“gēn”。
“莠”受“诱”影响，发音由“yǒu”误读为“yòu”。
“垣”受“恒”影响，发音由“yuán”误读为“héng”。
“箴”受“缄”影响，发音由“zhēn”误读为“jiān”。
“炙”受“灸”影响，发音由“zhì”误读为“jiǔ”。
“卓”受“桌”影响，发音由“zhuó”误读为“zhuō”。

（四）避免混淆多音字的不同语境而读错字音

HZC 第四部分第三小类题型主要涉及现代汉字中的多音字。

多音字指同一个汉字在不同的语境（通常为多音节词语）中有不同的读音，且不同读音所表示的字义并不相同。“胖”读若“pàng”，义为“脂肪多，肉多，跟‘瘦’相对”；读若“pán”，义为“安泰舒适”。

多音字不同读音的惯常搭配词语也不同，“胖（pàng）”可组词为“肥胖”、“胖墩墩”等，“胖（pán）”通常组词为“心宽体胖”、“心广体胖”。当多音字不同读音同时也是多义字时，应试人要分别熟悉其不同义项的惯常搭配。如“卡”。

“卡”是多音字，可读“kǎ”、“qiǎ”。

“卡（kǎ）”、“卡（qiǎ）”分别是多义字：

“卡 kǎ”：①卡路里的简称。②卡片。③磁卡。④录音机上放置盒式磁带的仓式装置。⑤卡车。

“卡 qiǎ”：①夹在中间，不能活动。②把人或财物留住；阻挡。③用手的虎口紧紧按住。④卡子。⑤关卡。

“卡（kǎ）”与“卡（qiǎ）”不同义项的词语搭配分别为：

“卡（kǎ）”：①千卡（热量）；②资料卡、年历卡、目录卡、卡片；③银行卡、刷卡；④双卡（录音机）；⑤卡车、摩托卡。

“卡（qiǎ）”：①卡在喉咙里；②卡位；③卡脖子；④发卡；⑤关卡、税卡。

应试人可根据《新华字典》、《现代汉语词典》、《现代汉语规范词典》等当代权威语文工具书的注音、释义，掌握这些多音字中的特定汉字在语境中的适用义项，有助于对作为考点的多音字作正确选择。为提高学习效率，应试人也可掌握一些较为准确可靠的相关字表，如根据《信息交换用汉字编码字符集·基本集》整理所得的《现代汉语常见多音字》等。

另见本章附录《〈字表〉和〈词语表〉收录字词中的常见多音字》。

容易因混淆多音字的不同语境而读错字音的现代汉字主要有（括号外注音为正音）：

挨 āi（ái）边儿
熬 āo（áo）菜
拗 ǎo（ào）断
炮 bāo（pào）羊肉
剥 bāo（bō）皮
薄 báo（bó）纸
投奔 bèn（bēn）
复辟 bì（pì）
秘 bì（mì）鲁
屏 bǐng（píng）气
停泊 bó（pō）
参 cēn（cān）差 cī（cā）
偏差 chā（chà）
单 chán（shàn）于
场 cháng（chǎng）院
乘 chéng（chèng）机
创 chuāng（chuàng）伤
忖度 duó（dù）
答 dā（dá）应
逮 dǎi（dài）老鼠
逮 dài（dǎi）捕
当（本）dàng（dāng）年
提 dī（tí）防
句读 dòu（dú）
阿 ē（ā）谀
菲 fěi（fēi）薄
敷衍塞 sè（sāi）责
仿佛 fú（fó）
随声附和 hè（hé）
脖颈 gěng（jǐng）
提供 gōng（gòng）
供 gōng（gòng）销
供 gōng（gòng）给 jǐ（gěi）
供 gòng（gōng）认
口供 gòng（gōng）
骨 gū（gǔ）朵
骨 gǔ（gú）气
商贾 gǔ（jiǎ）
哈 hǎ（hā）达
稀罕 han（hǎn）
巷 hàng（xiàng）道
恫吓 hè（xià）
喝 hè（hē）采
负荷 hè（hé）

附和 hè（hé）
蛮横 hèng（héng）
发横 hèng（héng）财
华 huà（huá）山
混 hún（hùn）水摸鱼
混 hùn（hǔn）淆 xiáo（yáo）
和 huó（huò）泥
搅和 huo（he）
茶几 jī（jǐ）
人才济 jǐ（jì）济 jǐ（jì）
给 jǐ（gěi）养
给 jǐ（gěi）予
雪茄 jiā（qié）
夹 jiā（jia）道
夹 jiá（jiā）袄
间 jiàn（jiān）断
离间 jiàn（jiān）
校 jiào（xiào）对
开花结 jiē（jié）果
事情结 jié（jiē）果
结 jié（jiē）冰
押解 jiè（jiě）
尽 jǐn（jìn）管
情不自禁 jīn（jìn）
强劲 jìng（jìn）
劲 jìn（jìng）敌
咀嚼 jué（jiáo）
隽 juàn（jùn）永
角 jué（jiǎo）色
角 jué（jiǎo）逐
隽 jùn（juàn）秀
可 kè（kě）汗 hán（hàn）
会 kuài（huì）计
拉 lā（lá）家常
丢三落 là（luò）四
唠 láo（lào）叨
落 lào（luò）枕
落 lào（luò）色 shǎi（sè）
勒 lè（lēi）索
勒 lēi（lè）紧
擂 léi（lèi）鼓
果实累 léi（lěi）累 léi（lěi）
罪行累 lěi（léi）累 lěi（léi）
擂 lèi（léi）台
打量 liáng（liàng）
量 liàng（liáng）入为出
撩 liāo（liáo）水
撩 liáo（liāo）拨
抹 mā（mǒ）桌子
埋 mán（mái）怨
蒙 mēng（méng）头转向
蒙 méng（mēng）头盖脸
靡 mí（fēi）费
萎靡 mǐ（mí）不振
脉 mò（mài）脉 mò（mài）
抹 mò（mǒ）墙
模 mú（mó）样
模 mú（mó）具
拘泥 nì（ní）
宁 nìng（níng）死不屈
执拗 niù（ào）
扒 pá（bā）手
迫 pǎi（pò）击炮
心宽体胖 pán（pàng）
炮制 páo（pào）
炮 páo（pào）烙 luò（lào）
香喷 pèn（pēn）喷 pèn（pēn）
否 pǐ（fǒu）极泰来
扁 piān（biǎn）舟
大腹便 pián（biàn）便 pián（biàn）
湖泊 pō（bó）
血泊 pō（bó）
前仆 pū（pú）后继
奴仆 pú（pǔ）

风尘仆 pú（pǔ）仆 pú（pǔ）
瀑 pù（bào）布
一曝 pù（bào）十寒
关卡 qiǎ（kǎ）
强 qiǎng（qiáng）迫
勉强 qiǎng（qiáng）
强 qiǎng（qiáng）求
牵强 qiǎng（qiáng）附会
翘 qiáo（qiào）楚
翘 qiáo（qiào）首远望
地壳 qiào（ké）
亲 qìng（qīn）家
曲 qū（qǔ）折
丧 sāng（sàng）钟
堵塞 sè（sāi）
杉 shā（shān）篙
禅 shàn（chán）让
折 shé（zhé）本
折 shé（zhé）耗
退避三舍 shè（shě）
似 shì（sì）的
匙 shi（chí）
刷 shuà（shuā）白
游说 shuì（shuō）
叨 tāo（dāo）扰
叨 tāo（dāo）光
体 tī（tǐ）己
请帖 tiě（tiē）
为 wèi（wéi）虎作伥
可恶 wù（è）
深恶 wù（è）痛绝
厦 xià（shà）门
纤 xiān（qiān）维
屡见不鲜 xiǎn（xiān）
叶 xié（yè）韵
机械 xiè（jiè）
省 xǐng（shěng）亲
铜臭 xiù（chòu）
星宿 xiù（sù）
蓄 xù（chù）养
倾轧 yá（zhá）
殷 yān（yīn）红
钥 yào（yuè）匙
疟 yào（nüè）子
呜咽 yè（yàn）
自怨自艾 yì（ài）
荫 yìn（yīn）凉
应 yīng（yìng）届
应 yìng（yīng）承
应 yìng（yīng）用文
应 yìng（yīng）试教育
头晕 yūn（yùn）
晕 yùn（yūn）船
扎 zā（zhā）小辫
咋 zé（zhā）舌
登载 zǎi（zài）
载重 zài（zǎi）
载 zài（zǎi）歌载 zài（zǎi）舞
怨声载 zài（zǎi）道
拒载 zài（zǎi）
臧 zāng（zàng）否 pǐ（fǒu）
宝藏 zàng（cáng）
确凿 záo（zuò）
驻扎 zhā（zhá）
咋 zhā（zǎ）呼
轧 zhá（yà）钢
择 zhái（zé）菜
占 zhān（zhàn）卜
颤 zhàn（chàn）栗
着 zháo（zhāo）慌
折 zhē（zhé）腾
博闻强识 zhì（shí）
标识 zhì（shí）
中 zhōng（zhòng）听

中 zhòng（zhōng）肯

刀耕火种 zhòng（zhǒng）

着 zhuó（zháo）陆

穿着 zhuó（zháo）打扮

作 zuō（zuò）坊

（五）避免因不按规范要求而误读字音

现代汉字语音规范化的主要内容包括根据语音发展的规律来确立现代汉字的正音标准和推广标准音。现代汉字的正音标准主要由国家语委等行政机关和职能部门组织语言学及相关学科专家群策群力予以确立，推广和使用标准音则是每个中华人民共和国公民的责任和义务。

现代汉字的普通话语音以北京语音为标准音，而北京语音里的异读音对应试人尤其是北京及其附近地区讲北方方言的应试人有着较大的消极影响。存在异读音的主要原因在于文白异读、讹读、背离古今四声变读规律、方音影响及存在不必要的多音字等。文白异读的如“剥”，口语音为“bāo”，书读音为“bō”；讹读的如“（商）埠”由“bù”误读为“fù”；背离古今四声变读规律的如古浊平声字“帆”，由合乎规律的“fán”实读为不合规律的“fān”；方音影响的如“揩（油）”普通话读若“kāi”而吴方言读若“kā”。上述例字的异读音需要而且已得以规范。

受文白异读、讹读、背离古今四声变读规律及方音影响而易于读错的现代汉字有（括号外注音为正音）：

同胞 bāo（pāo）

从 cóng（cōng）容

逮 dài（dí）捕

讹 é（ó）诈

一丘之貉 hé（háo）

俊 jùn（zùn）杰

玩弄 nòng（nèng）

虐 nüè（yuè）待

披 pī（pēi）衣

土坯 pī（pēi）

关卡 qiǎ（kǎ）

侵 qīn（qín）占

教室 shì（shǐ）

硕 shuò（shào）大

膝 xī（qī）盖

携 xié（xí）手

机械 xiè（jiè）

防汛 xùn（xìn）

山崖 yá（ái）

河沿 yán（yàn）

舀 yǎo（kuǎi）子

拥 yōng（yǒng）护

跃 yuè（yào）进

事实上，受文白异读、讹读、背离古今四声变读规律及方音影响而易于读错的现代汉字远不止这些，上述汉字的误读较有代表性。

HZC 应试人掌握规范的现代汉字普通话语音的依据为《普通话异读词审音表》等。《普通话异读词审音表》修订稿经国家语言文字工作委员会、国家教育委员会、广播电视部审核通过，于 1985 年 12 月 27 日公布。《应试指导》附录于后，供应试人学习参考。

有关地名、人名用字的读音也会成为该小类题型的考点。这些地名、人名用字往往是多音字，答题时要注意辨别选择。即使这些考点汉字只有一个读音，也往往不同寻常，应试人也需谨慎作答。

现代汉字中的一些姓氏用字的读音较易读错（见下表）。

汉字	姓氏读音	非姓氏读音	汉字	姓氏读音	非姓氏读音
贲	bēn	bì	晁	cháo	/
谌	chén shèn	chén	种	chóng zhǒng	zhǒng zhòng
笪	dá	dá	盖	gě gài	gài
葛	gě	gé	龚	gōng	/
郝	hǎo	/	郦	lì	/
缪	miào	miù móu	区	ōu	qū
朴	piáo	pō pò pǔ	郄	qiè	/
仇	qiú	chóu	瞿	qú	/
睢	suī	suī	郤	xì	xì
解	xiè	jiě jiè	冼	xiǎn	/
燕	yān	yàn	铫	yáo	diào
尉（迟）	yù（chí）	yù	尉	wèi	wèi
蔚	yù	wèi	昝	zǎn	/
臧	zāng	zāng	查	zhā	chá
翟	zhái dí	dí	祭	zhài	jì
仲	zhòng	zhòng			

表中汉字作为姓氏时的读音与作为非姓氏时的读音情况不一。有两者读音相同的，如“笪”、“睢”、“郤”、“尉”、“尉（迟）”、“臧”、“仲”；有姓氏读音与非姓氏读音音节全部或部分不同的，如“贲”、“谌”、“种”、“葛”、“区”、“仇”、“燕”、“铫”、“蔚”、“查”、“祭”。值得注意的是，有些作为姓氏的汉字其读音有二，其中一个读音较为常见，如“谌”作为姓氏有“chén”和“shèn”两种读音，但“chén”读音较为常见；“种”作为姓氏有“chóng”和“zhǒng”两种读音，但“chóng”读音较为常见；“盖”作为姓氏有“gě”、“gài”两种读音，但“gě”读音较为常见；翟作为姓氏有“zhái”、“dí”两种读音，但“zhái”读音较为常见。有些汉字虽然只有姓氏读音一种，但往往也易读错。如“晁（cháo）”易误读为“zhào”、“龚（gōng）”易误读为“gǒng”、“郝（hǎo）”易误读为“hè”、“郦（lì）”易误读为“lí”、“郄（qiè）”易误读为“xí”、“瞿（qú）”易误读为“jù”、“冼（xiǎn）”易误读为“xǐ”、“昝（zǎn）”易误读为“guǐ”。

附：《字表》和《词语表》收录字词中的常见多音字

A

阿

ā：阿鼻地狱、阿拉伯人、阿昌族、阿斗、阿飞、阿訇、阿门、阿姨

ē：阿谀、阿附、刚正不阿、阿弥陀佛、阿胶

腌

ā：腌臜

yān：腌制、腌渍

挨

āi：挨边、挨次、挨个、挨户、挨家、挨肩儿、挨近、挨门

ái：挨打、挨饿、挨整、挨骂、挨冻、挨批评

艾

ài：艾窝窝、艾滋病、方兴未艾、艾虎

yì：自怨自艾

熬

āo：熬菜、熬心

áo：熬夜、熬煎、熬刑、熬头儿

拗

ǎo：拗断、拗开

ào：拗口、拗口令

niù：执拗、拗不过

B

扒

bā：扒车、扒皮、扒拉、扒头儿

pá：扒糕、扒手、扒窃

吧

bā：吧嗒、吧唧、吧女、吧台

ba：语气助词

把

bǎ：把柄、把场、把持、把舵、把风、把关、把角、把酒、把酒临风、把口儿、把揽、把门、把势、把手、把守、把

头、把玩、把握、把戏、把兄弟、把斋、把盏、把捉、把子

bà：刀把、话把、车把

耙

bà：耙地

pá：耙子

罢

bà：罢笔、罢黜、罢工、罢官、罢教、罢考、罢课、罢了、罢免、罢免权、罢赛、罢手、罢讼、罢诉、罢休、罢演、罢战、罢职、罢论

ba：语气助词

伯

bāi：大伯子

bó：伯伯、伯父、伯劳、伯乐、伯母、伯仲、伯仲叔季、伯祖、伯祖母

柏

bǎi：柏油

bó：柏林

磅

bàng：磅秤

páng：磅礴

蚌

bàng：河蚌

bèng：蚌埠

炮

bāo：炮羊肉

páo：炮炼、炮烙、炮制

pào：炮兵、炮弹、炮火、炮击、炮舰、炮舰外交、炮楼、炮手、炮塔、炮台、炮膛、炮艇、炮筒子、炮眼、炮衣、炮仗、鞭炮、炮灰、迫击炮

剥

bāo：<口>剥皮

bō：<书>剥夺、剥离、剥蚀、剥削、剥落

薄

báo：<口>薄饼、薄片

bó：<书>薄产、薄地、薄海、薄厚、薄技、薄酒、薄礼、薄利、薄面、薄命、浅薄、薄膜、薄暮、薄情、薄弱、薄田、薄物细故、薄幸、薄藏、单薄、淡薄、微薄、鄙薄、厚此薄彼、厚古薄今、厚今薄古、日薄西山

bò：薄荷

堡

bǎo：堡垒、堡寨

bǔ：堡子

pù：十里堡

刨

bào：刨冰、刨床、刨刀、刨花、刨花板、刨子

páo：刨除、刨根儿

瀑

bào：瀑河（水名）

pù：瀑布

曝

bào：曝光、曝光表

pù：曝露、一曝十寒、曝晒

背

bēi：背榜、背包、背包袱、背带、背负、背黑锅、背筐、背囊、背头、背债

bèi：背城借一、背搭子、背道而驰、背地、背风、背躬、背光、背后、背货、背脊、背剪、背井离乡、背景、背静、背靠背、背离、背理、背令、背面、背叛、背鳍、背气、背弃、背人、背时、背书、背水一战、背水阵、背诵、背心、背信弃义、背眼、背阴、背影、背约、背运、违背

臂

bei：胳臂

bì：臂膀、臂力、臂章、臂助、助一臂之力

奔

bēn：奔波、奔驰、奔窜、奔放、奔赴、奔劳、奔流、奔忙、奔跑、奔丧、奔驶、奔逝、奔逃、奔腾、奔突、奔袭、奔泻、奔涌、奔逐、奔走呼号、奔走相告

bèn：奔头、奔向、奔材料、奔命

秘

bì：秘鲁

mì：秘宝、秘本、秘而不宣、秘方、秘府、秘籍、秘诀、秘密、秘史、秘书、秘闻

辟

bì：复辟、辟谷、辟邪、辟易

pì：开天辟地、辟谣、精辟

扁

biǎn：扁铲、扁锉、扁担、扁担星、扁豆、扁骨、扁平足、扁桃、扁桃体

piān：扁舟

便

biàn：便步、便餐、便当、便道、便饭、便服、便函、便壶、便笺、便捷、便览、便利、便帽、便门、便秘、便民、便溺、便盆、便桥、便人、便士、便条、便桶、便携式、便鞋、便血、便宴、便衣、便宜、便于、便中、便装、方便、乘便、就便

pián：便宜、大腹便便

骠

biāo：黄骠马

piào：骠勇、骠骑

瘪

biē：瘪三

biě：干瘪

别

bié：别称、别出心裁、别处、别动队、别管、别号、别集、别家、别具风采、别具匠心、别具一格、别具只眼、别开生面、别离、别论、别名、别情、别人、别史、别是、别树一帜、别墅、别提、别无长物、别无二致、别绪、别有洞天、别有风味、别有天地、别有用心、别针、别致、别传、别字、别子、别无所求、别开玩笑、告别、道别、临别、别样、分门别类

biè：别扭

屏

bǐng：屏除、屏迹、屏气、屏退、屏息

píng：屏蔽、屏藩、屏幕、屏障、屏条、屏风、荧屏

泊

bó：泊地、泊位、停泊、淡泊、落泊

pō：湖泊、血泊

簸

bǒ：簸荡、簸动、簸箩、颠簸、簸弄

bò：簸箕

卜

bo：萝卜

bǔ：卜辞、卜居、卜课、占卜、预卜、未卜先知

C

采

cǎi：采办、采编、采茶戏、采伐、采访、采风、采购、采光、采集、采掘、采矿、采莲船、采录、采买、采纳、采暖、采取、采撷、采写、采血、采样、采用、采油、采择、采摘、采制、采种、神采、兴高采烈

cài：采地、采邑

参

cān：参拜、参半、参禅、参订、参观、参合、参加、参见、参校、参军、参看、参考、参考系、参量、参谋、参赛、参数、参天、参透、参详、参验、参谒、参议、参议院、参与、参阅、参赞、参展、参战、参照、参政、参酌

cēn：参差不齐、参错

shēn：人参、参商

藏

cáng：藏躲、藏锋、藏富、藏垢纳污、藏奸、藏匿、藏品、藏身、藏书、藏书票、藏头露尾、藏掖、藏拙、藏踪、藏龙卧虎、收藏、矿藏、储藏、贮藏、隐藏、躲藏

zàng：藏蓝、藏青、藏戏、藏香、藏医、宝藏、三藏、藏族、西藏、藏历

曾

céng：曾经、曾几何时、未曾、何曾、曾经沧桑

zēng：曾祖父、曾祖母、曾孙、曾孙女

叉

chā：叉车、叉烧、叉腰、叉子

chǎ：叉住道口

chà：叉腿

差

chā：差别、差池、差价、差距、差可、差失、差异、差错、差强人意、差额、误差、一念之差

chà：差点、差生、差不多、差不离、差劲、差事

chāi：差旅费、差遣、差使、差役、差退、出差、解差、差事

cī：参差不齐

刹

chà：刹那、古刹、宝刹

shā：刹车

单

chán：单于

dān：单帮、单薄、单产、单车、单程、单传、单纯、单词、单打、单打一、单单、单刀、单刀直入、单调、单独、单方、单干、单杠、单个、单轨、单果、单过、单寒、单簧管、单价、单间、单晶体、单句、单据、单口、单利、单列、单名、单皮、单枪匹马、单亲、单弱、单身、单身汉、单数、单条、单位、单弦、单线、单相思、单项、单行、单行本、单行线、单姓、单眼、单眼皮、单一、单衣、单元、单质、单字、单子、单作、名单、菜单、传单、形单影只、床单、清单、账单、货单

shàn：姓单

禅

chán：禅房、禅机、禅理、禅林、禅门、禅师、禅堂、禅院、禅杖、禅宗、参禅

shàn：禅让、封禅

孱

chán：孱弱

càn：孱头

长

cháng：长安、长臂猿、长编、长别、长波、长策、长城、长程、长虫、长处、长川、长此以往、长笛、长度、长短、长短句、长法、长方体、长歌当哭、长庚、长工、长骨、长鼓、长号、长河、长话短说、长活、长假、长颈鹿、长久、长局、长卷、长空、长款、长龙、长毛绒、长眠、长明灯、

长命锁、长年、长年累月、长袍、长跑、长篇大论、长期、长枪、长驱、长驱直入、长衫、长舌、长生、长逝、长寿、长叹、长天、长亭、长途、长物、长线、长行、长性、长袖善舞、长吁短叹、长夜、长缨、长于、长圆、长远、长斋、长征、长治久安、长足、延长、绵长、修长

zhǎng：长辈、长膘、长房、长官、长机、长进、长老、长脸、长门、长亲、长上、长势、长孙、长相、长者、长子

场

cháng：场院、打场

chǎng：会场、市场、剧场、场次、场地、场馆、场合、场记、场景、场面、场面话、场面人、场面上、捧场、场所、冷场、场子

绰

chāo：绰起

chuò：绰绰有余、绰约、绰号

朝

cháo：朝拜、朝代、朝顶、朝奉、朝服、朝纲、朝贡、朝见、朝觐、朝山、朝圣、朝廷、朝鲜族、朝向、朝阳、朝野、朝政、朝珠、上朝、王朝、改朝换代

zhāo：朝不保夕、朝晖、朝发夕至、朝令夕改、朝露、朝气、朝气蓬勃、朝乾夕惕、朝秦暮楚、朝日、朝三暮四、朝思暮想、朝夕、朝霞

嘲

cháo：嘲讽、嘲弄、嘲笑、嘲谑、冷嘲热讽

zhāo：嘲哳

车

chē：火车、汽车、马车、开车、安步当车、杯水车薪、闭门造车、螳臂当车、车把、车把势、车帮、车厂、车场、车床、车次、车道、车队、车夫、车工、车钩、车轱辘话、车祸、车技、车架、车间、车况、车辆、车裂、车流、车轮战、车马费、车门、车棚、车篷、车皮、车钱、车圈、车身、车手、车水马龙、车速、车胎、车条、车头、车位、车厢、车削、车辕、车载斗量、车闸、车站、车照、车辙、车主、车子、车组

jū：车（象棋棋子之一）

称

chèn：称身、称心、称心如意、称愿、称职、对称、相称

chēng：简称、俗称、称霸、称便、称兵、称病、称臣、称大、称贷、称道、称孤道寡、称号、称贺、称呼、称快、称奇、称赏、称述、称说、称颂、称叹、称谓、称羡、称兄道弟、称雄、称许、称扬、称引、称誉、称赞

冲

chōng：冲程、冲冲、冲刺、冲淡、冲抵、冲动、冲犯、冲锋、冲锋枪、冲锋陷阵、冲服、冲击、冲击波、冲积、冲剂、冲决、冲扩、冲浪、冲力、冲量、冲龄、冲破、冲杀、冲刷、冲腾、冲天、冲田、冲突、冲洗、冲喜、冲销、冲要、冲印、冲账、冲撞

chòng：冲床、冲劲、冲模、冲压、冲子、脾气很冲

处

chǔ：论处、处变不惊、处罚、处分、处境、处决、处理、处理品、处女、处女地、处女膜、处女作、处身、处士、出世、处事、处暑、处死、处心积虑、处刑、处于、处之泰然、处治、

处置、处子

chù：住处、处处、处所

揣

chuāi：怀揣

chuǎi：揣测、揣摩、揣度、揣摸、揣想

D

逮

dǎi：逮老鼠

dài：逮捕

大

dà：（除“大夫”、“大王”以外含“大”词语都读“dà”）

dài：大夫、大王

弹

dàn：中弹、投弹、弹道、弹弓、弹痕、弹尽粮绝、弹壳、弹坑、弹片、弹头、弹丸、弹丸之地、弹无虚发、弹药、弹着点、弹子

tán：反弹、弹唱、弹词、弹冠相庆、弹劾、弹簧、弹簧秤、弹簧门、弹泪、弹力、弹射、弹跳、弹性、弹压、弹指

的

dí：的当、的确、的确良、的证

dì：有的放矢

de：助词

提

dī：提防

tí：前提、提案、提拔、提包、提倡、提成、提纯、提词、提单、提调、提纲、提纲挈领、提高、提供、提灌、提行、提盒、提花、提货、提交、提款、提篮、提炼、提梁、提留、提名、提起、提前、提挈、提亲、提琴、提请、提取、提神、提审、提升、提示、提速、提味儿、提问、提箱、提携、提心吊胆、提醒、提选、提讯、提要、提议、提早、提制

调

diào：声调、调查、调调、调动、调度、调兵遣将、调防、调函、调号、调集、调虎离山、调卷、调类、调令、调门、调派、调遣、调任、调式、调研、调演、调用、调运、调值、调职、调转、调子、对调、论调、音调

tiáo：微调、调处、调幅、调羹、调和、调和漆、调护、调级、调剂、调价、调教、调节、调解、调经、调侃、调控、调理、调料、调弄、调皮、调频、调情、调摄、调试、调唆、调停、调味、调戏、调笑、调谐、调协、调谑、调养、调匀、调整、调制、调治、调资、调嘴学舌

都

dōu：全都

dū：通都大邑、首都、都城、都督、都会、都市

斗

dǒu：漏斗、熨斗、斗胆、斗室、斗笔、斗车、斗方、斗方名士、斗拱、斗箕、斗笠、斗篷、斗渠、斗室、斗转星移、斗子

dòu：斗法、斗鸡、斗牛、斗鸡走狗、斗殴、斗牌、斗气、斗士、斗心眼儿、斗眼、斗争、斗志、斗智、斗嘴、奋斗、战斗

读

dòu：句读

dú：阅读、朗读、宣读、读后感、默读、读本、读经、读破、读破句、读书、读书人、读数、读物、读音、读者、百读不厌

度

dù：温度、高度、过度、再度、一度电、

度牒、度过、度假、度量、度量衡、度命、度曲、度日、度日如年、度数
duó：度德量力、揣度、忖度
垛
duò：城垛、垛口、垛子
duǒ：垛堞、垛口、垛子

E

恶
ě：恶心
wù：可恶、深恶痛绝、厌恶、憎恶
è：无恶不作、凶恶、恶霸、恶变、恶臭、恶斗、恶毒、恶感、恶贯满盈、恶棍、恶果、恶狠狠、恶化、恶疾、恶浪、恶劣、恶露、恶名、恶魔、恶念、恶气、恶人、恶煞、恶少、恶声、恶声恶语、恶习、恶俗、恶性、恶意、恶语、恶战、恶仗、恶浊、恶作剧

F

发
fā：暴发、爆发、奋发、发榜、发包、发报、发表、发兵、发病、发布、发财、发车、发愁、发出、发达、发呆、发单、发电、发动、发动机、发抖、发端、发凡、发放、发奋、发愤、发疯、发福、发付、发糕、发稿、发汗、发行、发号施令、发狠、发横、发花、发话、发还、发慌、发挥、发昏、发火、发急、发迹、发家、发贱、发酵、发酵酒、发窘、发觉、发掘、发刊词、发狂、发困、发懒、发愣、发令、发令枪、发聋振聩、发落、发毛、发霉、发蒙、发面、发明、发墨、发难、发蔫、发怒、发排、发胖、发配、发脾气、发飘、发票、发起、发情、发球、发热、发人深省、发轫、发散、发丧、发傻、发烧、发射、发身、发神经、发生、发事、发誓、发售、发抒、发水、发送、发酸、发文、发物、发现、发祥、发祥地、发笑、发泄、发虚、发芽、发言、发言人、发炎、发扬、发扬光大、发洋财、发疟子、发音、发语词、发育、发源、发愿、发运、发展、发纵指示、发作
fà：头发、理发、结发、怒发冲冠、令人发指、千钧一发
坊
fāng：牌坊
fáng：磨坊、染坊、油坊
菲
fēi：芳菲
fěi：菲薄、菲敬、菲仪、菲酌
分
fēn：分贝、分崩离析、分辨、分辩、分别、分兵、分布、分餐、分册、分爨、分成、分寸、分担、分道扬镳、分店、分队、分而治之、分发、分肥、分割、分隔、分工、分管、分毫、分号、分红、分洪、分化、分机、分家、分节歌、分解、分界、分界线、分斤掰两、分居、分句、分开、分类、分厘卡、分离、分力、分裂、分流、分馏、分袂、分门别类、分米、分泌、分蜜、分娩、分秒、分秒必争、分明、分母、分蘖、分派、分配、分片、分歧、分清、分润、分散、分设、分身、分神、分式、分手、分数、分数线、分水岭、分说、分摊、分庭抗礼、分头、分文、分文不取、分析、分享、分晓、分心、分野、分阴、分忧、分赃、分账、分针、分支、分子、分子式
fèn：处分、身份、成分、本分、分

际、分量、分内、分外、分子

缝

féng：缝补、缝缝补补、缝缝连连、缝合、缝纫、缝纫机、缝缀

fèng：裂缝、门缝、见缝插针、缝隙、缝子

佛

fó：佛典、佛法、佛光、佛号、佛教、佛经、佛龛、佛口蛇心、佛老、佛门、佛事、佛手、佛寺、佛头着粪、佛陀、佛像、佛学、佛牙、佛爷、佛珠、佛祖

fú：仿佛

否

fǒu：否定、否决、否决权、否认、否则、是否、可否

pǐ：臧否

G

夹

gā：夹肢窝

jiā：夹板、夹板气、夹层、夹带、夹道、夹缝、夹攻、夹棍、夹击、夹剪、夹具、夹克、夹批、夹七夹八、夹生、夹生饭、夹馅、夹心、夹杂、夹注、夹子、皮夹子

jiá：夹袄

咖

gā：咖喱

kā：咖啡、咖啡色、咖啡厅

干

gān：相干、干碍、干巴、干巴巴、干板、干杯、干贝、干瘪、干冰、干菜、干草、干柴烈火、干城、干脆、干打垒、干瞪眼、干犯、干饭、干肥、干粉、干戈、干股、干果、干旱、干号、干涸、干花、干货、干急、干将、干结、干净、干洒、干咳、干枯、干酪、干冷、干礼、干连、干粮、干裂、干馏、干呕、干亲、干扰、干涩、干涉、干瘦、干爽、干洗、干系、干笑、干薪、干谒、干预、干燥、干政、干支

gàn：骨干、树干、实干、能干、干部、干才、干道、干掉、干劲、干警、干练、干流、干渠、干什么、干事、干细胞、干线、干校

杆

gān：杆塔、杆子、旗杆、栏杆

gǎn：杆秤、杆菌、杆子、笔杆子、枪杆子

给

gěi：给面子、给以

jǐ：供给、补给、配给、给付、给水、给养、给予

蛤

gé：蛤蚧、蛤蜊

há：蛤蟆、蛤蟆镜

更

gēng：自力更生、少不更事、更次、更迭、更定、更动、更番、更夫、更改、更换、更阑、更名、更年期、更仆难数、更深、更生、更始、更替、更新、更新换代、更衣、更易、更张、更正

gèng：更上一层楼、更加、更其

供

gōng：供不应求、供稿、供给、供给制、供求、供销、供需、供养、供应、提供

gòng：上供、口供、招供、供案、供词、供奉、供品、供认、供事、供职、供状、供桌

勾

gōu：勾搭、勾兑、勾股形、勾画、勾

结、勾通、勾魂、勾魂摄魄、勾栏、勾勒、勾连、勾脸、勾留、勾描、勾芡、勾通、勾乙、勾引、一笔勾销

gòu：勾当

观

guān：观测、观光、观察、观察家、观察哨、观察所、观察员、观点、观风、观感、观光、观看、观礼、观摩、观念、观赏、观赏鱼、观世音、观望、观战、观者如堵、观止、参观、达观、乐观、旁观、宏观、微观

guàn：道观

冠

guān：冠盖、冠冕、冠子、鸡冠、衣冠禽兽、峨冠博带、冠冕堂皇

guàn：沐猴而冠、冠军赛、冠军

龟

guī：乌龟、龟板、龟甲、龟鹤延年、龟鉴、龟镜、龟缩、龟头、龟足

jūn：龟裂

qiū：龟兹

H

还

hái：还是

huán：偿还、以牙还牙、归还、还报、还本、还魂、还击、还价、还口、还礼、还情、还手、还俗、还席、还阳、还原、还愿、还债、还账、还嘴

汗

hán：可汗

hàn：汗斑、汗褂、汗碱、汗津津、汗流浃背、汗马功劳、汗漫、汗毛、汗牛充栋、汗青、汗衫、汗水、汗腺、汗颜、汗液、汗珠子、汗渍

行

háng：排行、银行、行帮、行辈、行当、行贩、行规、行话、行会、行货、行家、行家里手、行间、行距、行款、行列、行情、行市、行伍、行业、行业语、行院、行栈

xíng：执行、推行、实行、试行、施行、行藏、行草、行车、行成于思、行程、行船、行刺、行动、行道、行道树、行都、行方便、行房、行宫、行好、行贿、行迹、行将、行将就木、行脚、行劫、行进、行经、行径、行军、行军床、行楷、行乐、行礼、行李、行礼卷、行猎、行令、行旅、行囊、行期、行乞、行腔、行窃、行箧、行人、行人情、行若无事、行色、行善、行商、行商坐贾、行尸走肉、行时、行驶、行使、行事、行书、行署、行头、行为、行文、行销、行星、行刑、行凶、行医、行营、行辕、行云流水、行者、行政、行政公署、行政拘留、行政区、行之有效、行止、行装、行状、行踪、行走

吭

háng：引吭高歌

kēng：吭哧、吭气、吭声

巷

hàng：巷道

xiàng：巷战、大街小巷、万人空巷

号

háo：呼号、号叫、号哭、号啕

hào：号兵、号称、号房、号角、号坎、号令、号码、号脉、号炮、号手、号筒、号头、号外、号衣、号召、号志灯、号子、国号、绰号、暗号、口号

好

hǎo：叫好、友好、好比、好不、好

处、好处费、好歹、好端端、好多、好感、好过、好汉、好好、好好先生、好话、好几、好家伙、好景、好景不长、好久、好看、好来宝、好赖、好脸、好评、好气、好儿、好人家、好日子、好容易、好事、好事多磨、好手、好受、好说、好说歹说、好说话、好似、好天、好听、好玩、好像、好笑、好些、好心、好性、好样的、好意、好意思、好在、好转、好自为之

hào：喜好、爱好、嗜好、好吃懒做、好大喜功、好高骛远、好客、好奇、好强、好色、好尚、好胜、好为人师、好恶、好逸恶劳、好整以暇

喝

hē：喝闷酒、喝墨水、喝西北风

hè：吆喝、喝彩、喝倒彩、喝道、喝令、喝问、棒喝

和

hé：温和、柔和、媾和、讲和、和蔼、和畅、和风细雨、和服、和光同尘、和好、和缓、和会、和解、和局、和乐、和美、和睦、和暖、和盘托出、和平、和平鸽、和棋、和气、和洽、和亲、和善、和尚、和尚头、和声、和事老、和顺、和谈、和婉、和文、和谐、和煦、和颜悦色、和衣而卧、和议、和易、和约、和悦、和衷共济

hè：唱和、和诗

hú：和了

huó：和面、和泥

huò：和药

荷

hé：荷包、荷包蛋、荷尔蒙、荷花、荷塘

hè：负荷、电荷、荷枪实弹、荷载、荷重

吓

hè：恐吓、威吓

xià：惊吓、吓唬、吓人

横

héng：横标、横波、横冲直撞、横倒竖歪、横笛、横渡、横队、横幅、横亘、横贯、横加、横流、横眉、横眉怒目、横批、横披、横剖面、横七竖八、横肉、横扫、横生、横生枝节、横竖、横躺竖卧、横向、横心、横行、横行霸道、横溢、横征暴敛、纵横

hèng：蛮横、横暴、横财、横祸、横蛮、横逆、横事、横死

哄

hōng：哄传、哄抢、哄然、哄抬、哄堂大笑、哄笑

hǒng：欺哄、哄逗、哄骗、哄闹

hòng：起哄、一哄而起、一哄而散、一哄而上

哗

huā：哗啦

huá：喧哗、哗变、哗然、哗众取宠

划

huá：划不来、划拳、划算、划得来、划艇、划子

huà：策划、筹划、划时代、规划、谋划、划拨、划策、划分、划粉、划价、划一、划一不二

华

huá：中华、繁华、光华、华北、华表、华诞、华灯、华东、华而不实、华尔街、华尔兹、华发、华盖、华工、华贵、华翰、华里、华丽、华美、华南、华侨、华人、华文、华西、华夏、华严宗、华裔、华语、华章、华中、华胄

huà：华山、姓华

晃

huǎng：晃眼、一晃

huàng：摇晃、晃动、晃荡、晃悠

会

huì：会标、会餐、会操、会场、会钞、会车、会党、会道门、会典、会攻、会馆、会合、会话、会徽、会见、会考、会客、会门、会面、会期、会齐、会旗、会签、会商、会审、会师、会首、会水、会谈、会堂、会通、会同、会务、会晤、会衔、会心、会演、会厌、会要、会议、会意、会阴、会友、会元、会员、会展、会战、会账、会诊、会众、会子、误会、能说会道、

kuài：会计、财会

J

藉

jí：狼藉

jiè：慰藉、枕藉

几

jī：几案、几率、几乎、茶几、窗明几净、庶几

jǐ：几曾、几次三番、几何、几何体、几经、几时、几许

奇

jī：奇数

qí：稀奇、离奇、惊奇、奇拔、奇兵、奇才、奇耻大辱、奇峰、奇怪、奇观、奇光异彩、奇花异草、奇幻、奇货可居、奇迹、奇崛、奇妙、奇葩、奇巧、奇谈、奇特、奇伟、奇文共赏、奇闻、奇袭、奇效、奇形怪状、奇勋、奇异、奇遇

济

jǐ：人才济济、济济一堂、济济

jì：扶危济困、无济于事、同舟共济、救济、济贫、济世、济事

系

jì：系鞋带

xì：系词、系缚、系恋、系列、系念、系谱、系数、系统、水系、世系、联系、维系、体系、关系

假

jiǎ：虚假、弄虚作假、假扮、假唱、假钞、假充、假道学、假定、假根、假公济私、假果、假借、假冒、假冒伪劣、假寐、假面具、假名、假模假式、假仁假义、假如、假若、假嗓子、假山、假设、假使、假释、假手、假说、假死、假托、假戏真做、假想、假想敌、假象、假小子、假惺惺、假牙、假意、假造、假装、假座

jià：请假、暑假、寒假、假期、假日、假条

间

jiān：中间、房间、间架、间不容发、间距、间脑、间奏曲

jiàn：离间、无间、间隙、间壁、间道、间谍、间断、间伐、间隔、间隔号、间或、间接、间接税、间苗、间日、间色、间歇、间杂、间作

监

jiān：探监、收监、监测、监察、监场、监督、监工、监管、监规、监禁、监护、监护人、监视、监守自盗、监考、监控、监牢、监守、监听、监押、监狱、监制

jiàn：太监、国子监

渐

jiān：渐染

jiàn：循序渐进、日渐、逐渐、渐变、渐次、渐渐、渐进、渐悟

将

jiāng：将次、将错就错、将功补过、将计就计、将近、将就、将军、将军肚、将来、将息、将心比心、将信将疑、将养、将要

jiàng：上将、中将、少将、将才、将官、将领、将令、将门、将士、将帅、将校、将指

降

jiàng：下降、降班、降半旗、降尘、降低、降幅、降格、降格以求、降级、降价、降解、降临、降落、降落伞、降旗、降生、降水、降温、降职

xiáng：投降、归降、诈降、降表、降伏、降服、降龙伏虎

强

jiàng：倔强

qiáng：顽强、坚强、豪强、强暴、强大、强盗、强调、强度、强渡、强风、强攻、强固、强国、强悍、强横、强化、强加、强奸、强奸民意、强健、强劲、强力、强梁、强烈、强弩之末、强权、强人、强身、强盛、强手、强似、强酸、强项、强心剂、强行、强行军、强压、强硬、强占、强者、强直、强制、强壮

qiǎng：勉强、强逼、强辩、强词夺理、强迫、强求、强人所难、强使、强颜、强颜欢笑

嚼

jiáo：嚼舌、咬文嚼字、味同嚼蜡、嚼子

jué：咀嚼

教

jiāo：教书、教书匠、教学、教书育人

jiào：宗教、管教、请教、佛教、基督教、伊斯兰教、道教、在教、教案、教本、教鞭、教材、教程、教导、教导员、教范、教父、教改、教工、教官、教规、教化、教皇、教会、教诲、教具、教科书、教练、教龄、教令、教门、教母、教派、教区、教师、教士、教室、教授、教唆、教唆犯、教堂、教条、教廷、教头、教徒、教务、教习、教学相长、教训、教研、教研室、教研组、教养、教养员、教义、教益、教育、教员、教正、教职员、教主

角

jiǎo：广角、牛角尖、独角戏、勾心斗角、嘴角、角尺、角度、角弓反张、角果、角楼、角落、角门、角膜、角票、角台、角质

jué：丑角、名角、主角、配角、口角、角斗、角力、角色、角逐、宫商角徵羽

觉

jiào：睡觉

jué：感觉、视觉、听觉、味觉、嗅觉、触觉、觉察、觉得、觉悟、不知不觉、觉醒

校

jiào：校本、校场、校雠、校点、校订、校对、校改、校勘、校样、校阅、校正、校注、校准

xiào：学校、党校、将校、校风、校服、校官、校规、校花、校徽、校刊、校庆、校舍、校训、校友、校园、校长

结

jiē：结巴、结果、结实

jié：结案、结拜、结伴、结彩、结肠、结仇、结存、结党营私、结发夫妻、结构、结关、结合、结合能、结核、结核病、结汇、结婚、结伙、结集、

结交、结晶、结晶体、结局、结缡、结论、结盟、结亲、结社、结石、结束、结束语、结算、结尾、结业、结义、结余、结语、结缘、结怨、结扎、结账、结子、张口结舌

解

jiě：瓦解、和解、缓解、理解、注解、解馋、解嘲、解愁、解除、解答、解冻、解毒、解饿、解乏、解放、解放军、解放区、解雇、解放战争、解恨、解禁、解甲归田、解救、解决、解渴、解铃系铃、解码、解闷、解民倒悬、解难、解囊、解聘、解剖、解气、解劝、解散、解释、解手、解说、解体、解脱、解围、解悟、解吸、解严、解颐、解疑、解忧、解约、解职

jiè：解差、解送、解元、押解、起解

xiè：姓解

禁

jīn：情不自禁、弱不禁风、禁不起、禁不住、禁受、禁得起、禁得住

jìn：解禁、严禁、禁地、禁锢、禁果、禁忌、禁绝、禁军、禁例、禁令、禁律、禁书、禁欲、禁止、禁子、禁阻、禁毒、禁区、禁运、禁制品、监禁

尽

jǐn：尽管、尽快、尽量、尽先、尽早

jìn：穷尽、同归于尽、自尽、尽力、尽情、尽然、尽人皆知、尽人事、尽善尽美、尽数、尽头、尽心、尽心竭力、尽兴、尽责、尽职、尽忠、山穷水尽

颈

jǐng：长颈鹿、颈联、颈项、颈椎

gěng：脖颈儿

K

卡

kǎ：磁卡、卡宾枪、卡车、卡尺、卡带、卡片、卡钳、卡通、卡介苗、卡路里、卡规

qiǎ：卡脖子、卡具、卡壳、卡子、关卡

L

乐

lè：快乐、乐得、乐呵呵、乐此不疲、乐不可支、乐不思蜀、乐而忘返、乐观、乐极生悲、乐趣、乐善好施、乐事、乐陶陶、乐天、乐天派、乐天知命、乐土、乐以忘忧、乐意、乐于、乐园、乐滋滋

yuè：音乐、民乐、乐池、乐队、乐歌、乐理、乐谱、乐器、乐曲、乐府、乐师、乐坛、乐团、乐舞、乐音、乐章

露

lù：揭露、暴露、吐露、披露、藏头露尾、露布、露点、露骨、露酒、露水、露宿、露天、露头角、露营、露珠

lòu：露白、露丑、露底、露风、露脸、露富、露面、露马脚、露苗、露馅、露一手

M

没

méi：没词儿、没大没小、没关系、没劲、没精打采、没来由、没脸、没命、没跑儿、没皮没脸、没谱、没轻没重、没趣、没日没夜、没商量、没什么、没事、没事人、没说的、没挑儿、没头没脑、没完、没心没肺、没差、没

样儿、没意思、没影儿、没有、没缘、没辙、没准儿

mò：没齿不忘、没奈何、没世、没收、淹没、没落

模

mó：劳模、航模、楷模、模本、模范、模仿、模糊、模块、模棱两可、模拟、模式、模特、模型、模压

mú：铅模、模板、模具、模样、模子

N

哪

nĕi：（口语音）

nǎ：（书面语音）

那

nèi：（口语音）

nà：（书面语音）

宁

níng：安宁、宁靖、宁静、宁亲、宁馨儿、息事宁人、宁日、宁帖

nìng：宁可、宁愿、宁肯、宁缺毋滥、宁死不屈

P

漂

piāo：漂泊、飘浮、漂游、漂流、漂移

piǎo：漂白、漂白粉、漂染、漂洗

piào：漂亮、漂亮话

Q

仇

chóu：报仇、复仇、结仇、仇恨、仇视、仇敌、仇家、仇怨、仇人、仇杀、仇外、仇隙、仇怨、深仇大恨

qiú：姓仇

区

qū：山区、市区、解放区、区分、区别、地区、郊区、开发区、区划、区间、区区、区域

ōu：姓区

曲

qū：酒曲、委曲求全、曲笔、曲别针、曲柄、曲尺、曲棍球、曲解、曲颈甑、曲径通幽、曲里拐弯、曲率、曲霉、曲面、曲曲弯弯、曲蟮、曲突徙薪、曲折、曲直、曲轴

qǔ：戏曲、谱曲、曲艺、曲调、曲牌、曲高和寡、曲尽其妙、曲剧、曲目、曲谱、曲终人散、曲子

R

嚷

rāng：嚷嚷

rǎng：嚷叫

任

rèn：荣任、上任、信任、任便、任从、任何、任教、任课、任劳任怨、任免、任命、任凭、任期、任情、任人唯亲、任人唯贤、任务、任职、任意、任用、任性、任重道远

rén：姓任

S

塞

sāi：活塞、瓶塞、塞尺、塞子

sài：塞北、塞外、边塞、要塞、塞翁失马

sè：闭塞、堵塞、阻塞、塞音、塞责

散

sǎn：散兵游勇、散光、散记、散剂、散架、散居、散漫、散曲、散射、散套、散体、散文、散佚、散装、散座

sàn：分散、解散、散播、散步、散布、散场、散发、散会、散伙、散落、

散闷、散失、散水、散摊子、散戏、散心

什

shén：什么

shí：什不闲儿、什件儿、什锦、什锦铚、什物

似

sì：疑似、相似、似懂非懂、似乎、似是而非

shì：似的

T

沓

tà：杂沓、拖沓、纷至沓来

dá：一沓纸

吐

tǔ：谈吐、吐蕃、吐翠、吐故纳新、吐话、吐口、吐露、吐露心声、吐气、吐弃、吐属、吐穗、吐絮、吐字

tù：呕吐、吐沫、吐痰、吐血、吐泻

W

万

mò：姓万俟（qí）

wàn：千万、万般、万般无奈、万不得已、万代、万恶、万方、万家灯火、万端、万分、万福、万古长青、万古流芳、万贯、万国、万户侯、万花筒、万机、万劫不复、万儿八千、万金油、万籁、万籁俱寂、万马奔腾、万马齐喑、万民、万难、万能、万年、万年历、万念俱灰、万千、万顷、万全、万人空巷、万世、万事、万事大吉、万事如意、万事通、万寿无疆、万水千山、万死、万死不辞、万岁、万万、万无一失、万物、万象、万象更新、万幸、万一、万用表、万有引力、万丈、万众、万众一心、万状、万紫千红

为

wéi：有为、事在人为、一分为二、化为乌有、为非作歹、为富不仁、为患、为力、为难、为期、为人、为人师表、为首、好为人师、为时、为数、为所欲为、为伍、为害、为我所用、广为流传、为止、作为、胆大妄为

wèi：为国捐躯、为何、为虎傅翼、为虎作伥、为民请命、为人作嫁、为什么、为渊驱鱼、为着、为虎作伥、为了、因为

X

纤

xiān：光纤、纤长、纤尘、纤尘不染、纤度、纤毫、纤毛、纤巧、纤柔、纤弱、纤瘦、纤维、纤维板、纤悉、纤细、纤纤、纤小

qiàn：纤夫、纤绳、纤手

血

xiě：流血、吐血、血淋淋

xuè：血癌、血案、血本、血崩、血沉、血仇、血防、血粉、血管、血光之灾、血海深仇、血汗、血红、血迹、血浆、血口喷人、血库、血亏、血泪、血路、血脉、血盆大口、血泊、血气、血气方刚、血亲、血清、血球、血肉、血肉横飞、血肉相连、血色、血色素、血书、血栓、血水、血糖、血统、血污、血吸虫、血洗、血象、血小板、血腥、血型、血性、血循环、血压、血样、血液、血衣、血印、血缘、血债、血战、血证、血脂、血肿、血渍

Y

咽

yān：咽喉、咽头

yàn：吞咽、咽气

yè：呜咽、哽咽

与

yǔ：赠与、相与、时不我与、与共、与虎谋皮、与其、与人为善、与日俱增、与世长辞、与世无争、与众不同

yù：与会、与闻、参与

叶

yè：树叶、竹叶、叶柄、叶公好龙、叶绿素、叶绿体、叶轮、叶脉、叶落归根、叶片、叶鞘、叶肉、叶序、叶芽、叶腋、叶子、叶子烟

xié：叶韵

Z

载

zǎi：千载难逢、千载一时、登载、刊载、转载

zài：载波、载歌载舞、载荷、载体、载运、载重、怨声载道

涨

zhǎng：高涨、涨潮、涨风、涨幅、涨价

zhàng：头昏脑胀、涨红

这

zhèi：（口语音）

zhè：（书面语音）

中

zhōng：其中、适中、集中、当中、中班、中饱、中饱私囊、中保、中表、中波、中餐、中策、中层、中常、中辍、中词、中档、中道、中稻、中等、中东、中断、中队、中耳、中幡、中饭、中锋、中缝、中伏、中耕、中古、中国画、中国话、中国字、中和、中华、中华民族、中级、中继线、中继站、中坚、中间、中间派、中间人、中将、中焦、中介、中局、中楷、中看、中馈、中栏、中立、中立国、中流砥柱、中路、中落、中脑、中年、中农、中跑、中频、中期、中气、中秋、中秋节、中人、中山狼、中山装、中士、中世纪、中试、中枢、中堂、中提琴、中听、中途、中外、中卫、中尉、中文、中西、中西合璧、中线、中校、中心、中兴、中型、中性、中休、中学、中学生、中雪、中旬、中央、中药、中叶、中医、中庸之道、中用、中游、中雨、中元藉、中原、中允、中灶、中正、中止、中指、中州、中州韵、中专、中转、中装、中子

zhòng：中标、中毒、中风、中奖、中肯、中签、中伤、中暑、中选、中意

爪

zhuǎ：爪尖儿、爪儿、爪子

zhǎo：爪牙、张牙舞爪

第四章

现代汉字字义的正确掌握

第一节　HZC中现代汉字字义即广义语素义

一、现代汉语词汇单位

现代汉语词汇是现代汉语中所有词和固定短语的总和，现代汉语词汇单位主要包括语素、词和短语。

语素是语言中最小的音义结合体。如“梵”字，读若“fàn”，字义为“①有关古代印度的。②有关佛家的事物”；“冷”字，读若“lěng”，基本义是“温度低；感觉温度低（与“热”相对）”；“民”字，读若“mín”，基本义是“人民”；“琵琶”，读若“pípá”，词义为“一种弹拨乐器，四弦，琴身呈瓜子形，有长柄，柄段后弯”；“维生素”，读若“wéishēngsù”，词义为“人和动物生长、代谢所必需的微量有机化合物”。

语素可由单音节构成，如“梵”、“冷”、“民”；也可由多音节构成，如“琵琶”、“维生素”。

词是句中最小的能独立运用的音义结合体（成词语素）。所谓独立运用，是指能单独充当句子成分等。

“冷”的基本义是形容词，在句中可独立充当谓语中心语、主语和定语等。如：

天‖［很］冷。

“冷”充当了句子的谓语中心语。

（冷的）饭菜‖［别］吃。

“冷”充当了句子主语中心语“饭菜”的定语。

冷‖［也］是（一种）（情感）体验。

“冷”充当了句子主语。

不成词语素虽然也是音义结合体，但在现代汉语中必须和其他语素联合起来才能充当句子成分。“民”，通常组词为“人民”、“民俗”等，再充当句子成分。如：

（人民的）利益‖至高无上。

句中，“人民”充当主语中心语“利益”的定语。

春节吃饺子‖是（我们）（那儿的）民俗。

句中，“民俗”充当谓语部分判断动词“是”的宾语。

“凤”是传说中的雄性百鸟之王，“凰”是传说中的雌性百鸟之王，但在现代汉语中，“凤凰”一般合用，共指传说中的百鸟之王。

凤凰‖是（一种）（美丽的）神鸟。

“凤凰”是例句的主语。

有的现代汉字既不是词也不是语素。

“橄”，读若“gǎn”，但该汉字单独没有语义，和“榄”（lǎn）合成“橄榄”，表示一种常绿乔木或这种乔木的果实等。

“玻”，读若“bō”，但该汉字单独没有语义，和“璃”（lí）合成“玻璃”（bō · li），指一种透明脆硬的材料。

二、HZC 中现代汉字字义即广义语素义

汉字是记录汉语言的书写符号系统。汉字是表意文字，用数以万计的符号去表示语素或词的意义，有些汉字同时也可以表示语素或词的声音。就现代汉字来说，一个正确书写的方块形体就是一个字，它是印刷和书写的单位。除儿化音节，一个汉字就是一个音节。应试人应掌握《字表》和《词语表》中的现代汉字与词汇要素在语义方面的对应关系。

现代汉语中的语素可由单个汉字（即单音节）构成，如前例“梵”、“冷”、“民”，也可由多个汉字（即多音节）构成，如前例“琵琶”、“维生素”。有的现代汉字是词（即成词语素），如前例“冷”，再如“喜”、“米”等；有的现代汉字只是语素（即不成词语素），如前例“民”，再如“习”、“旷”等；有的现代汉字既不是词，也不是语素，只表示一个音节，如前例“橄”，再如“鹃”、“蜈”等。

《字表》收录的现代汉字包括了词（指成词语素）、语素（指非成词语素），此二者占多数。《字表》也收录了只有形、音而不能单独表示字义的现代汉字，只是此类现代汉字不能单独作字义分析。

邗 hán：现代汉语中，“邗”单字无义。邗江，今江苏城市名。

邯 hán：现代汉语中，“邯”单字无义。邯郸，先秦赵国城市名。

只有字形、字音而无单独字义的现代汉字还有很多，如“鹌 ān”、“肮 āng”、“龅 bāo”、“镚 bèng”、“荸 bí”、“莼 chún”、“醐 hú”、“赳 jiū”、“珊 shān”、“醍 tí”、“茱 zhū”、“颛 zhuān”、“秭 zǐ”等。

HZC 中，第四部分试题专门考查应试人现代汉字语音掌握和应用情况，此部分列出了非词也非语素而只表示音节的考点汉字，其他题型中的考点汉字的

语义则为语素义（不成词语素义）或词义（成词语素义），可统称为语素义。

分析现代汉字的字义，可以是分析它们单音节时的语义，也可以是分析它们在语境（词语、句子或语篇）中的语义。“机”作为单音节汉字时，有近10个义项，在双音节词语“纺机”中，“机”的语义是“机器”；短语“见机行事”中，“机”的语义是“时机”。那些既不是词也不是语素的汉字（音节），如“玻”、“琉”等，《应试指导》不单独论析其“字义”。

第二节　现代汉字字义的特性与类型

一、现代汉字字义的特性

现代汉字字义即指现代汉字中与汉字形式——字音相结合的、人们对客观事物的概括反映，包括词汇意义和语法意义。

HZC主要考查应试人掌握及应用现代汉字词汇意义的情况。如无特别注明，《应试指导》主要论析现代汉字的词汇意义。

现代汉字字义往往既有概括性又有具体性，既有明确性又有模糊性，既有客观性又有主观性，既有稳定性又有变异性等，同时具有一定的社会性也称民族性即文化属性。

语言工具书中反映字义本质属性的义项通常具有概括性。“藕”指“莲的地下茎，长形，肥大有节，白色，中间有许多管状的孔，折断后有丝；可以吃，也叫莲藕”，释义忽略了个别藕节在具体特征如长度、粗细、形状上的差异。而处在一定语境中的汉字，字义又有具体性。“把藕拿来”中的“藕”，对于对话双方而言都是确指物品。

表示数字或地名等的现代汉字字义具有明确性。如“五”表示数量，“京”、“津”、“沪”分别指“北京”、“天津”、“上海”。具有形容性质的汉字的字义往往比较模糊。如“花儿很美”中的形容词“美”，往往缺乏量化标准。数词有时也只虚指次数多，并不是确指，如“三令五申”中的“三”、“五”。

直接将客观事物反映到人脑的汉字字义多具有客观性，如“河”、“窗”等分指自然物和人造物。有些现代汉字字义存在道德或情感上的差异，体现了字义的主观性。“匪”的一个义项为“强盗”，令人痛恨，含有这个义项的词语“匪徒”、“土匪”等都是贬义词。“昌”义项“①兴旺；兴盛。②正当；美好”都是令人鼓舞的，含有这两个义项的词语“昌盛”、“昌明”、“昌隆”、“昌言”都是褒义词。

字义的稳固性体现在字义一般被社会成员约定俗成，使用者个人不能随意改变。作为自然界组成部分的“天”、“水”、“山”等，数千年来字义没有发生根本性变化。但有些现代汉字古今字义是有变化的。“然”的本义是“燃烧”，这一义项的现代汉字字形为“燃”，其他义项的“然”在现代汉语中已由词变为语素，如“不以为然”的“然”。现代汉字“的”则增加了义项“的士”（出租车）。

有些现代汉字的新兴字义虽已较为流行，如“雷”的“惊吓”义项正由浙江方言走向网络用语，甚至某些纸质媒体也有使用，出现“雷人”词语，但它们未被权威的现代汉语工具书所收录，《应试指导》也不予以论析。

在中国传统文化中，“虎”是兽中之王，万众敬畏，大人多给小孩做“虎头帽”、“虎头鞋”，“红”象征了“喜庆”、“进步”等；在西方文化中，“狮”是兽中之王，美国动画片《狮子王》广受欢迎，可为明证。这些都体现了汉字字义的社会性也称民族性即文化属性。

二、现代汉字字义的类型

（一）单义字和多义字

义项是汉字（或词语）理性义的分项说明。

只有一个义项的现代汉字为单义字。

“槁”的语义为“干枯”，常见组词为“槁木”、“槁木死灰”等。

“率（lǜ）”的语义为“两个相关的数在一定条件下的比值”，常见组词为“圆周率”、“出勤率”等。

“噬”的语义为“咬”，常见组词为“吞噬”、“反噬”等。

“屹”的语义为“山峰耸立的样子”，常见组词为“屹立”、“屹然”等。

有2个或2个以上义项的现代汉字为多义字。

“冰”有4个义项：“①水在0℃或0℃以下凝结成的固体。②因接触凉的东西而感到寒冷。③把东西和冰或凉水放在一起使凉。④像冰的东西。”“冰”的4个义项分别可以组词为“①结冰”，“②（河水）冰人”，“③（把饮料）冰一下”，“④冰糖”。

“亡”也有4个义项：“①逃跑。②丢失。③灭亡（与“兴”相对）。④死亡。”“亡”的4个义项分别可组词为“①逃亡、流亡、亡命之徒”，“②亡羊补牢、唇亡齿寒”，“③亡国、兴亡”，“④阵亡、亡故”等。

从历时角度看，多义字不同义项有本义和转义的区别。本义是汉字的原始意义，转义也叫派生义，是从本义发展转化而得的义项，包括引申义和比喻义。

“骇”的本义是“马受惊”，引申义有“吃惊，害怕”等。

“心”的本义是“心脏”，通常认为“心脏”是非常重要的器官且在人体的“中央”，因而“心脏”多喻指事物“中心或最重要的部分”，如“首都是一个国家的心脏”。

从共时角度看，多义字不同义项有基本义和一般义的区别。基本义是几个义项中最常用的，其余的义项算是一般义。

“拢”的义项主要有：“①合上。②靠近。③总合。④收拢。⑤梳（头发）。⑥姓。”其中义项①是基本义，其他为一般义。

“猴”的义项有：“①形状像人的哺乳动物。②机灵，淘气（多用于孩童）。”其中义项①是基本义，义项②为一般义。

基本义可能是本义，也可能不是。“得 dé”的本义和基本义是一致的，都是“得到”的意思，与“失”相反。而前例的“骇”字，其本义是“马受惊”，而在现代汉语中，它的基本义“惊吓；震惊”。《现代汉语词典》（第5版）、《现代汉语规范词典》都没有收录其本义“马受惊”。

成语等固定短语中考点汉字的字义常出现本义或较早的转义。“捐”的本义是“舍弃”，转义有“除去”和“献出，捐献”等。成语“细大不捐”的“捐”字用了本义“舍弃”，而不是当今使用频率很高的“捐献”义。

（二）理性义和色彩义

现代汉字字义的理性义又称作概念义等，是字义的核心部分。字义的理性义反映事物本质的内部特征。本义“细小的石粒”就是“沙”的理性义。

字义的色彩义附属于字义的理性义，是一种附加意义。字义的色彩义主要包括感情色彩、语体色彩和形象色彩等。感情色彩指字义所反映的说话人对客观事物的主观态度或评价，包括褒义汉字（如“善”、“赞”）、中性汉字（如“水”、“远”）和贬义汉字（如“恶”、“猾”）。语体色彩指字义所带有的某语体的特有色彩，包括口语色彩和书面语色彩。前者如“爸”、“妈”、“哥”、“姐”等，后者如“佳”、“熔”、“该”、“兹”等。“该”、“兹”等更多应用于行政事务文书。带有形象色彩的字义往往给读者以具体生动的形象感，如“红的像火”的“火”，“粉的像霞”的“霞”。“火”字使读者联想到跃动的火焰，“霞”字使读者联想到漫天的云霞。

认真领会现代汉字的字义特性，掌握多义字中不同义项的本义与转义及其流变渊源，有助于应试人较好完成 HZC 相关试题。

HZC 题型中，第一部分题型主要考查应试人对现代汉字字形的掌握程度（第一部分第一小类试题兼考字音），但要正确完成上述试题，应试人必须对试题考点汉字及其语境的语义有正确把握。第四部分第一小类试题和第二小类试题似乎只考查应试人对单音节现代汉字字音的掌握程度，但有些汉字字音之所以误读，与应试人不辨字义有很大关系。有人不知道“数”表示“屡次”义时读若“shuò”，因而常将“数见不鲜”的“数”注音为“shù”。第四部分第三小类试题虽然也考查字音，但因为试题提供了语境，应试人如能掌握考点汉字及其语境的语义，更有助于正确完成该试题。

第五部分的两小类试题则直接考查应试人对字义的掌握程度。

三、现代汉语基本词语和一般词语中的字义

（一）HZC 考查的现代汉语基本词语和一般词语中的字义

现代汉语基本词语是现代汉语词汇中最主要的部分，是现代汉民族全体成员使用最多、日常交际最必需、意义最明确的词汇成分的总和。《字表》甲表、乙表和丙表中基本词语的比例由大到小，因而考点汉字为基本词语的题量也由大到小。《词语表》也以收录基本词语为主，HZC 考题主要考查应试人对《词语表》基本词语中的关键汉字（往往也是考点汉字）形、音、义的掌握和运用能力。

现代汉语一般词语主要是指现代汉语基本词语以外的不常用语素、全民性和稳固性都比较差的词以及绝大部分固定短语，主要来源于新造语词、古语词、方言语词、行业语词和外来语词等。《字表》和《词语表》收录了一些现代汉语一般词汇词语。新语词如“视频”、“连锁店”，古语词如“椁”、“谨”，方言词如“打烊”、“窝囊废”，行业语词如“伤风”、“赛车”，外来语词如“浪漫”、“卡车”等。HZC 主要考查应试人对一般词语中关键汉字的形、音、义的掌握和运用能力。

HZC 不考查应试人对外来语词字母词（如“DNA”）的掌握和运用能力。

HZC 不要求应试人判别《字表》、《词语表》所收字词中考点汉字的现代汉语词汇类型，但应试人适当掌握考点汉字的词汇类型，有助于更好掌握《字表》尤其是乙表、丙表所收汉字的字形、字音和字义。比如：

“魂牵梦萦”　赴汤蹈火　口诛笔伐

“萦（yíng）”是乙级字，主要语义为“牵挂”、“缠绕”、“盘绕”等，可分别组词为“萦怀”、“萦绕”、“萦回”等。如果应试人知道成语构成往往具有对举性，则可看出“魂牵梦萦”中“魂”与“梦”对举，“牵”与“萦”对举。“牵”是动词，“牵挂”义，则“萦”很可能也是动词，“牵挂”义。由于疏漏，在复习过程中未能注意到成语“魂牵梦萦”及“萦”字语义的情况下，应试人可以根据现代汉语考点汉字词类知识进行合理推究，寻求正确答案。

根据现代汉语考点汉字词类知识，应试人大体可以推出“赴汤蹈火”中“蹈”应是“动词”，与“火”构成动宾结构，因为“赴汤”就是动宾结构。

根据现代汉语考点汉字词类知识，应试人大体可以推出“口诛笔伐”中“诛”应是“动词”，是“责罚”的意思，因为“笔伐”的“伐”是动词，是“讨伐（责备）”义。

成语构成具有对举性，对应汉字词类一般相同，字义则可能相同或相近，如“魂牵梦萦”中的“牵”与“萦”，“赴汤蹈火”中的“赴”与“蹈”，“口诛笔伐”中的“诛”与“伐”；但也可能是相反，如“前倨后恭”中的“倨（傲慢）”与“恭（恭敬）”。有些对举汉字字义既不相同或相近，也不相反，而是相关，如“翻云覆雨”中的“云”与“雨”，都是名词，属于“天气”语义场。

关键汉字的词类和语义形成对举的成语还有一些：

出类拔萃	含辛茹苦	漫山遍野	死皮赖脸
断壁颓垣	开天辟地	呕心沥血	天翻地覆
耳濡目染	空前绝后	旁征博引	
丰功伟绩	龙蟠虎踞	披沙拣金	
风声鹤唳	戮力同心	搔首弄姿	

其中，加点汉字容易成为考点汉字。

（二）HZC 考查涉及的几种一般词语

除了前文提到的新造语词、古语词、方言语词、行业语词和外来语词等，应试人还应掌握成语、惯用语、歇后语、谚语等一般词语关键汉字的形、音、义。

1. 成语。

成语是 HZC 考题重要选材之一。作为沿用久远、具有书面语体色彩的固定短语的成语，始终活跃在现代汉语应用实际中。HZC 第一部分、第三部分试题都与成语中的考点汉字的字形、字音、字义有关。

当代不同辞书对成语收录条数不一，多者数以万计。事实上，现代汉语应用实际中通用者只有六七千条，最为常用的只有三千多条。HZC 应试人最应掌握的是《词语表》收录的成语。

成语的语义往往由概括了各构成成分的语义而得。“泥沙俱下”不只是“泥土和沙子都跟着流下来”，更“比喻好坏不同的人或事物混杂在一起”。HZC 重点考查应试人对关键汉字形、音、义的掌握情况。如考查字义题：

在下列各题的四个选项中，请选出加点字解释正确的一项。

咎由自取

A. 追究　　B. 罪过　　C. 惩治　　D. 责备

答案为“B”。

成语的结构形式一般是凝固的，不可随意变动词序或更改其中的成分。HZC 考点汉字相关成语的结构形式规范而单一。

适当了解成语的来源，有助于更好掌握成语整体及关键汉字的语义。

“负荆请罪”语出《史记·廉颇蔺相如列传》，故事中的廉颇勇于承认错误并诚心改正。成语“负荆请罪”比喻认错赔礼。“负”即“背负”，“荆”即“荆条”。

“罪不容诛”语出《汉书·游侠传序》，指郭解等人罪恶极大，虽处死不足以抵偿。但“诛”的本义也是基本义却指“指责；责备”。《论语·公冶长》：“宰予昼寝。子曰：‘朽木不可雕也，粪土之墙不可杇也；于予与何诛?’”句中的“诛”即“责备”义。成语“口诛笔伐”中，“诛”也是“责备”义。

“笨鸟先飞”源自俗语，比喻能力差的人担心做事落后，往往比别人先一步行动。成语中4个汉字的字面意思都是熟用的语义。

现代汉语各类试题中，“望洋兴叹”的“洋”通常不单独作为考点出题，因为如果不了解成语出处，不了解古代汉字“洋”的字义，应试人很容易“望文生义”。“望洋兴叹”语出《庄子·秋水》中河伯面向北海若而自惭形秽的寓言故事。“望洋”即“望羊”。根据《释名·释姿容》，“羊，阳也”，而不是有些应试人可能误解的“洋”是“大洋”的意思；“望洋”则“言阳气在上，望之然也”，即合指“仰视的样子”。“望洋兴叹”现多比喻因不够办事条件而感到无可奈何。

有些成语考点汉字，貌似考查汉字字形，但如果应试人了解了成语的出处，了解了成语中关键汉字的字义，才可以少写或不写错字。“暴殄天物”语出《书·武成》，“殄”是“灭绝”的意思，成语义为“灭绝残害天然之物，后指任意糟蹋东西”。“珍”是“珍宝”、“宝贵”的意思。“暴珍天物”语义显然自相矛盾，是“暴殄天物”的误写。

2. 惯用语。

惯用语是指人们口头语言习惯使用的短小而定型的短语。惯用语在结构上，多数是三音节的短语，如“要花腔”、“拼老命”等；非三音节的数量较少，如“抹黑”（双音节）、“当耳边风”（四音节）、“脸红脖子粗”（五音节）等。惯用语的意义大都由比喻而来。“耳边风”原指从耳边吹过的风，“当耳边风”表示对别人的劝告、嘱咐根本听不进去。

3. 歇后语。

歇后语由近似谜面和谜底两部分组成，带有隐语性质，是一种口头用语。通常只说前一部分，说出或比喻一个事物，而本意在后一部分，且不直接说出来。两部分之间有间歇。“自行车下坡——踩（睬）都不踩（睬）”，由“踩踏”的“踩”谐音喻指“理睬”的“睬”。

4. 谚语。

谚语也是老百姓的口头语，通俗易懂但含义深刻，是固定用语，一般能揭示某种客观事理，蕴含教育意义。如“人勤地不懒”，喻指有辛劳就会有收获。

惯用语、歇后语、谚语通常会在第二部分中的第二种题型及第三部分中的题型中作为考点汉字的语境出现。

“他干什么事都慢不经心，常把老师的劝诫当耳边风。”

此题考点汉字虽是成语“漫不经心”中的“漫”（试题故意错写成“慢”），而正确理解惯用语“当耳边风”的语义，有助于判断“漫不经心”的语义，有助于判明“漫”被误写为“慢”。

第三节　正确掌握现代汉字的字义

一、字义容易被误用的现代汉字

“现代汉字的字形”章和“现代汉字的字音”章分别列出了“字形容易被误判、误写的现代汉字”和“字音容易被误读的现代汉字”，其中相当一部分汉字之所以被误判、误写、误读，是因为当事人未能正确理解这些汉字（尤其是在一定语境中的汉字）的字义。这些字义容易被误用的现代汉字主要有（括号前面的字是正确的）：

唉（哀）声叹气
安分（份）
安详（祥）
安（按）装
按部（步）就班
按捺（纳）
按（案）语
百废俱（具）兴
稗（裨）官野史
班（搬）门弄斧
斑（班）驳
坂（板）上走丸
扮相（像）
报销（消）
抱残守缺（阙）
卑躬（恭）屈膝
背（悖）时
璧（壁）还
编纂（篡）
鞭笞（苔）
变本加厉（利）
辩（辨）证法
表率（帅）
别出心裁（才）
并行不悖（背）
病入膏肓（盲）
舶（泊）来品
不卑不亢（坑）
不计（记）其数
不胫（径）而走
不落窠（巢）臼
不能自已（己）
不肖（孝）子孙
不屑（宵）
步入正轨（规）
部（布）署
残（惨）酷无情
惨绝人寰（环）
惨（残）无人道
草菅（管）人命
插科打诨（浑）
掺（渗）水
长（常）年累月
嗔（填）目叱之
沉湎（缅）
陈词滥（烂）调
驰骋（聘）
赤膊（搏）上阵
凑合（和）
出类拔萃（粹）
出其（奇）不意

出奇制（致）胜
川（穿）流不息
传诵（颂）
床第（笫）之言
戳（戮）穿
刺（刺）刺（刺）不休
粗犷（旷）
大有裨（稗）益
打蜡（腊）
耽（担）搁
殚（弹）精竭虑
当仁（人）不让
玷（沾）污
掉（调）以轻心
鼎力（立）相助
动辄（辙）得咎
度（渡）假村
断壁颓垣（桓）
锻炼（练）
堕（坠）落
阿谀（腴）奉承
额手（首）称庆
耳濡（儒）目染
发轫（韧）之作
发扬光（广）大
翻（反）云覆雨
翻来覆（复）去
烦恼（脑）
烦躁（燥）
反（翻）复无常
反映（应）意见
方枘（柄）圆凿
防患于未然（燃）
妨（防）碍
飞扬跋（拔）扈
肺腑（府）
蜂拥（涌）

丰功伟绩（迹）
风尘仆（扑）仆（扑）
风靡（糜）一时
风声鹤唳（泪）
风雨如晦（诲）
俸禄（录）
肤（浮）浅
敷衍（演）
辐（幅）射
富丽堂皇（黄）
覆（复）盖
改弦更张（章）
干燥（躁）
甘拜（败）下风
刚愎（腹）自用
高瞻远瞩（属）
亘（互）古未有
公之（诸）于众
功亏一篑（匮）
呱呱坠（堕）地
孤注（柱）一掷
辜（姑）负
鼓噪（躁）
故作矜持（恃）
观摩（磨）
纶（伦）巾
官运亨（享）通
灌（贯）输
规矩（距）
诡（鬼）计
鬼鬼祟（崇）祟（崇）
哈密（蜜）瓜
海市蜃（唇）楼
含辛茹（如）苦
寒暄（喧）
汗流浃（夹）背
好高骛（鹜）远

和蔼（霭）
和（合）盘托出
涸泽而渔（鱼）
化学反应（映）
横渡（度）
哄（轰）堂大笑
鸿（宏）篇巨制
候（侯）车室
侯（候）门如海
虎视眈（耽）眈（耽）
怙恶不悛（俊）
欢度（渡）
焕（涣）发
荒（谎）谬
诙（恢）谐
会晤（悟）
火中取栗（粟）
荤（晕）腥
即（既）使
急躁（燥）
计日程（成）功
记忆犹（尤）新
既（即）往不咎
家（傢）具（俱）
艰（坚）难困苦
缄（箴）口不言
接踵（踪）而至
洁白无瑕（暇）
竭泽而渔（鱼）
截（接）长补短
金榜题（提）名
金碧（壁）辉煌
金瓯（殴）
精粹（萃）
精悍（干）
精简（减）
痉挛（孪）

兢（竞）兢（竞）业业
迥（迴）然不同
赳（纠）赳（纠）武夫
九州（洲）
九霄（宵）云外
就绪（序）
鞠躬尽瘁（粹）
绝（决）对
竣（峻）工
开天辟（劈）地
颗（棵）粒无收
可望而不可即（及）
恪（格）守
刻（克）苦
坑（吭）害
空（恐）前绝后
苦心孤诣（旨）
脍（烩）炙人口
宽宏（洪）大量
蓝（篮）本
蓝（兰）天白云
谰（滥）言
篮（蓝）球
滥竽（芋）充数
浪费（废）
老生（声）常谈
冷不防（妨）
寥（廖）寥（廖）无几
瞭（了）望
雷（类）同
羸（赢）弱
礼尚（上）往来
厉（励）行节约
利（厉）害得失
良莠（秀）不齐
两（俩）口子
两（俩）全其美

潦（了）草
列（例）举
临摹（摩）
浏（流）览
流（浏）连忘返
龙蟠虎踞（据）
戮（戳）力同心
啰（罗）唆
绿草如茵（荫）
脉搏（膊）
脉络（胳）
漫（满）山遍野
冒天下之大不韪（讳）
毛骨悚（耸）然
眉梢（捎）
美轮（仑）美奂
谜（迷）团
绵（棉）里藏针
勉（免）强
面面俱（具）到
民生凋敝（蔽）
名副（符）其实
明辨（辩）是非
明（名）信片
明知故（固）犯
模（糢）糊
莫衷（中）一是
墨（默）守成规
宁缺勿（毋）滥
呕（沤）心沥血
偶尔（而）
磐（盘）石
旁征（证）博引
赔礼（理）道歉
膨胀（涨）
披（批）沙拣金
披星戴（带）月

癖（僻）好
贫瘠（脊）
平（凭）添
迫不及（急）待
破纪（记）录
朴（扑）素
气冲云霄（宵）
气喘吁（嘘）吁（嘘）
气概（慨）
恰（洽）如其分
千钧（钓）一发
迁徙（徒）
前倨（踞）后恭
前仆（扑）后继
强弩（努）之末
悄（俏）然
敲诈（榨）
乔（巧）装打扮
巧夺天工（功）
青（亲）睐
情不自禁（尽）
罄（磬）竹难书
趋之若鹜（骛）
却（缺）之不恭
人才（材）荟萃
人情世（事）故
人言啧（责）啧（责）
任（忍）劳任（忍）怨
融会（汇）贯通
融洽（恰）
如法炮（泡）制
如火如荼（茶）
孺（儒）子可教
入不敷（付）出
入场券（卷）
三部（步）曲
三番（翻）两次

三国鼎立（力）
瘙（搔）痒病
搔（瘙）首弄姿
杀戮（戳）
歃（插）血为盟
煞（杀）费苦心
潸（潜）然泪下
擅（善）长
赡（瞻）养
商榷（确）
稍（少）纵即逝
身体姿势（式）
深奥（粤）
生死攸（悠）关
声名鹊（雀）起
时过境（景）迁
食不果（裹）腹
史无前例（列）
始终不渝（逾）
世外桃源（园）
事迹（绩）
手不释（失）卷
手头宽裕（余）
首（手）屈一指
授（受）予
水龙（笼）头
水性杨（扬）花
死皮赖（癞）脸
肆无忌惮（弹）
梳妆（装）
诵（颂）读
蒜薹（苔）
随声附和（合）
谈笑风生（声）
蹚（趟）水
天崩地坼（折）
天翻地覆（复）

恬（括）不知耻
甜言蜜（密）语
条分缕析（拆）
挑拨是（事）非
铤（挺）而走险
挖墙脚（角）
歪风邪（斜）气
枉（妄）费心机
望风披靡（糜）
文笔精粹（萃）
唯（为）命是听
惟（维）妙惟（维）肖
帷幄（握）
委（痿）靡（糜）不振
为虎作伥（帐）
味同嚼蜡（腊）
无独有偶（隅）
无礼谩（漫）骂
雾凇（淞）
稀（惜）世之珍
瑕（暇）瑜互见
相距（矩）
相形见绌（拙）
向（想）往光明
向隅（偶）而泣
骁（饶）勇善战
销赃（脏）
笑眯（咪）眯（咪）
胁（协）从不问
雄奇峻（俊）拔
心狠手辣（棘）
心怀叵（巨）测
心灰（恢）意懒
心劳日拙（绌）
欣赏（尝）
新颖（颕）
星罗棋（旗）布

惺（醒）忪
休（修）养生息
修葺（茸）
栩（诩）栩（诩）如生
宣（渲）泄
喧（宣）宾夺主
旋（弦）律
悬梁刺股（骨）
学而优则仕（士）
学识修（休）养
寻人启事（示）
徇（殉）私舞弊
循规蹈（导）矩
循（寻）序渐进
训练（炼）
压榨（诈）
雅（鸦）俗共赏
揠（偃）苗助长
湮（淹）没不闻
言简意赅（该）
演绎（译）
偃（揠）旗息鼓
宴（晏）会
赝（膺）品
洋泾浜（滨）
杳（沓）无音信
夜宵（霄）
谒（竭）见
一抔（杯）黄土
一筹（愁）莫展
一副（幅）对联
一鼓（股）作气
一劳永逸（易）
一诺千金（斤）
一如既（继）往
一望无垠（银）
一张一弛（驰）

一枕黄粱（梁）	缘（沿）木求鱼	炙（灸）手可热
一掷（郑）千金	怨天尤（由）人	掷（抛）地有声
贻（遗）笑大方	再接再厉（励）	中流砥（抵）柱
以见一斑（般）	赃（脏）款	终身（生）受益
以偏概（盖）全	札（扎）记	皱（绉）纹
以逸待（代）劳	眨（贬）眼	蛛丝马（蚂）迹
义不容辞（词）	拈（沾）花惹草	装帧（祯）
义愤填（添）膺	崭（展）露头角	追溯（朔）
屹（圪）立	蘸（醮）水	缀（掇）句成文
异（一）口同声	张皇（惶）失措	惴（揣）惴（揣）不安
肄（肆）业	仗义执（直）言	捉襟见肘（胄）
饮鸩（鸠）止渴	招摇撞（装）骗	擢（捉）发难数
英雄辈（倍）出	招之即（既）来	自暴（抱）自弃
荧（萤）光	遮天蔽（避）日	自顾不暇（遐）
庸庸碌（录）碌（录）	蛰（蜇）伏	姿（恣）态
永葆（保）青春	针砭（贬）	恣（姿）意妄为
优待俘虏（掳）	针灸（炙）	纵横捭（俾）阖
优（忧）柔寡断	真知灼（卓）见	走投（头）无路
犹（尤）如	缜（慎）密	诅（咀）咒
有恃（持）无恐	震撼（憾）	罪不及孥（奴）
幼稚（雅）	震（振）惊	遵（尊）循
语无伦（仑）次	抵（抵）掌而谈	坐（座）落
逾（渝）期作废	指手画（划）脚	坐（做）月子
元（原）气	治丝益棼（纷）	坐镇（阵）
元宵（霄）		

分析以上“字义容易被误用”的现代汉字，可以看出，其中相当一部分汉字同时出现在了前述“字形容易被误判、误写”或“字音容易被误读”的例字中。事实上，除了繁难汉字，应试人难以一下熟知其字形、字音，多数现代汉字被误写或被误读的原因还在于不能正确理解和应用现代汉字的字义。反之，认错字形或读错字音，也会影响对字义的正确理解和应用。

了解字义对避免错判、错写汉字或错读汉字都有好处。

“颗”的形旁为“页”，本义是“小头”，作为量词，多用于小而圆的物体，如一颗珠子；“棵”的形旁为“木”，作为量词，用于植物，如“一棵树”，所以“一棵树”不能写成“一颗树”，反之亦然。

“提纲”之所以会被误写为“题纲”，是因为错写者不知道“纲”的本义是“渔网上的总绳”，“提纲”就是“提起渔网上的总绳”，纲举才能目张，整个渔网才能被拎起。文章的“提纲”就好比渔网的总绳，提纲写得好，文章就更容易写得出色。如火如荼的荼读若“tú”。义项有“①古书记载的一种苦菜。②使痛苦。③茅草等所开的白色花朵”。“茶”读若“chá”。基本义为“一种常绿灌木”。就此字义而言，“荼”是“茶”的古字。“茶”也开白色花朵，但“茶色”通常不指“白色”而指“赤黄略带黑色”。再者，“如火如荼”成语有出处，见于《国语·吴语》：“万人以为方阵，皆白裳、白旂、素甲、白羽之矰，望之如荼……”成语形容军阵庞大，后形容热烈而旺盛。不知字义区别，加之字形相近，应试人易将“如火如荼（tú）”读写为“如火如茶（chá）”。

误用字义的原因主要有不能熟记义项、形旁误导、同义（近义）汉字误导及混淆多义汉字义项等。正确应用现代汉字字义主要应从避免以上错误入手。

二、避免误用现代汉字的字义

（一）避免因不能熟记义项而误用现代汉字的定义

根据义项的多少，现代汉字有单义字和多义字的区分。《字表》收录的5 500个测试用字，凡是能自成语素的，都有一个或多个义项。多义字多于单义字。

《字表》中的单义例字如：

葆：保持。

绛：深红色。

弩：弩弓。

忝：谦辞。表示辱没他人。

瘵：疾病。

鹤：水鸟名。

浏：指水流清澈。

粕：渣滓。

黝：黑。

债：欠他人钱财。

《字表》中的多义例字如：

芳：①有香味。②美好。③花卉。④敬辞。

阖：①全；合。②关闭。

离：①分开；分别。②背叛；不合。③相距；相隔。④缺少。⑤八卦之一，代表火。

贤：①有道德或有才能的。②有道德或有才能的人。③敬辞。用于同辈或晚辈。

邑：①城镇。②古代县城的别称。

赞：①帮助。②赞许。

骤：①马快跑。②急速；迅疾。③突然。

避免因不能熟记义项而错用现代汉字的字义，最理想的解决办法，是应试人能熟记5 000个现代汉字的全部义项。但实际上很难做到，因为如果再考虑到它们在具体语境（词语）中的临时语义，这些义项将数以万计。不过，在可能的情况下，应试人尽可能多地熟记《字表》收字的常用义项，还是很有必要的。

在此基础上，应用现代汉字的字义特性，讲究语用技巧，如避免因形旁误导而用错字义、避免因同义（近义）汉字误导而用错字义、避免因混淆多义汉字义项而用错字义、避免因同音同形不同义而误用字义等更易获得事半功倍的成效。

（二）避免因形旁误导而误用现代汉字的字义

现代汉字中有大量的形声字。这些形声字的形旁通常可以表示汉字的意义类属。掌握这些形旁的意义，有助于应试人类推理解同类形旁汉字的字义。

用“虫”作形旁的字，一般表示某类昆虫或与昆虫有关。

虿：chài。蝎子一类有毒的虫。

蝉：chán。昆虫。雄的腹部有发音器，能连续不断发出尖锐的声音。

蜕：tuì。①蛇、蝉等脱皮。②蛇、蝉等脱下的皮。③鸟换毛（脱毛重长）。

“蜕”的字义虽不单是昆虫，但也与昆虫“蝉”有关，即①蝉脱皮。②蝉脱下的皮。

用“缶”作形旁的形声字，一般与盛放东西的器皿（古代多为瓦、陶类）有关。

缸：gāng。①（～儿）盛东西的器物，一般底小口大，有陶、瓷、搪瓷、玻璃等各种制作材料的。②缸瓦。③形状像缸的东西。

罍：léi。古代一种盛酒的器具，形状像壶。

缿：xiàng。古代储钱或投受函件的器物，入口小，像扑满，有的像竹筒。

不过，随着社会和客观事物的发展变化，不少形声字的形旁意义已不好理解了。换言之，有些汉字已不能从现代汉字的释义中看出形旁的意义了。

现代汉字“窜”是形声字，但从其简化字形旁“穴”只能推及“洞穴”义，无法联想到它的本义是“藏匿”。而从“窜”的繁体会意字“竄”中，则可看出“从鼠在洞中”（《说文解字》）与“藏匿”语义的联系。“窜”的现代常用义“奔逃”，也当与老鼠的逃窜有关。

“捷”：《说文解字》——“捷，猎也，军获得也。从手，疌声。”“捷”的本义是“猎获物”、“战利品”。但作为现代汉字，“捷”的义项主要有“捷[1]：战胜。捷[2]：①快速。②取斜路抄近。③近便”。这些义项都已看不出与形旁“手”义的直接联系。

罅：xià。缝隙，从《现代汉语词典》（第5版）的这一释义中，看不出

“罅”和形旁“缶”的意义关系。但《说文解字》的释义“裂也，从缶，虖声。缶烧善裂也”则明明白白表明，“罅”与“缶”有关。

“又”:《说文解字》释为——“又，手也，象形。三指者，手之列多略不过三也。”段玉裁注“此即今之右字”。“又”字的本义是“右手”。现代汉字“又”是副词，其常见组词“又及”、“欲言又止”中的“又”都与“手”义无关。

以“又”为形旁的汉字，与“手（右手）”语义有关的有：

“叉”:《说文解字》:“叉，手指相错也。从又，象叉之形。”本义是“手指相交错”。现代汉字“叉”的4个常见义项“①扎取东西的器具。②用叉子取物。③叉形符号，表示错误、禁止等含义。④用手拇指与其他四指分开撑”中，第四个义项还可看出与“手”义有关。常见组词“叉烧”、“叉子”、“叉腰”、“仰八叉”中“叉腰”语义还与“手”义相关。

值得注意的是，同一形旁的现代汉字，其字义在本义或较早转义阶段是一致或较为接近的，到了较晚转义或到了现代汉字阶段，其字义与形旁意义已相去甚远。

“反”:《说文解字》:“反，覆也。从又、厂。”杨树达认为“反从又、厂”是“谓人以手攀厓（崖）”。朱骏声认为是“覆其掌”。“反”的本义“翻转”与“攀厓”、“覆掌”，即“手”义有关。现代汉字“反”的常见义项为“①翻转。②翻转的。与‘正’相对。③回还。④对抗。⑤类推。⑥政治上反动”。其中，只有本义“翻转”还可看出与“手”义有关，其他转义都已看不出来。常见组词中，只有“易如反掌”的“反”还能看出与“手”义的联系。“反省”、“反馈”、“举一反三”等词语中的“反”已很难和“手”义相联系。

“取”:《说文解字》:“取，捕取也。从又，从耳。”本义是“割（战俘的）左耳”，与“手”义有关。现代汉字“取”的常见义项“①拿到。②得到。③采取”中，“拿到”语义还与“手”义有较为直接的联系，其余几个已不能从字面上看出。常见组词中的“取款”、“火中取栗”等还与“手”义有一定联系，“取暖”、“无理取闹”等“取”义与“手”义的联系已不直接或看不出来。

“叔”:《说文解字》:“叔，拾也。从又……”本义“拾取”与“手”义有关。现代汉字“叔”的常见义项都是亲属称谓语，与“手”义无关。

“友”:《说文解字》:“友，同志为友。从二又，相交友也。”本义及较早的转义是“相互合作”、“朋友”，与“手”义有关。现代汉字“友”的常见义项“①关系友好的人。②亲近。③关系亲近的”。因为缺少“友为二人拉手或握手”这样的语义解释，仅从前述3个义项的表述中还看不出与“手”义的联系。常见组词“友谊”、“友善”、“投亲靠友”等中的“友”，也与“手”义没有直接联系。

翻阅语言工具书可以看到，以“讠”为形旁的现代汉字字义往往与“言语”有关，如“诓骗”即“用言语欺骗人”。但语义相去甚远的也不在少数。

“该”：古代汉语中，本义是“军中约也”，与言语有关。现代汉语中，其主要义项“①应当。②理当如此。③推断可能及必然结果。④欠人钱物。⑤复指前面提及的人或事”是动词或代词，都不与“言语”直接有关。常见组词“应该”、“活该”、“该生”中的“该”都取现代义。

因此，应试人应该慎用形旁类推方法理解字义，避免因形旁误导而用错字义。

将“班门弄斧”误写成“搬门弄斧”者，既不知“班”指古代著名木匠“鲁班”，又想当然受“搬”的形旁“扌”误导，而“（木）门”恰好又是可以“搬动”的，于是改“班”为“搬”。成语“搬门弄斧”语义就成了“搬动木门，耍弄斧头”了。

“练”的本义是“把生的丝或丝织品煮熟，使丝或丝织品变得柔软”，由此引申出一个常用义“反复学习，求得纯熟”。由“练”组成的许多词语“练笔”、“练兵”、“练功”、“练武”、“练习”、“训练”等都与“反复进行”有关。“炼”的本义是“用加热等方法提高物体的纯度或改善性能”，强调经由高温锻造后品质有所提高。由“炼”组成的许多词语“炼丹”、“锻炼”、“炼油”等都合乎此义。不少应试人由“锻炼”推导出“训炼”，或由“训练”推导出“锻练”，就是误推形旁所致。

“奴”：《说文解字》认为“奴”字“从女从又”，徐锴注释“奴”为“持事者也”，即整天干活的人。“奴”通常指“失去自由的人”。“孥”也有“女”部件，但字义指“妻子和儿女”。“罪不及孥”语出《孟子·梁惠王下》：“泽梁无禁，罪人不孥。”就是惩治一个人的罪过而不加及他的妻子和儿女的意思。误将“罪不及孥”写为“罪不及奴”者，没有看出“孥”字“子”偏旁的语义，对成语语义理解发生了偏差——“惩治一个人的罪过而不加及他的奴仆”。

“忧”的本义是“忧愁”，只在“优厚”义与“优”通假。“忧”没有“犹豫”义。而“优”及“优柔”都有“犹豫不决”义。应试人易受“忧”的“忄”旁误导，认为“优柔寡断”即是心理活动，就误将字形“优”写作“忧”，误取成语词形为“忧柔寡断”。

“脏”：污秽，不干净。虽然因偷盗或贪污而得钱财也是“不干净”的，但真正能够用以销售的是“赃物”而不是“脏物”。“赃”是“贝”字旁，与钱财有关，所以“销赃”正确而“销脏”错误。

了解形旁在古代汉字中的形体和意义，掌握一定的汉字形体演变与语义发展的规律，有利于对现代汉字字义的正确理解和辨析。遇到一时无法理解古今汉字形体演变与语义发展规律的情况，应试人要下大力气，尽量熟记权威的现代汉语工具书中有关现代汉字的释义。

（三）避免因同义（近义）汉字误导而误用字义

1. 义素及义素分析的作用。

义素是构成现代汉字字义的最小意义单位。“车”、“船”有“载人(货)”、“行驶”等共同义素，使它们得以联系，而“车”具有“+陆路”义素，“船”具有“-陆路”义素，又使它们得以区分。

义素分析可以帮助应试人更准确地理解并应用现代汉字字义。如“鞋”和“靴”都穿在脚上，但“靴”的义素为“+有筒”，“鞋”的义素为“-有筒”。义素分析还可以帮助应试人分析现代汉字字义组合关系是否恰当。“拣”与“捡”都有“拾取”义，但“拣”含“+挑选”义素，“捡”含“-挑选”义素。“拣”可以和同样含“+挑选”义素的“挑”组合为联合型合成词“挑拣”，而“捡”不能与“挑”组合为“挑捡”。

HZC应试人不一定都要掌握义素概念，不一定都要掌握义素分析法，但都应有义素分析的意识。前文所析，“度”主要指“时间上经过”，“渡”主要指“由水面这一边到那一边”，两者的差异就是义素“±时间”或“±水面”的差异。

2. 辨明现代汉字中同义汉字字义间的差别。

现代汉字中同义汉字字义间的差别集中体现在理性义、色彩义及词性方面。

(1) 理性义方面。

同义汉字字义程度轻重有别，如“暖”的基本义是“暖和”；“热”的常用义是“温度高；感觉温度高（跟‘冷’相对）”。有“热火朝天”无“暖火朝天”，因为“暖”的温度远低于“热”。同义汉字字义使用范围大小有别，如“汽”基本义指“液体或某些固体受热而变成的气体”，“气”的基本义即“气体”，“汽”的使用范围小于“气”。同义汉字字义搭配对象不同，如“振”本义为“抖动，摇动，挥动”，所以可与“臂”搭配为“振臂”；“震”本义为“雷，响雷”，所以可与“惊”搭配为“震惊”。“振臂”不可写作“震臂”，“震惊”也不可写作“振惊”。

(2) 色彩义方面。

同义汉字感情色彩有褒贬之别。“俭”基本义是“俭省”，“吝”基本义是“吝啬”，两者都有“舍不得财物”的语义，但“俭”含褒义，“吝”含贬义。称别人居住的房舍为“宅”比称之为“家”多了书面语色彩，也客气了许多。

(3) 词性方面。

同一个现代汉字不同义项有时分属不同词类，新组成的词语构成同义词。“深”部分义项“形容词：（感情）厚”、“副词：很”，分别组词后的“深情”和“深知”可构成同义词。

应试人有时会因同义（近义）汉字误导而用错现代汉字的字义。

“工”与“功”

作为同义（近义）汉字，“工[1]”的字义有“①工人和工人阶级。②工作；生产劳动。③工程。④工业。⑤指工程师。⑥一个工人或农民一个劳动日的工作。⑦（工儿）技术和技术修养”；“功”的字义有“①功劳（跟“过”相对）。②成效和表现成效的事情（多指较大的）。③技术和技术修养。④一个力使物体沿力的方向通过一段距离，这个力较对物体做了功”。两者都有“技术和技术修养”义，但“工”与“天”合用为“（巧夺）天工”时指“天然”义。将“巧夺天工”的“工”错写为“功”，混淆了同义（近义）汉字的相关义项的差别。

“会”与“汇”

作为同义（近义）汉字，“会[1]”字义有“①会合。②见面。③会聚……”；“汇”的字义有“①（水流）汇合到一起。②聚集……”。两者都有“会合”义，但“会[1]”多指人员的会聚，“汇”指“水流的汇合”及与此相关义。人员“huìhé”是“会合”，河流“huìhé”是“汇合”。文艺“会演”之所以规范为“汇演”，正在于强调各地的文艺节目如同支流里的水流汇集到主流里来，而不是强调演出人员的集中。同样，有电影“汇映”没有电影“会映”。“会首”是人和人的聚会，所以不能写为“汇首”。

“轻”与“青”

在表示年龄不大方面，“轻”与“青”构成同义（近义）汉字。“年青”的“青”较之“年轻”的“轻”多了比喻义，指20岁左右的人如同蓬勃生长的绿色植物。

“相（xiàng）”与“像”

与“像”构成同义的“相（xiàng）”义主要有“①相貌；外貌。②物体的外观。③坐、立等的姿态”等；与“相（xiàng）”构成同义的“像”义主要有“①比照人物制成的形象。②从物体发出的光线经平面镜、球面镜、透镜、棱镜等反射或折射后所形成的与原物相似的图景”。“相（xiàng）”与“像”都有“样貌”义，但“相（xiàng）”侧重于“人自身或经过打扮后的样貌”，“像”侧重于“由于外部因素如比照画像、反射或折射后形成的样貌”。

“扮相（xiàng）”语义指“①演员化妆成戏中人物后的形象。②泛指打扮成的模样”。将“扮相”的“相”错写为“像”，混淆了同义（近义）汉字的相关义项的差别。

“销”与“消”

作为同义（近义）汉字，“销[1]”的字义有“除去；解除”等；“消”的字义有“①消失。②使消失；消除”等，两者都有“除去某物”义。但“销”强调“相抵”，“消”强调“灭去”。“报销”的基本义为“把领用款项或收支账目开列清单附上有关单据，报告主管部门核销”，即账目因发生转移而“相抵”。将“报销”的“销”错写为“消”，混淆了同义（近义）汉字的相关义项的差别。

“邪”与“斜”

作为同义（近义）汉字，“邪”的字义有“①不正当。②不正常。③中医指引起疾病的环境因素。④迷信的人指鬼神给予的灾祸”；“斜”的字义有“①跟平面或直线既不平行也不垂直的。②倾斜。③姓”等，两者都有“不正”义。但“邪”多强调“精神上的不正”，“斜”强调“水平线上的歪斜”。“歪风邪气”的基本义为“不正当的途径；坏点子”，指“精神上的不正”。将“歪风邪气”的“邪”错写为“斜”，混淆了同义（近义）汉字的相关义项的差别。

“州”与“洲”

作为同义（近义）汉字，“州”的义项有“①古代行政区划名称。最早分九大部分，称‘九州’。②我国少数民族地区自治行政区划”；“洲”的义项有“①河流中由泥沙淤积而形成的陆地。②地球上被海洋包围的大陆及其附近岛屿的统称”。它们有共同语义即“大片的陆地”。但“州”是行政区划，“洲”是地理区划。

（四）避免因混淆多义汉字义项而误用字义

1. 语境及其分类

语境就是语素、词和短语等词汇单位出现时的环境，分为上下文语境和社会现实语境。

上下文语境指处于语流中的语言单位前后出现的其他语言单位，相邻越近汉字间意义关系越密切。

“中学”的“中”是“学”的上文，与“学”构成表限制的偏正型复合词。

“松手”的“手”是“松”的下文，与“松”构成动宾型复合词。

“夜长梦多”中，“夜”、“长”、“多”构成“梦”的语境，4个语素共同构成联合型固定短语。

HZC第一部分、第二部分第一小类、第四部分第三小类和第五部分试题对考点汉字的填写及选用，需要将考点汉字置于上下文语境中加以考察。“咎”之所以释义为“责备”而不是“追究”、“纠正”或者“惩治”，是因为这个考点汉字有成语“既往不__”作为上下文语境。

社会现实语境又叫情景语境，指交际语言涉及的时间、处所、社会环境等。“今天天气真好”中的“好”，在语句所提供的特定天气条件下，字义如同“晴朗”、“和煦”。

“书到用时方恨少”中的“少”，在语句所提供的特定语境中，字义指“书读得少”而不是“书本数量少”。

HZC 第二部分第二小类、第三部分试题对考点汉字的选用，需要将考点汉字同时置于上下文语境与社会现实语境中加以考察。

“必__品”之所以是“必需品”，是因为样卷第三部分样题“人民生活”这个社会现实语境“要求”应试人如此选用备选汉字。再如：

尽管王明奋力拼搏，仍未能遏（　　）对手凌厉的攻势，（　　）失金牌。（　　）

A. 止/丢　　B. 止/痛　　C. 制/丢　　D. 制/痛

“遏止”与“遏制”都是动词，都有“遏阻”义。“遏止”强调“阻止”，“遏制”强调“控制”。根据试题提供的社会现实语境（例句）可知，王明在棋局中能做的是“控制”而不是“阻止”对方的攻势，因此当选“制”构词“遏制”。

“痛失”与“丢失”都是动词，都有“失去”义。“痛失”较“丢失”更多了“痛心”义素。同样根据试题提供的社会现实语境（例句）可知，可以避免失去而终于失去金牌，对当事棋手而言实在痛心。因此，选“痛”构词“痛失”更合题意。

由此得出本小题答案“D”，两个空格所选现代汉字分别为“制”、“痛”。

2. 语境与多义汉字辨析

现代汉字的字义许多可以直接在情景语境中得到解释，如上例“今天天气真好”；有的则需要依靠上下文语境来解释。

“你是我的玫瑰花。”（庞龙《你是我的玫瑰花》）

这里，像“玫瑰花”一样美丽动人的“你”应该是“我”的爱人。“玫瑰花”具有临时意义——“爱人（你）”，否则，无法想象歌者只是面对一朵玫瑰花而歌吟。

语境的一个更重要的作用在于使多义字语义单一化。“美[1]”的义项有 6 个“①美丽；好看（跟‘丑’相对）。②使美丽。③令人满意的；好。④美好的事物；好事。⑤得意。⑥姓”。“美食街”中的“美”取“令人满意的；好”义项而不是其他。

HZC 考点汉字前后的词、短语、句子甚或语篇，都构成该考点汉字的语境，这些语言单位构成考点汉字的上下文语境，内容则往往形成考点汉字的社会现实语境。

第五部分第一小类题目就是让应试人根据语境对加点汉字（考点汉字）的多个义项作出正确选择。

“毫”的义项有“①细长而尖的毛。②毛笔。③一点儿（用于否定式）。④（某些计量单位的）千分之一。⑤计量单位名称。⑥货币单位”。通常可编成试题选项：A. 细长而尖的毛　B. 毛笔　C. 一点儿（用于否定式）　D. 货币单位。根据语境“明察秋毫”（语义为“比喻为人非常精明，任何小问题都看得很清楚”），可知答案选项应是“A”，即“细长而尖的毛”。

“领[1]”的义项有“①脖子。②领子。③要点。④拥有。⑤引领。⑥量词”等。通常可编成试题选项：A. 脖子　B. 领子　C. 引领　D. 量词。根据语境“提纲挈领”（语义为“提起渔网的总绳，拎住衣服的领子。比喻抓住事物的关键点，或能简明扼要地提出问题”），可知答案选项应是“B”，即“领子”。

“聊”的义项有“聊[1]：①姑且。②略微。③姓。聊[2]：依赖。聊[3]：闲谈”。通常可编成试题选项：A. 姑且　B. 略微　C. 依赖　D. 闲谈。根据语境“民不聊生”（语义为“人民没办法生活”），可知答案选项应是“C”，即“依赖”。

“闹”的义项有“①喧闹；欠安静。②吵；扰乱。③发泄（情感）。④害（毛病）。⑤干；搞。⑥逗乐”等。通常可编成试题选项：A. 发泄（情感）　B. 害（毛病）　C. 喧闹　D. 吵。根据语境“闹中取静”（语义为“喧闹中寻觅到安静的所在”），可知答案选项应是“C”，即“喧闹”。

“穷”的义项有“①生活贫困，缺乏钱财（跟‘富’相对）。②穷尽；尽头。③用完。④彻底（追究）。⑤极其。⑥在财力、能力方面不够而勉强行事”。通常可编成试题选项：A. 生活贫困，缺乏钱财（跟“富”相对）　B. 极其　C. 彻底（追究）　D. 穷尽；尽头。根据语境“穷途末路”（语义为“形容无路可走”），可知答案选项应是“D”，即“穷尽；尽头”。

应该注意的是，“毫”、“领[1]”、“闹”、“穷”是严格意义上的多义字，而“聊”的4个选项分别出自“聊[1]”、“聊[2]”、“聊[3]”这组语音及书写形式相同而语义没有联系的一组汉字即同音同形字。应试人当以弄清严格意义上多义字的诸多义项为主，兼顾同音同形字的不同义项。

第五部分第二小类题目则考查应试人正确掌握多义字不同义项的搭配应用能力。

多义字不同义项的词语搭配应用情况各不相同，需要应试人不仅能熟记这些义项，还要清晰判断这些义项的适用语境。

“锦”的义项主要有“①用彩丝织成的有花纹的丝织品。②色彩华丽的”，两者分别组词为“①织锦、云锦、锦旗、锦囊、锦上添花”等，“②锦鸡、锦绣、集锦、锦心绣口”等。将“织锦”与“锦旗”连线，则这组加点汉字意义就应判断为相同；如果将“锦囊”与“锦绣”连线，则这组词加点汉字意义就应判断为不同。

“恋”的义项主要有“①恋爱。②思念不已；不忍分离”，两者分别可以组词为“①恋爱、恋歌、恋人”等，“②恋家、恋旧、恋战”等。如果将“恋爱”与“恋人”连线，则这组词加点汉字意义就应判断为相同；如果将“恋歌”与“恋旧”连线，则这组词加点汉字意义就应判断为不同。

“俏”的义项主要有“①好看；俊俏。②货物销路很好”等，两者分别可以组词为“①俏丽、俏式、俊俏”等，“②俏卖、俏货、俏销”等。如果将“俏丽”与“俊俏”连线，则这组词加点汉字意义就应判断为相同；如果将“俏式”与“俏货”连线，则这组词加点汉字意义就应判断为不同。

“歇”的义项主要有“①休息。②停止”，两者分别可以组词为①“歇乏、歇肩、歇脚、歇气”等，②“歇班、歇伏、歇业”等。如果将“歇乏”与“歇脚”连线，则这组词加点汉字意义就应判断为相同；如果将“歇乏”与“歇班”连线，则这组词加点汉字意义就应判断为不同。

反之，则为混淆多义字义项而误用字义。

附录

附录 1：汉字应用水平等级及测试大纲（GF2002—2006）

前　言

本规范由教育部语言文字应用管理司和语言文字信息管理司提出。

本规范在国家语言文字应用“十五”科研规划重点项目《汉字应用水平测试研究》的基础上制定。

本规范由国家语言文字工作委员会语言文字规范（标准）审定委员会审定。

本规范由教育部、国家语言文字工作委员会发布实施。

本规范起草单位：教育部语言文字应用研究所。

本规范起草人：张一清、孙曼均、佟乐泉、陈菲、肖航、富丽。

1　范围

本规范规定了具有中等以上受教育程度人群使用汉字应当达到的水平。

本规范适用于各级政府部门、新闻出版单位、各级各类学校和教育机构、其他事业单位和企业单位等录用人员和核定在职人员资格，以及各级各类学校考核学生汉字应用水平。

2　规范性引用文件

下列文件中的条款通过本规范的引用而成为本规范的条款。凡是注日期的引用文件，其随后所有的修改单（不包括勘误的内容）或修订版均不适用于本规范，然而，鼓励根据本规范达成协议的各方研究是否可使用这些文件的最新版本。凡是不注日期的引用文件，其最新版本适用于本规范。

《现代汉语常用字表》（1988 年 1 月国家语言文字委员会、国家教育委员会发布）

《现代汉语通用字表》（1988 年 3 月国家语言文字工作委员会、中华人民共和国新闻出版署发布）

GF3003—1999 GB13000. 1 字符集汉字字序（笔画序）规范

3　术语和定义

下列术语和定义适用于本规范。

3.1　**汉字** Chinese Character

记录汉语的书写符号系统。在本规范中指我国法定的国家通用文字。

3.2　**字量** amount of Chinese Characters

字形上具有区别性特征的汉字的个数。

3.3　**覆盖率** rate of covering

指汉字的出现频次在语料库各类文本全部汉字频次中所占的比例。

3.4　**项目反应理论** item response theory **即** IRT

揭示受测者在试题上的反应与其潜在特质水平之间关系的一种测量学理论。与经典测量理论（classical test theory）相比，它能提供更为精确的测量结果，并能较好地满足构建大型考试题库和开展适应性考试（adaptive testing）的需要。

3.5　（0，1）**记分法** dichotomously scored

对于答案具有唯一性的客观性试题，按答对1分、答错0分两种情况记录原始分数的一种记分方法。

3.6　**原始分数** raw score

根据受测者实际答对或答错试题的情况或作答时间等客观度量，按一定计分方法计算得到的未经任何转化和调整的考试结果分数。原始分数只有按照合适的解释资料加以评价才有意义。

3.7　**导出分数** derived score

将考试的原始分数按一定规则转化为百分比率等具有可解释意义的结果分数。

3.8　HZC **分数** HZC score

汉字应用水平测试的导出分数。

3.9　**分数等值** score equating

对于内容以及难度类似的不同考试，为了让不同次考试的分数可以在同一量尺上互相对比。而利用统计过程来调整原始分数，使这些分数可以彼此转换。

4　总则

4.1　水平等级制定的依据

国家颁布的汉字规范或标准：中等以上受教育程度人群识字、用字情况调查和测查数据；汉语真实文本中字频及覆盖率统计数据，以及汉字字形、字音、字义等属性。

4.2　测试大纲制定的依据

依据汉字字量、字形、字音、字义等属性以及使用频率、分布、构词能力等特征，确定测试范围及评分指标；依据语言类标准化测试的方法，确定测试内容、测试方法以及试题和试卷；依据项目反应理论建立题库、分析试题和试卷。

4.3　测试字表研制的原则

4.3.1　规范性原则

测试用字均为规范的现代汉字字形，不规范的字形一律不收；测试用字均为普通话语词范围内的用字，《现代汉语常用字表》之外仅表示方言意义的用字不收；《现代汉语常用字表》之内用于表示方言意义的字则不作试题内容，如“俺”等。

4.3.2　应用性原则

测试用字均在现代汉字的范围内选取，现代通用汉字之外的文言用字，除现在还使用的或有构词（包括成语）能力的，一般不收；对一些常用的口语用字适当选取；根据字频统计数据和相关人群汉字识别率，选取高频率和高识别率的字；根据测试用字在语料库中的覆盖率，选取分布范围广、覆盖率高的字。

4.3.3　系统性原则

对一些成系列的字，进行纵横相关的多种分析和归类，综合考虑其取舍，如天干地支、节气用字，数字的汉字大写用字，民族名称用字，省、自治区、直辖市的简称和别称用字，地、县级以上行政区划名称用字以及联绵字等。

按4.3原则制定的《汉字应用水平测试字表》见附录A。该字表总字量为5 500字，分甲、乙、丙三个子表，甲表为4 000字，乙表为500字，丙表为1 000字。

5　汉字应用水平等级

5.1　一级水平

5.1.1　字量的掌握

能够在很广泛的使用环境中认识并使用4 500至5 500个汉字。

5.1.2　形、音、义的辨识和使用

能够准确识别和使用这些汉字的规范字形，能够辨析并纠正书写和使用中的各类错误。能够准确判断和使用这些汉字的普通话读音，在使用环境中能够识别和使用其中多音字的恰当读音。在使用环境中，能够熟练掌握和使用这些汉字的常用意义、基本用法和一些特殊用法。偶然出现形、音、义辨识或使用错误，但一般都是非系统性或非常识性的零星失误。

5.1.3 阅读、书写的综合表现

具备了顺畅地阅读以规范汉字为媒介的现代文献资料的汉字基础，并能在广泛领域用汉字进行书面表达。

5.1.4 测试的成绩

在汉字应用水平测试中，对占标准试卷容量70%，选自《汉字应用水平测试字表》（甲表）的那部分测试内容，作答正确率在80%（含）以上，且整份试卷获得的HZC分数在600分（含）以上。

5.1.5 胜任的工作

能够承担对汉字应用能力有很高要求和以使用汉字为主要任务的各类工作。

5.2 **二级水平**

5.2.1 字量的掌握

能够在较广泛的使用环境中认识并使用4 000至4 500个汉字。

5.2.2 形、音、义的辨识和使用

能够比较准确地识别和使用这些汉字的规范字形，能够辨析并纠正书写和使用中的绝大多数错误。能够比较准确地判断和使用这些汉字的普通话读音，在使用环境中能够识别和使用其中绝大多数多音字的恰当读音。在使用环境中，能够比较熟练地掌握和使用这些汉字的常用意义、基本用法以及个别特殊用法。间或出现形、音、义辨识或使用错误，一般集中在使用频率很低或极容易产生辨识和使用错误的汉字。

5.2.3 阅读、书写的综合表现

具备了比较顺畅地阅读以规范汉字为媒介的现代文献资料的汉字基础，并能在比较广泛领域用汉字进行书面表达；具备了完成高等教育的汉字应用水平。

5.2.4 测试的成绩

在汉字应用水平测试中，对占标准试卷容量70%，选自《汉字应用水平测试字表》（甲表）的那部分测试内容，作答正确率在80%（含）以上，且整份试卷获得的HZC分数在500分（含）至600分（不含）之间。

5.2.5 胜任的工作

能够承担对汉字应用能力有较高要求和以使用汉字为主要任务的部分工作。

5.3 **三级水平**

5.3.1 字量的掌握

能够在一般的使用环境中认识并使用3 500至4 000个汉字。

5.3.2 形、音、义的辨识和使用

基本能够识别和使用这些汉字的规范字形，能够辨析并纠正书写和使用中的大部分错误。基本能够判断和使用这些汉字的普通话读音，在使用环境中能够识别和使用其中大部分多音字的恰当读音。在使用环境中，能够掌握和使用这些汉字的常用意义和基本用法。有时出现形、音、义辨识或使用错误，一般集中在使用频率比较低或比较容易产生辨识和使用错误的汉字。

5.3.3　阅读、书写的综合表现

具备了阅读以规范汉字为媒介的现代文献资料的汉字基础，并能在一般领域用汉字进行书面表达；具备了完成高中及同等教育的汉字应用水平。

5.3.4　测试的成绩

在汉字应用水平测试中，对占标准试卷容量70%，选自《汉字应用水平测试字表》（甲表）的那部分测试内容，作答正确率在80%（含）以上，且整份试卷获得的HZC分数在200分（含）至500分（不含）之间。

5.3.5　胜任的工作

能够承担对汉字应用能力有基本要求和工作任务涉及汉字应用的一般事务性工作。

6　汉字应用水平测试大纲

6.1　汉字应用水平测试的名称、性质、目的和对象

6.1.1　测试的名称

本测试定名为“汉字应用水平测试”（HANZI YINGYONG SHUIPING CESHI，缩写为HZC）。

6.1.2　测试的性质

汉字应用水平测试是由中华人民共和国教育部、国家语言文字工作委员会组织实施的一项语言类标准化水平测试。

6.1.3　测试的目的

汉字应用水平测试的目的是贯彻执行《中华人民共和国国家通用语言文字法》，加强我国国民的语言文字规范意识，提高国家通用语言文字的应用水平，弘扬中华民族文化。

通过测试的方式，衡量具有中等以上受教育程度的人或文化程度与此相当的人在阅读、书面表达及其他相关活动中，是否掌握了汉字应用水平测试范围内汉字的规范字形、正确读音，以及能否在实践中正确运用；是否掌握了这些汉字在权威工具书中所载的普通话读音、现代汉语义项及用法，以及能否在实践中准确运用，从而评定他们掌握和使用汉字的水平及能力。

6.1.4　测试的对象

汉字应用水平测试适用于公务员，编辑、记者、校对和文字录入人员，各

级各类学校教师和学生，文秘及办公室工作人员，广告从业人员，中文字幕机操作人员，以及日常工作与汉字应用紧密相关的其他人员，同时也适用于想要了解自己汉字应用水平和能力的其他人员。

6.2　汉字应用水平测试的范围、内容和方式

6.2.1　测试的范围

按第五章《汉字应用水平等级》的相关规定，汉字应用水平测试的范围是现行规范汉字中的常用字和部分通用字，字量为5 500字（见附录A《汉字应用水平测试字表》）。

6.2.2　测试的内容

汉字应用水平测试的具体内容是《汉字应用水平测试字表》中全部汉字的字形、字音、字义及用法。

6.2.3　测试的方式

汉字应用水平测试采用闭卷笔答方式。

6.3　汉字应用水平测试的试卷构成和答题时间

6.3.1　试卷形式

试题卷和答题纸分开，试题、答题要求和例题印在试题卷上，应试者按照统一要求在答题纸上作答。

6.3.2　试题卷

试题卷由五个部分共130道试题构成。五个部分的试题内容均按以下比例选取：70%选自《汉字应用水平测试字表》（甲表）；20%选自《汉字应用水平测试字表》（乙表）；10%选自《汉字应用水平测试字表》（丙表）。试题所依托的词语原则上从《汉字应用水平测试词语表》（参见附录B《汉字应用水平测试词语表》）中选取，总体比例不低于97%。

6.3.3　答题纸

答题纸由应试人姓名、准考证号、注意事项、填写答案数据等部分构成。

6.3.4　答题时间

全卷的答题时间为80分钟。

6.4　汉字应用水平测试的题型及样题

6.4.1　第一部分：书写填空题，根据语境、读音提示填写汉字，共30题。

样题　根据下列各题所给出的汉语拼音和同音字填写正确的汉字。

赴汤____（dǎo导）火

样题　在下列各题的横线上填入正确的汉字，把成语补充完整。

危言____听

6.4.2　第二部分：选择题，在语境中判断字形正误，共40题。

样题　在下列各题的四个词语中，请找出用字有错误的一项。

A. 磋商　　B. 急燥　　C. 修炼　　D. 严峻

样题　在下列各题的四句话中，请找出加点字使用错误的一项。

A. 他费了半天工夫才把这几道题做出来。

B. 这些出土竹简上的文字已经很难分辩了。

C. 向筹委会提交论文的截止日期是星期一。

D. 上半年工会开支一共是两千零六元整。

6.4.3　第三部分：选择填空题，选择正确汉字填入句中，共10题。

样题　在下列各题的四个选项中，请选出能够正确填入句子括号中的一项。

这次考（　　）的重点是人民群众生活必（　　）品的生活情况。

A 查/需　　B. 察/需　　C. 查/须　　D. 察/须

6.4.4　第四部分：选择题，判断字音正误或异同，共30题。

样题　在下列各题的四个字中，请找出注音（汉语拼音和同音字）错误的一项。

A. 谒（yè 业）　　B. 籼（xiān 先）

C. 啜（zhuì 坠）　　D. 恸（tòng 痛）

样题　在下列各题的四组字中，请找出两个汉字读音不同的一项。

A. 垢—够　B. 拈—瞻　C. 杳—咬　D. 绾—碗

样题　在下列各题的四组词语中，请找出加点字读音不同的一项。（　　）

A. 咀嚼—沮丧　　B. 伶俐—杠铃

C. 揣度—猜度　　D. 缄默—衔接

6.4.5　第五部分：选择题，判断字义正误或异同，共20题。

样题　在下列各题的四个选项中，请选出加点字解释正确的一项。（　　）

既往不咎

A. 追究　B. 纠正　C. 惩治　D. 责备

样题　在下列各题的四组词语中，请找出加点字意义不同的一项。

A. 款待—期待　　B. 同等—优等

C. 依附—附议　　D. 投合—投机

6.5　汉字应用水平测试的评分依据和分数体系

6.5.1　评分依据

汉字应用水平测试依据《现代汉语通用字表》评定字形正误；依据《普通话异读词审音表》和权威工具书中汉字的普通话读音评定字音正误；依据权威工具书中汉字在现代汉语中的义项，以及某些字在部分词语中的特殊用法评定字义及用法正误。

6.5.2　原始分数

汉字应用水平测试所有试题的正确答案均具有唯一性，一律采用（0，1）记分法记录应试人在每道试题上的原始分数。

6.5.3　HZC 分数

汉字应用水平测试根据试题原始分数、试题难度等指标将原始分数转换为汉字应用水平测试导出分数——HZC 分数。同一应试人或不同应试人在不同时间、不同试卷获得的测试分数将经过分数等值，因此具有可比性。

汉字应用水平测试导出分数的满分值为 800 分。应试人在测试中获得的 HZC 分数和等级的对应关系见第五章《汉字应用水平等级》。

6.6 应试人的测试表现

6.6.1 一级水平测试表现

汉字应用水平达到一级的应试人，在测试中的典型表现是：不论字形、字音、字义还是综合运用试题，作答的正确率或准确率都很高，偶然出现个别判断或书写失误，都属于非系统性、非常识性的零星失误，失误范围并不集中于某一类，尤其不集中于《汉字应用水平测试字表》（甲表、乙表、丙表）中的任何一个子表。

6.6.2 二级水平测试表现

汉字应用水平达到二级的应试人，在测试中的典型表现是：对《汉字应用水平测试字表》（甲表）范围的测试内容，作答的正确率和准确率很高；对《汉字应用水平测试字表》（乙表）范围的测试内容，作答的正确率和准确率也相当高；对《汉字应用水平测试字表》（丙表）范围的测试内容，作答的正确性和准确率一般很有限，失误明显。

6.6.3 三级水平测试表现

汉字应用水平达到三级的应试人，在测试中的典型表现是：对《汉字应用水平测试字表》（甲表）范围的测试内容，作答的正确率和准确率相当高；对《汉字应用水平测试字表》（乙表）范围的测试内容，作答的正确率和准确率一般，失误明显；对《汉字应用水平测试字表》（丙表）范围的测试内容，则大部分回答不出或回答不正确。

6.7 汉字应用水平测试试题和试卷的确定归程

6.7.1 试题的确定归程

汉字应用水平测试面向社会广泛征集备选试题。备选试题由语言文字学专家和测试学专家集体评审、筛选和修改，然后对拟采用的试题进行预测。根据预测结果计算新试题的各项参数，然后用已有题库对这些题目进行检测和分析，为题库补充新的试题。

6.7.2 试卷的确定归程

根据各部分测试内容在试卷中所占的比例和题目参数从题库中筛选试题，拼合生成备选试卷。抽取具有一定代表性的样本人群，用备选试卷进行模拟测试，并确定实测的规范流程。根据模拟测试的结果，进一步调整、完善备选试卷，最终形成汉字应用水平测试标准试卷。

6.8 汉字应用水平测试备考要点

应试人应当具有或者达到中等及中等以上受教育程度，或接受过与中等教育程度相当的中文教育。

应试人应当了解和掌握《汉字应用水平测试字表》中所列汉字的规范字形和规范读音，及其在规范程度高、权威性强的工具书中的普通话读音和现代汉语义项及用法。应试人还可以参考某些规范程度高、权威性强的汉字学习材料和汉字应用手册，以及专门针对汉字应用水平测试编写的工具书、教材或学习材料。

附录 A（规范性附录）《汉字应用水平测试字表》（编者注：已另附且加注汉语拼音。）

附录2：简化字总表（1986年重发）

关于重新发表《简化字总表》的说明

为纠正社会用字混乱，便于群众使用规范的简化字，经国务院批准重新发表原中国文字改革委员会于1964年编印的《简化字总》。

原《简化字总表》中的个别字作了调整。“叠”、“覆”、“像”、“囉”不再作“迭”、“复”、“象”、“罗”的繁体字处理。因此，在第一表中删去了“迭〔叠〕”、“象〔像〕”，“复”字字头下删去繁体字〔覆〕。在第二表“罗”字字头下删去繁体字〔囉〕，“囉”依简化偏旁“罗”类推简化为“啰”。“瞭”字读“liǎo”（了解）时，仍简作“了”，读“liào”（瞭望）时作“瞭”，不简作“了”。此外，对第一表“余〔餘〕”的脚注内容作了补充，第三表“讠”下偏旁类推字“雠”字加了脚注。

汉字的形体在一个时期内应当保持稳定，以利应用。《第二次汉字简化方案（草案）》已经国务院批准废止。我们要求社会用字以《简化字总表》为标准：凡是在《简化字总表》中已经被简化了的繁体字，应该用简化字而不用繁体字；凡是不符合《简化字总表》规定的简化字，包括《第二次汉字简化方案（草案）》的简化字和社会上流行的各种简体字，都是不规范的简化字，应当停止使用。希望各级语言文字工作部门和文化、教育、新闻等部门多作宣传，采取各种措施，引导大家逐渐用好规范的简化字。

国家语言文字工作委员会
1986年10月10日

第一表　不作简化偏旁用的简化字

本表共收简化字350个，按读音的拼音字母顺序排列。本表的简化字都不得作简化偏旁使用。

A	袄〔襖〕	板〔闆〕	宝〔寶〕
碍〔礙〕	**B**	办〔辦〕	报〔報〕
肮〔骯〕	坝〔壩〕	帮〔幫〕	币〔幣〕

毙〔斃〕
标〔標〕
表〔錶〕
别〔彆〕
卜〔蔔〕
补〔補〕

C

才〔纔〕
蚕〔蠶〕①
灿〔燦〕
层〔層〕
谗〔讒〕
搀〔攙〕
馋〔饞〕
缠〔纏〕②
忏〔懺〕
偿〔償〕
厂〔廠〕
彻〔徹〕
尘〔塵〕
衬〔襯〕
称〔稱〕
惩〔懲〕
迟〔遲〕
冲〔衝〕
丑〔醜〕
出〔齣〕
础〔礎〕
处〔處〕
触〔觸〕
辞〔辭〕
聪〔聰〕
丛〔叢〕

D

担〔擔〕
胆〔膽〕
导〔導〕
灯〔燈〕
邓〔鄧〕
敌〔敵〕
籴〔糴〕
递〔遞〕
点〔點〕
电〔電〕
淀〔澱〕
冬〔鼕〕
斗〔鬥〕
独〔獨〕
吨〔噸〕
夺〔奪〕
堕〔墮〕

E

儿〔兒〕

F

矾〔礬〕
范〔範〕
飞〔飛〕
坟〔墳〕
奋〔奮〕
粪〔糞〕
凤〔鳳〕
肤〔膚〕
妇〔婦〕
复〔復〕
〔複〕

G

盖〔蓋〕
干〔乾〕③
〔幹〕
赶〔趕〕
个〔個〕
巩〔鞏〕
沟〔溝〕
构〔構〕
购〔購〕
谷〔穀〕
顾〔顧〕
刮〔颳〕
关〔關〕
观〔觀〕
柜〔櫃〕

H

汉〔漢〕
号〔號〕
合〔閤〕
轰〔轟〕
后〔後〕
胡〔鬍〕
壶〔壺〕
护〔護〕
沪〔滬〕
划〔劃〕
怀〔懷〕
坏〔壞〕④
欢〔歡〕
环〔環〕
还〔還〕
回〔迴〕
伙〔夥〕⑤
获〔獲〕
〔穫〕

J

击〔擊〕
鸡〔鷄〕
积〔積〕
极〔極〕
际〔際〕
继〔繼〕
家〔傢〕
价〔價〕
歼〔殲〕
艰〔艱〕
拣〔揀〕
茧〔繭〕
硷〔鹼〕
舰〔艦〕
姜〔薑〕
浆〔漿〕⑥
讲〔講〕
奖〔獎〕
桨〔槳〕
酱〔醬〕
胶〔膠〕
阶〔階〕
疖〔癤〕
洁〔潔〕
借〔藉〕⑦
仅〔僅〕
惊〔驚〕
竞〔競〕
旧〔舊〕
剧〔劇〕
据〔據〕
惧〔懼〕
卷〔捲〕

K

开〔開〕
克〔剋〕
垦〔墾〕
恳〔懇〕
夸〔誇〕
块〔塊〕
亏〔虧〕
困〔睏〕

L

腊〔臘〕
蜡〔蠟〕
兰〔蘭〕

拦〔攔〕
栏〔欄〕
烂〔爛〕
累〔纍〕
垒〔壘〕
类〔類〕[8]
礼〔禮〕
里〔裏〕
隶〔隸〕
帘〔簾〕
联〔聯〕
怜〔憐〕
练〔練〕
炼〔煉〕
粮〔糧〕
辽〔遼〕
疗〔療〕
了〔瞭〕[9]
猎〔獵〕
邻〔鄰〕
临〔臨〕[10]
岭〔嶺〕[11]
芦〔蘆〕
庐〔廬〕
炉〔爐〕
陆〔陸〕
驴〔驢〕
乱〔亂〕

M

么〔麽〕[12]
霉〔黴〕
蒙〔矇〕
〔濛〕
〔懞〕
梦〔夢〕
面〔麵〕
庙〔廟〕
灭〔滅〕
蔑〔衊〕
亩〔畝〕

N

恼〔惱〕
脑〔腦〕
拟〔擬〕
酿〔釀〕
疟〔瘧〕

P

盘〔盤〕
辟〔闢〕
苹〔蘋〕
凭〔憑〕
扑〔撲〕
仆〔僕〕[13]
朴〔樸〕

Q

启〔啓〕
千〔韆〕
纤〔縴〕
〔纖〕[14]
牵〔牽〕
签〔籤〕
窍〔竅〕
窃〔竊〕
寝〔寢〕
庆〔慶〕[15]
琼〔瓊〕
秋〔鞦〕
曲〔麯〕
权〔權〕
劝〔勸〕
确〔確〕

R

让〔讓〕
扰〔擾〕
热〔熱〕
认〔認〕

S

洒〔灑〕
伞〔傘〕
丧〔喪〕
扫〔掃〕
涩〔澀〕
晒〔曬〕
伤〔傷〕
舍〔捨〕
沈〔瀋〕
声〔聲〕
胜〔勝〕
湿〔濕〕
实〔實〕
适〔適〕[16]
势〔勢〕
兽〔獸〕
书〔書〕
术〔術〕[17]
树〔樹〕
帅〔帥〕
松〔鬆〕
苏〔蘇〕
〔囌〕
虽〔雖〕
随〔隨〕

T

台〔臺〕
〔檯〕
〔颱〕
态〔態〕
坛〔壇〕
〔罎〕
叹〔嘆〕
誊〔謄〕
体〔體〕
粜〔糶〕
铁〔鐵〕
厅〔廳〕[18]
听〔聽〕
头〔頭〕
图〔圖〕
涂〔塗〕
团〔團〕
〔糰〕
椭〔橢〕

W

洼〔窪〕
袜〔襪〕[19]
网〔網〕
卫〔衛〕
稳〔穩〕
务〔務〕
雾〔霧〕

X

牺〔犧〕
习〔習〕
戏〔戲〕
系〔係〕
〔繫〕[20]
虾〔蝦〕
吓〔嚇〕[21]
咸〔鹹〕
显〔顯〕
县〔縣〕[22]
宪〔憲〕
响〔響〕
向〔嚮〕
协〔協〕
胁〔脅〕
亵〔褻〕
衅〔釁〕

兴〔興〕
须〔鬚〕
悬〔懸〕
选〔選〕
旋〔鏇〕

Y

压〔壓〕[23]
盐〔鹽〕
阳〔陽〕
养〔養〕
痒〔癢〕
样〔様〕
药〔藥〕
钥〔鑰〕
爷〔爺〕
叶〔葉〕[24]
医〔醫〕
亿〔億〕
忆〔憶〕
应〔應〕
佣〔傭〕
拥〔擁〕
痈〔癰〕
踊〔踴〕
优〔優〕
忧〔憂〕
邮〔郵〕
余〔餘〕[25]
吁〔籲〕[26]
郁〔鬱〕
御〔禦〕
誉〔譽〕
渊〔淵〕
园〔園〕
远〔遠〕
愿〔願〕
跃〔躍〕
运〔運〕
酝〔醖〕

Z

杂〔雜〕
赃〔臟〕
脏〔臟〕
〔髒〕
凿〔鑿〕
枣〔棗〕
灶〔竈〕
斋〔齋〕
毡〔氈〕
战〔戰〕
赵〔趙〕
折〔摺〕[27]
这〔這〕
征〔徵〕[28]
证〔證〕
症〔癥〕
只〔隻〕
〔衹〕
〔祇〕
致〔緻〕
制〔製〕
钟〔鐘〕
〔鍾〕
肿〔腫〕
种〔種〕
众〔衆〕
昼〔晝〕
朱〔硃〕
烛〔燭〕
筑〔築〕
庄〔莊〕[29]
妆〔妝〕
桩〔樁〕
装〔裝〕
壮〔壯〕
状〔狀〕
准〔準〕
浊〔濁〕
总〔總〕
钻〔鑽〕

注释：

①蚕：上从天，不从夭。

②缠：右从厘，不从厘。

③乾坤、乾隆的乾读 qián（前），不简化。

④不作坯。坯是砖坯的坯，读 pī（批），坏坯二字不可互混。

⑤作多解的夥不简化。

⑥浆、桨、奖、酱：右上角从夕，不从夕或爫。

⑦藉口、凭藉的藉简化作借，慰藉、狼藉等的藉仍用藉。

⑧类：下从大，不从犬。

⑨瞭：读 liǎo（了解）时，仍简作了；读 liào（瞭望）时作瞭，不简作了。

⑩临：左从一短竖一长竖，不从刂。

⑪岭：不作岺，免与岑混。

⑫读 me 轻声。读 yāo（夭）的么应作幺（么本字）。吆应作吆。麽读 mó（摩）时不简化，如幺麽小丑。

⑬前仆后继的仆读 pū（扑）。

⑭纤维的纤读 xiān（先）。

⑮庆：从大，不从犬。

⑯古人南宫适、洪适的适（古字罕用）读 kuò（括）。此适字本作逜，为了避免混淆，可恢复本字逜。

⑰中药苍术、白术的术读 zhú（竹）。

⑱厅：从厂，不从广。

⑲袜：从末，不从未。

⑳系带子的系读 jì（计）。

㉑恐吓的吓读 hè（赫）。

㉒县：七笔。上从且。

㉓压：六笔。土的右旁有一点。

㉔叶韵的叶读 xié（协）。

㉕在余和馀意义可能混淆时，仍用馀。如文言句“馀年无多”。

㉖喘吁吁，长吁短叹的吁读 xū（虚）。

㉗在折和摺意义可能混淆时，摺仍用摺。

㉘宫商角徵羽的徵读 zhǐ（止），不简化。

㉙庄：六笔。土的右旁无点。

第二表　可作简化偏旁用的简化字和简化偏旁

本表共收简化字 132 个和简化偏旁 14 个。简化字按读音的拼音字母顺序排列，简化偏旁按笔数排列。

A

爱〔愛〕

B

罢〔罷〕

备〔備〕

贝〔貝〕

笔〔筆〕

毕〔畢〕

边〔邊〕

宾〔賓〕

C

参〔參〕

仓〔倉〕

产〔產〕

长〔長〕[1]

尝〔嘗〕[2]

车〔車〕

齿〔齒〕

虫〔蟲〕

刍〔芻〕

从〔從〕

窜〔竄〕

D

达〔達〕

带〔帶〕

单〔單〕

当〔當〕

　〔噹〕

党〔黨〕

东〔東〕

动〔動〕

断〔斷〕

队〔隊〕

对〔對〕

E

尔〔爾〕

F

发〔發〕

　〔髮〕

丰〔豐〕[3]

风〔風〕

G

冈〔岡〕

广〔廣〕

归〔歸〕

龟〔龜〕

国〔國〕

过〔過〕

H

华〔華〕

画〔畫〕

汇〔匯〕

　〔彙〕

会〔會〕

J

几〔幾〕

夹〔夾〕

戋〔戔〕

监〔監〕

见〔見〕

荐〔薦〕
将〔將〕④
节〔節〕
尽〔盡〕
〔儘〕
进〔進〕
举〔舉〕

K

壳〔殼〕⑤

L

来〔來〕
乐〔樂〕
离〔離〕
历〔歷〕
〔曆〕
丽〔麗〕⑥
两〔兩〕
灵〔靈〕
刘〔劉〕
龙〔龍〕
娄〔婁〕
卢〔盧〕
虏〔虜〕
卤〔鹵〕
〔滷〕
录〔録〕
虑〔慮〕
仑〔侖〕
罗〔羅〕

M

马〔馬〕⑦
买〔買〕
卖〔賣〕⑧
麦〔麥〕
门〔門〕
黾〔黽〕⑨

N

难〔難〕
鸟〔鳥〕⑩
聂〔聶〕
宁〔寧〕⑪
农〔農〕

Q

齐〔齊〕
岂〔豈〕
气〔氣〕
迁〔遷〕
佥〔僉〕
乔〔喬〕
亲〔親〕
穷〔窮〕
区〔區〕⑫

S

啬〔嗇〕
杀〔殺〕
审〔審〕
圣〔聖〕
师〔師〕
时〔時〕
寿〔壽〕
属〔屬〕
双〔雙〕
肃〔肅〕⑬
岁〔歲〕
孙〔孫〕

T

条〔條〕⑭

W

万〔萬〕
为〔為〕
韦〔韋〕
乌〔烏〕⑮
无〔無〕⑯

X

献〔獻〕
乡〔鄉〕
写〔寫〕⑰
寻〔尋〕

Y

亚〔亞〕
严〔嚴〕
厌〔厭〕
尧〔堯〕⑱
业〔業〕
页〔頁〕
义〔義〕⑲
艺〔藝〕
阴〔陰〕
隐〔隱〕
犹〔猶〕
鱼〔魚〕
与〔與〕
云〔雲〕

Z

郑〔鄭〕
执〔執〕
质〔質〕
专〔專〕

简化偏旁

讠〔言〕⑳
饣〔食〕㉑
𠃓〔昜〕㉒
纟〔糸〕
収〔臤〕
𫇦〔𤇾〕
𫩏〔監〕
只〔戠〕
钅〔金〕㉓
龸〔𦥯〕
𠬤〔睪〕㉔
𢀖〔巠〕
亦〔䜌〕
呙〔咼〕

注释：

①长：四笔。笔顺是：ノ 𠂉 ⺧ 长。
②尝：不是賞的简化字。賞的简化字是赏（见第三表）。
③四川省酆都县已改丰都县。姓酆的酆不简化作邦。
④将：右上角从夕，不从夕或⺤。
⑤壳：几上没有一小横。
⑥丽：七笔。上边一横，不作两小横。

⑦马：三笔。笔顺是：㇆ 马 马。上部向左稍斜，左上角开口，末笔作左偏旁时改作平挑。

⑧卖：从十从买，上不从士或土。

⑨黾：从口从电。

⑩鸟：五笔。

⑪作门屏之间解的宁（古字罕用）读 zhù（柱）。为避免此宁字与寧的简化字混淆，原读 zhù 的宁作㝉。

⑫区：不作区。

⑬肃：中间一竖下面的两边从八，下半中间不从米。

⑭条：上从夂，三笔，不从攵。

⑮乌：四笔。

⑯无：四笔。上从二，不可误作旡。

⑰写：上从冖，不从宀。

⑱尧：六笔。右上角无点，不可误作尧。

⑲义：从乂（读 yì）加点，不可误作叉（读 chā）。

⑳讠：二笔。不作讠。

㉑饣：三笔。中一横折作㇇，不作㇏或点。

㉒𠃓：三笔。

㉓钅：第二笔是一短横，中两横，竖折不出头。

㉔睾丸的睾读 gāo（高），不简化。

第三表 应用第二表所列简化字和简化偏旁得出来的简化字

本表共收简化字 1 753 个（不包含重见的字。例如“缆”分见“纟、𠂉、见”三部，只算一字），以第二表中的简化字和简化偏旁作部首，按第二表的顺序排列。同一部首中的简化字，按笔数排列。

爱	耢〔耮〕	财〔財〕	贪〔貪〕
嗳〔噯〕	备	狈〔狽〕	贫〔貧〕
嫒〔嬡〕	惫〔憊〕	责〔責〕	侦〔偵〕
叆〔靉〕	贝	厕〔廁〕	侧〔側〕
瑷〔璦〕	贞〔貞〕	贤〔賢〕	货〔貨〕
暧〔曖〕	则〔則〕	账〔賬〕	贯〔貫〕
罢	负〔負〕	贩〔販〕	测〔測〕
摆〔擺〕	贡〔貢〕	贬〔貶〕	浈〔湞〕
〔襬〕	呗〔唄〕	败〔敗〕	恻〔惻〕
罴〔羆〕	员〔員〕	贮〔貯〕	贰〔貳〕

责〔責〕
贯〔貫〕
费〔費〕
郧〔鄖〕
勋〔勛〕
帧〔幀〕
贴〔貼〕
贶〔貺〕
贻〔貽〕
贱〔賤〕
贵〔貴〕
钡〔鋇〕
贷〔貸〕
贸〔貿〕
贺〔賀〕
陨〔隕〕
涢〔溳〕
资〔資〕
祯〔禎〕
贾〔賈〕
损〔損〕
贽〔贄〕
埙〔塤〕
桢〔楨〕
唝〔嗊〕
唢〔嗩〕
赅〔賅〕
圆〔圓〕
贼〔賊〕
贿〔賄〕
赆〔贐〕
赂〔賂〕
债〔債〕
赁〔賃〕
渍〔漬〕
惯〔慣〕
琐〔瑣〕
赉〔賚〕
匮〔匱〕
掼〔摜〕
殒〔殞〕
勚〔勩〕
赈〔賑〕
婴〔嬰〕
啧〔嘖〕
赊〔賒〕
帻〔幘〕
偾〔僨〕
铡〔鍘〕
绩〔績〕
溃〔潰〕
溅〔濺〕
赓〔賡〕
愦〔憒〕
愤〔憤〕
蒉〔蕢〕
赍〔賫〕
蒇〔蕆〕
䞍〔䝼〕
赔〔賠〕
赕〔賧〕
遗〔遺〕
赋〔賦〕
喷〔噴〕
赌〔賭〕
赎〔贖〕
赏〔賞〕①
赐〔賜〕
赒〔賙〕
锁〔鎖〕
馈〔饋〕
赖〔賴〕
赪〔赬〕
碛〔磧〕
㱮〔殨〕
赗〔賵〕
腻〔膩〕
赛〔賽〕
襀〔襀〕
赘〔贅〕
撄〔攖〕
槚〔檟〕
嘤〔嚶〕
赚〔賺〕
赙〔賻〕
罂〔罌〕
镄〔鐨〕
篑〔簣〕
鲗〔鰂〕
缨〔纓〕
璎〔瓔〕
聩〔聵〕
樱〔櫻〕
赜〔賾〕
箦〔簀〕
濑〔瀨〕
瘿〔癭〕
懒〔懶〕
赝〔贋〕
豮〔豶〕
赠〔贈〕
鹦〔鸚〕
獭〔獺〕
赞〔贊〕
赢〔贏〕
赡〔贍〕
癞〔癩〕
攒〔攢〕
籁〔籟〕
缵〔纘〕
瓒〔瓚〕
臜〔臢〕
赣〔贛〕
趱〔趲〕
躜〔躦〕
戆〔戇〕
笔
滗〔潷〕
毕
荜〔蓽〕
哔〔嗶〕
筚〔篳〕
跸〔蹕〕
边
笾〔籩〕
宾
傧〔儐〕
滨〔濱〕
摈〔擯〕
嫔〔嬪〕
缤〔繽〕
殡〔殯〕
槟〔檳〕
膑〔臏〕
镔〔鑌〕
髌〔髕〕
鬓〔鬢〕
参
渗〔滲〕
惨〔慘〕
掺〔摻〕
骖〔驂〕
毵〔毿〕
瘆〔瘮〕
碜〔磣〕
穇〔穇〕
糁〔糝〕
仓

伧〔傖〕
创〔創〕
沧〔滄〕
怆〔愴〕
苍〔蒼〕
抢〔搶〕
呛〔嗆〕
炝〔熗〕
玱〔瑲〕
枪〔槍〕
戗〔戧〕
疮〔瘡〕
鸧〔鶬〕
舱〔艙〕
跄〔蹌〕
产
浐〔滻〕
萨〔薩〕
铲〔鏟〕
长
伥〔倀〕
怅〔悵〕
帐〔帳〕
张〔張〕
枨〔棖〕
账〔賬〕
胀〔脹〕
涨〔漲〕
尝
鲿〔鱨〕
车
轧〔軋〕
军〔軍〕
轨〔軌〕
厍〔厙〕
阵〔陣〕
库〔庫〕
连〔連〕
轩〔軒〕
诨〔諢〕
郓〔鄆〕
轫〔軔〕
轭〔軛〕
匦〔匭〕
转〔轉〕
轮〔輪〕
斩〔斬〕
软〔軟〕
浑〔渾〕
恽〔惲〕
砗〔硨〕
轶〔軼〕
轲〔軻〕
轱〔軲〕
轷〔軤〕
轻〔輕〕
轳〔轤〕
轴〔軸〕
挥〔揮〕
荤〔葷〕
轹〔轢〕
轸〔軫〕
轺〔軺〕
涟〔漣〕
珲〔琿〕
载〔載〕
莲〔蓮〕
较〔較〕
轼〔軾〕
轾〔輊〕
辂〔輅〕
轿〔轎〕
晕〔暈〕
渐〔漸〕
惭〔慚〕
皲〔皸〕
琏〔璉〕
辅〔輔〕
辄〔輒〕
辆〔輛〕
堑〔塹〕
啭〔囀〕
崭〔嶄〕
裤〔褲〕
裢〔褳〕
辇〔輦〕
辋〔輞〕
辍〔輟〕
辊〔輥〕
椠〔槧〕
辎〔輜〕
暂〔暫〕
辉〔輝〕
辈〔輩〕
链〔鏈〕
翚〔翬〕
辏〔輳〕
辐〔輻〕
辑〔輯〕
输〔輸〕
毂〔轂〕
辔〔轡〕
辖〔轄〕
辕〔轅〕
辗〔輾〕
舆〔輿〕
辘〔轆〕
撵〔攆〕
鲢〔鰱〕
辙〔轍〕
錾〔鏨〕
辚〔轔〕
齿
龀〔齔〕
啮〔嚙〕
龆〔齠〕
龅〔齙〕
龃〔齟〕
龄〔齡〕
龇〔齜〕
龈〔齦〕
龉〔齬〕
龊〔齪〕
龌〔齷〕
龋〔齲〕
虫
蛊〔蠱〕
刍
诌〔謅〕
㑇〔㑳〕
邹〔鄒〕
㤘〔㥮〕
驺〔騶〕
绉〔縐〕
皱〔皺〕
趋〔趨〕
雏〔雛〕
从
苁〔蓯〕
纵〔縱〕
枞〔樅〕
怂〔慫〕
耸〔聳〕
窜
撺〔攛〕
镩〔鑹〕
蹿〔躥〕
达

汏〔澾〕
闼〔闥〕
挞〔撻〕
哒〔噠〕
鞑〔韃〕
带
滞〔滯〕
单
郸〔鄲〕
惮〔憚〕
阐〔闡〕
掸〔撣〕
弹〔彈〕
婵〔嬋〕
禅〔禪〕
殚〔殫〕
瘅〔癉〕
蝉〔蟬〕
箪〔簞〕
蕲〔蘄〕
冁〔囅〕
当
挡〔擋〕
档〔檔〕
裆〔襠〕
铛〔鐺〕
党
谠〔讜〕
傥〔儻〕
镋〔鎲〕
东
冻〔凍〕
陈〔陳〕
岽〔崬〕
栋〔棟〕
胨〔腖〕
鸫〔鶇〕

动
恸〔慟〕
断
簖〔籪〕
对
怼〔懟〕
队
坠〔墜〕
尔
迩〔邇〕
弥〔彌〕
〔瀰〕
祢〔禰〕
玺〔璽〕
猕〔獼〕
发
泼〔潑〕
废〔廢〕
拨〔撥〕
䥽〔鏺〕
丰
沣〔灃〕
艳〔艷〕
滟〔灧〕
风
讽〔諷〕
沨〔渢〕
岚〔嵐〕
枫〔楓〕
疯〔瘋〕
飒〔颯〕
砜〔碸〕
飓〔颶〕
飔〔颸〕
飕〔颼〕
飗〔飀〕
飘〔飄〕

飙〔飆〕
冈
刚〔剛〕
㧏〔掆〕
岗〔崗〕
纲〔綱〕
㭎〔棡〕
钢〔鋼〕
广
邝〔鄺〕
圹〔壙〕
扩〔擴〕
犷〔獷〕
纩〔纊〕
旷〔曠〕
矿〔礦〕
归
岿〔巋〕
龟
阄〔鬮〕
国
掴〔摑〕
帼〔幗〕
腘〔膕〕
蝈〔蟈〕
过
挝〔撾〕
华
哗〔嘩〕
骅〔驊〕
烨〔燁〕
桦〔樺〕
晔〔曄〕
铧〔鏵〕
画
婳〔嫿〕
汇

㧟〔擓〕
会
刽〔劊〕
郐〔鄶〕
侩〔儈〕
浍〔澮〕
荟〔薈〕
哙〔噲〕
狯〔獪〕
绘〔繪〕
烩〔燴〕
桧〔檜〕
脍〔膾〕
鲙〔鱠〕
几
讥〔譏〕
叽〔嘰〕
饥〔饑〕
机〔機〕
玑〔璣〕
矶〔磯〕
虮〔蟣〕
夹
郏〔郟〕
侠〔俠〕
陕〔陝〕
浃〔浹〕
挟〔挾〕
荚〔莢〕
峡〔峽〕
狭〔狹〕
惬〔愜〕
硖〔硤〕
铗〔鋏〕
颊〔頰〕
蛱〔蛺〕
瘗〔瘞〕

箧〔篋〕
戋
刬〔剗〕
浅〔淺〕
饯〔餞〕
线〔綫〕
残〔殘〕
栈〔棧〕
贱〔賤〕
盏〔盞〕
钱〔錢〕
笺〔箋〕
溅〔濺〕
践〔踐〕
监
滥〔濫〕
蓝〔藍〕
尴〔尷〕
槛〔檻〕
褴〔襤〕
篮〔籃〕
见
苋〔莧〕
岘〔峴〕
觃〔覎〕
视〔視〕
规〔規〕
现〔現〕
枧〔梘〕
觅〔覓〕
觉〔覺〕
砚〔硯〕
觇〔覘〕
览〔覽〕
宽〔寬〕
蚬〔蜆〕
觊〔覬〕
笕〔筧〕
觋〔覡〕
觌〔覿〕
靓〔靚〕
搅〔攪〕
揽〔攬〕
缆〔纜〕
窥〔窺〕
榄〔欖〕
觎〔覦〕
觏〔覯〕
觐〔覲〕
觑〔覷〕
髋〔髖〕
荐
鞯〔韉〕
将
蒋〔蔣〕
锵〔鏘〕
节
栉〔櫛〕
尽
浕〔濜〕
荩〔藎〕
烬〔燼〕
赆〔贐〕
进
琎〔璡〕
举
榉〔櫸〕
壳
悫〔慤〕
来
涞〔淶〕
莱〔萊〕
崃〔崍〕
徕〔徠〕
赉〔賚〕
睐〔睞〕
铼〔錸〕
乐
泺〔濼〕
烁〔爍〕
栎〔櫟〕
轹〔轢〕
砾〔礫〕
铄〔鑠〕
离
漓〔灕〕
篱〔籬〕
历
沥〔瀝〕
坜〔壢〕
苈〔藶〕
呖〔嚦〕
枥〔櫪〕
疬〔癧〕
雳〔靂〕
丽
俪〔儷〕
郦〔酈〕
逦〔邐〕
骊〔驪〕
鹂〔鸝〕
酾〔釃〕
鲡〔鱺〕
两
俩〔倆〕
唡〔啢〕
辆〔輛〕
满〔滿〕
瞒〔瞞〕
颟〔顢〕
螨〔蟎〕
魉〔魎〕
懑〔懣〕
蹒〔蹣〕
灵
棂〔欞〕
刘
浏〔瀏〕
龙
陇〔隴〕
泷〔瀧〕
宠〔寵〕
庞〔龐〕
垄〔壟〕
拢〔攏〕
茏〔蘢〕
咙〔嚨〕
珑〔瓏〕
栊〔櫳〕
䶮〔龑〕
昽〔曨〕
胧〔朧〕
砻〔礱〕
袭〔襲〕
聋〔聾〕
龚〔龔〕
龛〔龕〕
笼〔籠〕
詟〔讋〕
娄
偻〔僂〕
溇〔漊〕
蒌〔蔞〕
搂〔摟〕
嵝〔嶁〕
喽〔嘍〕
缕〔縷〕
屡〔屢〕

数〔數〕
楼〔樓〕
瘘〔瘻〕
褛〔褸〕
窭〔窶〕
瞜〔瞜〕
镂〔鏤〕
屦〔屨〕
蝼〔螻〕
篓〔簍〕
耧〔耬〕
薮〔藪〕
擞〔擻〕
髅〔髏〕
卢
泸〔瀘〕
垆〔壚〕
栌〔櫨〕
轳〔轤〕
胪〔臚〕
鸬〔鸕〕
颅〔顱〕
舻〔艫〕
鲈〔鱸〕
虏
掳〔擄〕
卤
鹾〔鹺〕
录
箓〔籙〕
虑
滤〔濾〕
摅〔攄〕
仑
论〔論〕
伦〔倫〕
沦〔淪〕
抡〔掄〕
囵〔圇〕
纶〔綸〕
轮〔輪〕
瘪〔癟〕
罗
萝〔蘿〕
啰〔囉〕
逻〔邏〕
猡〔玀〕
椤〔欏〕
锣〔鑼〕
箩〔籮〕
马
冯〔馮〕
驭〔馭〕
闯〔闖〕
吗〔嗎〕
犸〔獁〕
驮〔馱〕
驰〔馳〕
驯〔馴〕
妈〔媽〕
玛〔瑪〕
驱〔驅〕
驳〔駁〕
码〔碼〕
驼〔駝〕
驻〔駐〕
驵〔駔〕
驾〔駕〕
驿〔驛〕
驷〔駟〕
驶〔駛〕
驹〔駒〕
驺〔騶〕
骀〔駘〕
驸〔駙〕
驽〔駑〕
骂〔罵〕
蚂〔螞〕
笃〔篤〕
骇〔駭〕
骈〔駢〕
骁〔驍〕
骄〔驕〕
骅〔驊〕
骆〔駱〕
骊〔驪〕
骋〔騁〕
验〔驗〕
骏〔駿〕
骎〔駸〕
骑〔騎〕
骐〔騏〕
骒〔騍〕
骓〔騅〕
骖〔驂〕
骗〔騙〕
骘〔騭〕
骛〔騖〕
骚〔騷〕
骞〔騫〕
骜〔驁〕
蓦〔驀〕
腾〔騰〕
骝〔騮〕
骟〔騸〕
骠〔驃〕
骢〔驄〕
骡〔騾〕
羁〔羈〕
骤〔驟〕
骥〔驥〕
骧〔驤〕
买
荬〔蕒〕
卖
读〔讀〕
渎〔瀆〕
续〔續〕
椟〔櫝〕
觌〔覿〕
赎〔贖〕
犊〔犢〕
牍〔牘〕
窦〔竇〕
黩〔黷〕
麦
唛〔嘜〕
麸〔麩〕
门
闩〔閂〕
闪〔閃〕
们〔們〕
闭〔閉〕
闯〔闖〕
问〔問〕
扪〔捫〕
闱〔闈〕
闵〔閔〕
闷〔悶〕
闰〔閏〕
闲〔閑〕
间〔間〕
闹〔鬧〕[2]
闸〔閘〕
钔〔鍆〕
阂〔閡〕
闺〔閨〕
闻〔聞〕

闼〔闥〕
闽〔閩〕
闾〔閭〕
闿〔闓〕
⿵门争〔⿵門争〕
阁〔閣〕
阀〔閥〕
润〔潤〕
涧〔澗〕
悯〔憫〕
阆〔閬〕
阅〔閱〕
阃〔閫〕
阄〔鬮〕②
⿵门坙〔⿵門坙〕
娴〔嫻〕
阏〔閼〕
阈〔閾〕
阉〔閹〕
阊〔閶〕
阍〔閽〕
阌〔閿〕
阋〔鬩〕②
阐〔闡〕
阎〔閻〕
焖〔燜〕
阑〔闌〕
裥〔襇〕
阔〔闊〕
痫〔癇〕
鹇〔鷳〕
阕〔闋〕
阒〔闃〕
搁〔擱〕
锏〔鐧〕
锎〔鐦〕
阙〔闕〕
阖〔闔〕
阗〔闐〕
⿰木间〔橺〕
简〔簡〕
谰〔讕〕
阚〔闞〕
蔺〔藺〕
澜〔瀾〕
斓〔斕〕
𪢮〔㘓〕
镧〔鑭〕
躏〔躪〕
黾
渑〔澠〕
绳〔繩〕
鼋〔黿〕
蝇〔蠅〕
鼍〔鼉〕
难
傩〔儺〕
滩〔灘〕
摊〔攤〕
瘫〔癱〕
鸟
凫〔鳧〕
鸠〔鳩〕
岛〔島〕
茑〔蔦〕
鸢〔鳶〕
鸣〔鳴〕
枭〔梟〕
鸩〔鴆〕
鸦〔鴉〕
䴓〔鳾〕
鸥〔鷗〕
鸨〔鴇〕
鸧〔鶬〕
窎〔窵〕
莺〔鶯〕
鸪〔鴣〕
捣〔搗〕
鸫〔鶇〕
鸬〔鸕〕
鸭〔鴨〕
鸯〔鴦〕
鸮〔鴞〕
鸲〔鴝〕
鸰〔鴒〕
鸳〔鴛〕
鸵〔鴕〕
袅〔裊〕
鸱〔鴟〕
鸶〔鷥〕
鸾〔鸞〕
䴔〔鵁〕
鸿〔鴻〕
鸷〔鷙〕
鸸〔鴯〕
鸴〔鷽〕
鸼〔鵃〕
鸽〔鴿〕
鸹〔鴰〕
鸺〔鵂〕
鸻〔鴴〕
鹈〔鵜〕
鹇〔鷴〕
鹁〔鵓〕
鹂〔鸝〕
鹃〔鵑〕
鹆〔鵒〕
鹄〔鵠〕
鹅〔鵝〕
鹑〔鶉〕
鹒〔鶊〕
䴖〔鶄〕
鹉〔鵡〕
鹊〔鵲〕
鹋〔鶓〕
鹌〔鵪〕
鹏〔鵬〕
鹐〔鵮〕
鹚〔鷀〕
鹕〔鶘〕
鹖〔鶡〕
鹍〔鵾〕
鹗〔鶚〕
鹘〔鶻〕
鹙〔鶖〕
鹜〔鶩〕
鹛〔鶥〕
鹤〔鶴〕
鹣〔鶼〕
鹞〔鷂〕
鹡〔鶺〕
䴘〔鷉〕
鹧〔鷓〕
鹥〔鷖〕
鹦〔鸚〕
鹨〔鷚〕
鹫〔鷲〕
鹩〔鷯〕
鹪〔鷦〕
鹬〔鷸〕
鹰〔鷹〕
鹯〔鸇〕
鹭〔鷺〕
䴙〔鸊〕
鹳〔鸛〕
聂
慑〔懾〕
滠〔灄〕

摄〔攝〕
嗫〔囁〕
镊〔鑷〕
颞〔顳〕
蹑〔躡〕
宁
泞〔濘〕
拧〔擰〕
咛〔嚀〕
狞〔獰〕
柠〔檸〕
聍〔聹〕
农
侬〔儂〕
浓〔濃〕
哝〔噥〕
脓〔膿〕
齐
剂〔劑〕
侪〔儕〕
济〔濟〕
荠〔薺〕
挤〔擠〕
脐〔臍〕
蛴〔蠐〕
跻〔躋〕
霁〔霽〕
鲚〔鱭〕
齑〔齏〕
岂
剀〔剴〕
凯〔凱〕
恺〔愷〕
闿〔闓〕
垲〔塏〕
桤〔榿〕
觊〔覬〕
硙〔磑〕
皑〔皚〕
铠〔鎧〕
气
忾〔愾〕
饩〔餼〕
迁
跹〔躚〕
佥
剑〔劍〕
俭〔儉〕
险〔險〕
捡〔撿〕
猃〔獫〕
验〔驗〕
检〔檢〕
殓〔殮〕
敛〔斂〕
脸〔臉〕
裣〔襝〕
睑〔瞼〕
签〔簽〕
潋〔瀲〕
蔹〔蘞〕
乔
侨〔僑〕
挢〔撟〕
荞〔蕎〕
峤〔嶠〕
骄〔驕〕
娇〔嬌〕
桥〔橋〕
轿〔轎〕
硚〔礄〕
矫〔矯〕
鞒〔鞽〕
亲
榇〔櫬〕
穷
䓖〔藭〕
区
讴〔謳〕
伛〔傴〕
沤〔漚〕
怄〔慪〕
抠〔摳〕
奁〔奩〕
呕〔嘔〕
岖〔嶇〕
妪〔嫗〕
驱〔驅〕
枢〔樞〕
瓯〔甌〕
欧〔歐〕
殴〔毆〕
鸥〔鷗〕
眍〔瞘〕
躯〔軀〕
啬
蔷〔薔〕
墙〔墻〕
嫱〔嬙〕
樯〔檣〕
穑〔穡〕
杀
铩〔鎩〕
审
谉〔讅〕
婶〔嬸〕
圣
柽〔檉〕
蛏〔蟶〕
师
浉〔溮〕
狮〔獅〕
蛳〔螄〕
筛〔篩〕
时
埘〔塒〕
莳〔蒔〕
鲥〔鰣〕
寿
俦〔儔〕
涛〔濤〕
祷〔禱〕
焘〔燾〕
畴〔疇〕
铸〔鑄〕
筹〔籌〕
踌〔躊〕
属
嘱〔囑〕
瞩〔矚〕
双
扨〔㩳〕
肃
萧〔蕭〕
啸〔嘯〕
潇〔瀟〕
箫〔簫〕
蟏〔蠨〕
岁
刿〔劌〕
哕〔噦〕
秽〔穢〕
孙
荪〔蓀〕
狲〔猻〕
逊〔遜〕
条
涤〔滌〕

绦〔縧〕
鲦〔鰷〕
万
厉〔厲〕
迈〔邁〕
励〔勵〕
疠〔癘〕
虿〔蠆〕
趸〔躉〕
砺〔礪〕
粝〔糲〕
蛎〔蠣〕
为
伪〔僞〕
沩〔溈〕
妫〔媯〕
韦
讳〔諱〕
伟〔偉〕
闱〔闈〕
违〔違〕
苇〔葦〕
韧〔韌〕
帏〔幃〕
围〔圍〕
纬〔緯〕
炜〔煒〕
祎〔禕〕
玮〔瑋〕
韨〔韍〕
涠〔潿〕
韩〔韓〕
韫〔韞〕
韪〔韙〕
韬〔韜〕
乌
邬〔鄔〕
坞〔塢〕
呜〔嗚〕
钨〔鎢〕
无
怃〔憮〕
庑〔廡〕
抚〔撫〕
芜〔蕪〕
呒〔嘸〕
妩〔嫵〕
献
谳〔讞〕
乡
芗〔薌〕
飨〔饗〕
写
泻〔瀉〕
寻
浔〔潯〕
荨〔蕁〕
挦〔撏〕
鲟〔鱘〕
亚
垩〔堊〕
垭〔埡〕
挜〔掗〕
哑〔啞〕
娅〔婭〕
恶〔惡〕
〔噁〕
氩〔氬〕
壶〔壺〕
严
俨〔儼〕
酽〔釅〕
厌
恹〔懨〕
厣〔厴〕
靥〔靨〕
餍〔饜〕
魇〔魘〕
黡〔黶〕
尧
侥〔僥〕
浇〔澆〕
挠〔撓〕
荛〔蕘〕
峣〔嶢〕
哓〔嘵〕
娆〔嬈〕
骁〔驍〕
绕〔繞〕
饶〔饒〕
烧〔燒〕
桡〔橈〕
晓〔曉〕
硗〔磽〕
铙〔鐃〕
翘〔翹〕
蛲〔蟯〕
跷〔蹺〕
业
邺〔鄴〕
页
顶〔頂〕
顷〔頃〕
项〔項〕
顸〔頇〕
顺〔順〕
须〔須〕
颃〔頏〕
烦〔煩〕
顼〔頊〕
顽〔頑〕
顿〔頓〕
颀〔頎〕
颁〔頒〕
颂〔頌〕
倾〔傾〕
预〔預〕
庼〔廎〕
硕〔碩〕
颅〔顱〕
领〔領〕
颈〔頸〕
颇〔頗〕
颏〔頦〕
颊〔頰〕
颉〔頡〕
颍〔潁〕
颌〔頜〕
颋〔頲〕
滪〔澦〕
颐〔頤〕
蓣〔蕷〕
频〔頻〕
颓〔頹〕
颔〔頷〕
颖〔穎〕
颗〔顆〕
额〔額〕
颜〔顔〕
撷〔擷〕
题〔題〕
颙〔顒〕
颛〔顓〕
缬〔纈〕
濒〔瀕〕
颠〔顛〕
颟〔顢〕
颞〔顳〕

颡〔顙〕
嚣〔囂〕
颢〔顥〕
颤〔顫〕
巅〔巔〕
颥〔顬〕
癫〔癲〕
灏〔灝〕
颦〔顰〕
颧〔顴〕
义
议〔議〕
仪〔儀〕
蚁〔蟻〕
艺
呓〔囈〕
阴
荫〔蔭〕
隐
瘾〔癮〕
犹
莸〔蕕〕
鱼
鱽〔魛〕
渔〔漁〕
鲂〔魴〕
鱿〔魷〕
鲁〔魯〕
鲎〔鱟〕
蓟〔薊〕
鲆〔鮃〕
鲏〔鮍〕
鲅〔鮁〕
鲈〔鱸〕
鲇〔鮎〕
鲊〔鮓〕
䲟〔鮣〕
稣〔穌〕
鲋〔鮒〕
鲍〔鮑〕
鲐〔鮐〕
鲞〔鯗〕
鲝〔鮺〕
鲚〔鱭〕
鲛〔鮫〕
鲜〔鮮〕
鲑〔鮭〕
鲒〔鮚〕
鲟〔鱘〕
鲔〔鮪〕
鲗〔鰂〕
鲖〔鮦〕
鲙〔鱠〕
鲨〔鯊〕
噜〔嚕〕
鲡〔鱺〕
鲠〔鯁〕
鲢〔鰱〕
鲫〔鯽〕
鲥〔鰣〕
鲩〔鯇〕
鲣〔鰹〕
鲤〔鯉〕
鲦〔鰷〕
鲧〔鯀〕
橹〔櫓〕
氇〔氌〕
鲸〔鯨〕
鲭〔鯖〕
鲮〔鯪〕
鲰〔鯫〕
鲲〔鯤〕
鲻〔鯔〕
鲳〔鯧〕
鲱〔鯡〕
鲵〔鯢〕
鲷〔鯛〕
鲶〔鯰〕
藓〔蘚〕
䲡〔鰌〕
䲠〔鰆〕
䲣〔鱛〕
鳊〔鯿〕
鲽〔鰈〕
鳁〔鰮〕
鳃〔鰓〕
鳄〔鰐〕
镥〔鑥〕
鳅〔鰍〕
鳆〔鰒〕
鳇〔鰉〕
鳌〔鰲〕
歔〔歔〕
䲢〔鰧〕
鳒〔鰜〕
鳍〔鰭〕
鳎〔鰨〕
鳏〔鰥〕
鳑〔鰟〕
癣〔癬〕
鳖〔鱉〕
鳙〔鱅〕
鳛〔鰼〕
鳕〔鱈〕
鳔〔鰾〕
鳓〔鰳〕
鳘〔鰵〕
鳗〔鰻〕
鳝〔鱔〕
鳟〔鱒〕
鳞〔鱗〕
鳜〔鱖〕
鳣〔鱣〕
鳢〔鱧〕
与
屿〔嶼〕
欤〔歟〕
云
芸〔蕓〕
昙〔曇〕
叆〔靉〕
叇〔靆〕
郑
掷〔擲〕
踯〔躑〕
执
垫〔墊〕
挚〔摯〕
贽〔贄〕
鸷〔鷙〕
蛰〔蟄〕
絷〔縶〕
质
锧〔鑕〕
踬〔躓〕
专
传〔傳〕
抟〔摶〕
转〔轉〕
䏝〔膞〕
砖〔磚〕
啭〔囀〕
讠
计〔計〕
订〔訂〕
讣〔訃〕
讥〔譏〕
议〔議〕

讨〔討〕	诊〔診〕	诶〔誒〕	谔〔諤〕
讧〔訌〕	诒〔詒〕	狱〔獄〕	谓〔謂〕
讦〔訐〕	诨〔諢〕	谊〔誼〕	谖〔諼〕
记〔記〕	该〔該〕	谅〔諒〕	谕〔諭〕
讯〔訊〕	详〔詳〕	谈〔談〕	谥〔謚〕
讪〔訕〕	诧〔詫〕	谆〔諄〕	谤〔謗〕
训〔訓〕	诓〔誆〕	谉〔讅〕	谦〔謙〕
讫〔訖〕	诖〔詿〕	谇〔誶〕	谧〔謐〕
访〔訪〕	诘〔詰〕	请〔請〕	谟〔謨〕
讶〔訝〕	诙〔詼〕	诺〔諾〕	谠〔讜〕
讳〔諱〕	试〔試〕	诸〔諸〕	谡〔謖〕
讵〔詎〕	诗〔詩〕	读〔讀〕	谢〔謝〕
讴〔謳〕	诩〔詡〕	诼〔諑〕	谣〔謡〕
诀〔訣〕	诤〔諍〕	诹〔諏〕	储〔儲〕
讷〔訥〕	诠〔詮〕	课〔課〕	谪〔謫〕
设〔設〕	诛〔誅〕	诽〔誹〕	谫〔譾〕
讽〔諷〕	诔〔誄〕	诿〔諉〕	谨〔謹〕
讹〔訛〕	诟〔詬〕	谁〔誰〕	谬〔謬〕
䜣〔訢〕	诣〔詣〕	谀〔諛〕	谩〔謾〕
许〔許〕	话〔話〕	调〔調〕	谱〔譜〕
论〔論〕	诡〔詭〕	谄〔諂〕	谮〔譖〕
讼〔訟〕	询〔詢〕	谂〔諗〕	谭〔譚〕
讻〔訩〕	诚〔誠〕	谛〔諦〕	谰〔讕〕
诂〔詁〕	诞〔誕〕	谙〔諳〕	谲〔譎〕
诃〔訶〕	浒〔滸〕	谜〔謎〕	谯〔譙〕
评〔評〕	诮〔誚〕	谚〔諺〕	蔼〔藹〕
诏〔詔〕	说〔説〕	谝〔諞〕	槠〔櫧〕
词〔詞〕	诫〔誡〕	谘〔諮〕	谴〔譴〕
译〔譯〕	诬〔誣〕	谌〔諶〕	谵〔譫〕
诎〔詘〕	语〔語〕	谎〔謊〕	谳〔讞〕
诇〔詗〕	诵〔誦〕	谋〔謀〕	辩〔辯〕
诅〔詛〕	罚〔罰〕	谍〔諜〕	䜩〔讌〕
识〔識〕	误〔誤〕	谐〔諧〕	雠〔讎〕③
诌〔謅〕	诰〔誥〕	谏〔諫〕	谶〔讖〕
诋〔詆〕	诳〔誑〕	谞〔諝〕	霭〔靄〕
诉〔訴〕	诱〔誘〕	谑〔謔〕	饣
诈〔詐〕	诲〔誨〕	谒〔謁〕	饥〔饑〕

饦〔飥〕
饧〔餳〕
饨〔飩〕
饭〔飯〕
饮〔飲〕
饫〔飫〕
饩〔餼〕
饪〔飪〕
饬〔飭〕
饲〔飼〕
饯〔餞〕
饰〔飾〕
饱〔飽〕
饴〔飴〕
饳〔飿〕
饸〔餄〕
饷〔餉〕
饺〔餃〕
饻〔餏〕
饼〔餅〕
饵〔餌〕
饶〔饒〕
蚀〔蝕〕
饹〔餎〕
饽〔餑〕
馁〔餒〕
饿〔餓〕
馆〔館〕
馄〔餛〕
馃〔餜〕
馅〔餡〕
馉〔餶〕
馇〔餷〕
馈〔饋〕
馊〔餿〕
馐〔饈〕
馍〔饃〕
馎〔餺〕
馏〔餾〕
馑〔饉〕
馒〔饅〕
馓〔饊〕
馔〔饌〕
馕〔饢〕

𠃓

汤〔湯〕
扬〔揚〕
场〔場〕
旸〔暘〕
饧〔餳〕
炀〔煬〕
杨〔楊〕
肠〔腸〕
疡〔瘍〕
砀〔碭〕
畅〔暢〕
钖〔鍚〕
殇〔殤〕
荡〔蕩〕
烫〔燙〕
觞〔觴〕

纟

丝〔絲〕
纠〔糾〕
纩〔纊〕
纡〔紆〕
纣〔紂〕
红〔紅〕
纪〔紀〕
纫〔紉〕
纥〔紇〕
约〔約〕
纨〔紈〕
级〔級〕
纺〔紡〕
纹〔紋〕
纬〔緯〕
纭〔紜〕
纯〔純〕
纰〔紕〕
纽〔紐〕
纳〔納〕
纲〔綱〕
纱〔紗〕
纴〔紝〕
纷〔紛〕
纶〔綸〕
纸〔紙〕
纵〔縱〕
纾〔紓〕
纼〔紖〕
咝〔噝〕
绊〔絆〕
线〔綫〕
绀〔紺〕
绁〔紲〕
绂〔紱〕
绋〔紼〕
绎〔繹〕
经〔經〕
绍〔紹〕
组〔組〕
细〔細〕
䌷〔紬〕
绅〔紳〕
织〔織〕
绌〔絀〕
终〔終〕
绉〔縐〕
绐〔紿〕
哟〔喲〕
绖〔絰〕
荮〔葤〕
荭〔葒〕
绞〔絞〕
统〔統〕
绒〔絨〕
绕〔繞〕
绔〔絝〕
结〔結〕
绗〔絎〕
给〔給〕
绘〔繪〕
绝〔絶〕
绛〔絳〕
络〔絡〕
绚〔絢〕
绑〔綁〕
莼〔蒓〕
绠〔綆〕
绨〔綈〕
绡〔綃〕
绢〔絹〕
绣〔綉〕
绥〔綏〕
绦〔縧〕
鸶〔鷥〕
综〔綜〕
绽〔綻〕
绾〔綰〕
绻〔綣〕
绩〔績〕
绫〔綾〕
绪〔緒〕
续〔續〕
绮〔綺〕
缀〔綴〕
绿〔緑〕

绰〔綽〕
绲〔緄〕
绳〔繩〕
绯〔緋〕
绶〔綬〕
绸〔綢〕
绷〔繃〕
绺〔綹〕
维〔維〕
绵〔綿〕
缁〔緇〕
缔〔締〕
编〔編〕
缕〔縷〕
缃〔緗〕
缂〔緙〕
缅〔緬〕
缘〔緣〕
缉〔緝〕
缇〔緹〕
缈〔緲〕
缗〔緡〕
缊〔緼〕
缌〔緦〕
缆〔纜〕
缓〔緩〕
缄〔緘〕
缑〔緱〕
缒〔縋〕
缎〔緞〕
辔〔轡〕
缞〔縗〕
缤〔繽〕
缟〔縞〕
缣〔縑〕
缢〔縊〕
缚〔縛〕
缙〔縉〕
缛〔縟〕
缜〔縝〕
缝〔縫〕
缡〔縭〕
潍〔濰〕
缩〔縮〕
缥〔縹〕
缪〔繆〕
缦〔縵〕
缨〔纓〕
缫〔繅〕
缧〔縲〕
蕴〔藴〕
缮〔繕〕
缯〔繒〕
缬〔纈〕
缭〔繚〕
橼〔櫞〕
缰〔繮〕
缳〔繯〕
缲〔繰〕
缱〔繾〕
缴〔繳〕
辫〔辮〕
缵〔纘〕

収

坚〔堅〕
贤〔賢〕
肾〔腎〕
竖〔豎〕
悭〔慳〕
紧〔緊〕
铿〔鏗〕
鲣〔鰹〕

𫇧

劳〔勞〕
茕〔煢〕
茔〔塋〕
荧〔熒〕
荣〔榮〕
荥〔滎〕
荦〔犖〕
涝〔澇〕
崂〔嶗〕
莹〔瑩〕
捞〔撈〕
唠〔嘮〕
莺〔鶯〕
萤〔螢〕
营〔營〕
萦〔縈〕
痨〔癆〕
嵘〔嶸〕
铹〔鐒〕
耢〔耮〕
蝾〔蠑〕

𫩏

览〔覽〕
揽〔攬〕
缆〔纜〕
榄〔欖〕
鉴〔鑒〕

只

识〔識〕
帜〔幟〕
织〔織〕
炽〔熾〕
职〔職〕

钅

钆〔釓〕
钇〔釔〕
钌〔釕〕
钋〔釙〕
钉〔釘〕
针〔針〕
钊〔釗〕
钗〔釵〕
钎〔釺〕
钓〔釣〕
钏〔釧〕
钍〔釷〕
钐〔釤〕
钒〔釩〕
钖〔鍚〕
钕〔釹〕
钔〔鍆〕
钬〔鈥〕
钫〔鈁〕
钚〔鈈〕
䥺〔釾〕
钪〔鈧〕
钯〔鈀〕
钭〔鈄〕
钙〔鈣〕
钝〔鈍〕
钛〔鈦〕
钘〔鈃〕
钮〔鈕〕
钞〔鈔〕
钢〔鋼〕
钠〔鈉〕
钡〔鋇〕
钤〔鈐〕
钧〔鈞〕
钩〔鈎〕
钦〔欽〕
钨〔鎢〕
铋〔鉍〕
钰〔鈺〕
钱〔錢〕

钲〔鉦〕
钳〔鉗〕
钴〔鈷〕
钺〔鉞〕
钵〔鉢〕
钹〔鈸〕
钼〔鉬〕
钾〔鉀〕
铀〔鈾〕
钿〔鈿〕
铎〔鐸〕
䥽〔鏺〕
铃〔鈴〕
铅〔鉛〕
铂〔鉑〕
铄〔鑠〕
铆〔鉚〕
铍〔鈹〕
钶〔鈳〕
铊〔鉈〕
钽〔鉭〕
铌〔鈮〕
钷〔鉅〕
铈〔鈰〕
铉〔鉉〕
铒〔鉺〕
铑〔銠〕
铕〔銪〕
铟〔銦〕
铷〔鉫〕
铯〔銫〕
铥〔銩〕
铪〔鉿〕
铞〔銱〕
铫〔銚〕
铵〔銨〕
衔〔銜〕
铲〔鏟〕
铰〔鉸〕
铳〔銃〕
铱〔銥〕
铓〔鋩〕
铗〔鋏〕
铐〔銬〕
铏〔鉶〕
铙〔鐃〕
银〔銀〕
铛〔鐺〕
铜〔銅〕
铝〔鋁〕
铡〔鍘〕
铠〔鎧〕
铨〔銓〕
铢〔銖〕
铣〔銑〕
铤〔鋌〕
铭〔銘〕
铬〔鉻〕
铮〔錚〕
铧〔鏵〕
铩〔鎩〕
揿〔撳〕
锌〔鋅〕
锐〔鋭〕
锑〔銻〕
锒〔鋃〕
铺〔鋪〕
铸〔鑄〕
嵚〔嶔〕
锓〔鋟〕
锃〔鋥〕
链〔鏈〕
铿〔鏗〕
锏〔鐧〕
销〔銷〕
锁〔鎖〕
锄〔鋤〕
锅〔鍋〕
锉〔銼〕
锈〔銹〕
锋〔鋒〕
锆〔鋯〕
铹〔鐒〕
锔〔鋦〕
锕〔錒〕
锎〔鐦〕
铽〔鋱〕
铼〔錸〕
锇〔鋨〕
锂〔鋰〕
锧〔鑕〕
锘〔鍩〕
锞〔錁〕
锭〔錠〕
锗〔鍺〕
锝〔鍀〕
锫〔錇〕
错〔錯〕
锚〔錨〕
锛〔錛〕
锯〔鋸〕
锰〔錳〕
锢〔錮〕
锟〔錕〕
锡〔錫〕
锣〔鑼〕
锤〔錘〕
锥〔錐〕
锦〔錦〕
锨〔鍁〕
锱〔錙〕
键〔鍵〕
镀〔鍍〕
镃〔鎡〕
镁〔鎂〕
镂〔鏤〕
锲〔鍥〕
锵〔鏘〕
锷〔鍔〕
锶〔鍶〕
锴〔鍇〕
锾〔鍰〕
锹〔鍬〕
锿〔鎄〕
镅〔鎇〕
镄〔鐨〕
锻〔鍛〕
锸〔鍤〕
锼〔鎪〕
镎〔鎿〕
镓〔鎵〕
镋〔钂〕
镔〔鑌〕
镒〔鎰〕
镉〔鎘〕
镑〔鎊〕
镐〔鎬〕
镉〔鎘〕
镊〔鑷〕
镇〔鎮〕
镍〔鎳〕
镌〔鎸〕
镏〔鎦〕
镜〔鏡〕
镝〔鏑〕
镛〔鏞〕
镞〔鏃〕
镖〔鏢〕

锄〔鋤〕
镗〔鏜〕
锗〔鍺〕
锓〔鋟〕
镩〔鑹〕
镦〔鐓〕
锴〔鍇〕
错〔錯〕
镧〔鑭〕
镥〔鑥〕
镤〔鏷〕
镢〔钁〕
镣〔鐐〕
镫〔鐙〕
镏〔鎦〕
镰〔鐮〕
镱〔鐿〕
镭〔鐳〕
镬〔鑊〕
镮〔鐶〕
镯〔鐲〕
镲〔鑔〕
镳〔鑣〕
镴〔鑞〕
镶〔鑲〕
镬〔钁〕
⺍
峃〔嶨〕
学〔學〕
觉〔覺〕
搅〔攪〕
喾〔嚳〕
鲎〔鱟〕
黉〔黌〕
䍃
译〔譯〕
泽〔澤〕
怿〔懌〕
择〔擇〕
峄〔嶧〕
绎〔繹〕
驿〔驛〕
铎〔鐸〕
萚〔蘀〕
释〔釋〕
箨〔籜〕
𢀖
劲〔勁〕
刭〔剄〕
陉〔陘〕
泾〔涇〕
茎〔莖〕
径〔徑〕
经〔經〕
烃〔烴〕
轻〔輕〕
氢〔氫〕
胫〔脛〕
痉〔痙〕
羟〔羥〕
颈〔頸〕
巯〔巰〕
亦
变〔變〕
弯〔彎〕
孪〔孿〕
峦〔巒〕
娈〔孌〕
恋〔戀〕
栾〔欒〕
挛〔攣〕
鸾〔鸞〕
湾〔灣〕
蛮〔蠻〕
脔〔臠〕
滦〔灤〕
銮〔鑾〕
呙
剐〔剮〕
涡〔渦〕
埚〔堝〕
喎〔喎〕
莴〔萵〕
娲〔媧〕
祸〔禍〕
脶〔腡〕
窝〔窩〕
锅〔鍋〕
蜗〔蝸〕

注释：

①赏：不可误作尝。尝是嘗的简化字（见第二表）。

②鬥字头的字，一般也写作門字头，如鬧、鬮、鬩写作閙、閫、閲。因此，这些門字头的字可简化作门字头。但鬥争的鬥应简作斗（见第一表）。

③ 雠：用于校雠、雠定、仇雠等。表示仇恨、仇敌义时用仇。

附录3：第一批异体字整理表

说明

一、根据1986年10月10日重新发表《简化字总表》的说明，确认《简化字总表》收入的“䜣、䜩、哗、詟、诃、䲣、䌷、刬、鲙、讵、䲡”11个类推简化字为规范字，不再作为淘汰的异体字。

二、根据1988年3月25日国家语言文字工作委员会与中华人民共和国新闻出版署“关于发布《现代汉语通用字表》的联合通知”中的规定，确认《印刷通用汉字字形表》收入的“翦、邱、於、澹、骼、彷、菰、溷、徼、薰、黏、桉、愣、晖、凋”15个字为规范字，收入《现代汉语通用字表》，不再作为淘汰的异体字。

A

an

庵〔菴〕

暗〔闇晻〕

案〔桉〕

鞍〔鞌〕

岸〔岍〕

ao

坳〔坳〕

鳌〔鼇〕

翱〔翶〕

B

ba

霸〔覇〕

bai

柏〔栢〕

稗〔粺〕

ban

坂〔岅〕

bang

幫〔幇幚〕

膀〔髈〕

榜〔牓〕

bao

刨〔鉋鑤〕

褓〔緥〕

寶〔寳〕

褒〔襃〕

bei

背〔揹〕

備〔俻〕

悖〔誖〕

杯〔盃桮〕

ben

奔〔犇奔逩〕

beng

绷〔繃〕

bi

痹〔痺〕

逼〔偪〕

斃〔獘〕

秘〔祕〕

弊〔獘〕

秕〔粃〕

bian

遍〔徧〕

biao

膘〔臕〕

bie

鱉〔鼈〕

癟〔癟〕

bing

冰〔氷〕

并〔併並竝〕

禀〔稟〕

bo

鉢〔缽盋〕

博〔愽〕

駁〔駮〕

脖〔頖〕

bu

布〔佈〕

C

cai

睬〔倸〕

踩〔跴〕

采〔寀採〕

彩〔綵〕

can

慚〔慙〕

参〔叅〕

cao

草〔艸〕

操〔捺撡〕

ce

册〔冊〕

厕〔廁〕

策〔筴筞〕

cha

碴〔鑑〕

查〔査〕

察〔詧〕

插〔揷〕

chan
鏟〔剗〕
chang
嘗〔嚐甞〕
腸〔膓〕
場〔塲〕
che
扯〔撦〕
chen
嗔〔瞋〕
趁〔趂〕
cheng
乘〔乗椉〕
撐〔撑〕
澄〔澂〕
塍〔塖〕
chi
吃〔喫〕
翅〔翄〕
恥〔耻〕
痴〔癡〕
敕〔勅勑〕
chou
仇〔讐〕
瞅〔矁田〕
酬〔酧詶醻〕
綢〔紬〕
chu
鋤〔鉏耡〕
躕〔蹰〕
櫥〔櫉〕
厨〔廚厨〕
chuan
船〔舩〕
chuang
創〔剏剙〕
窗〔窓窻牕牎〕
床〔牀〕
chui
捶〔搥〕
棰〔箠〕
錘〔鎚〕
chun
唇〔脣〕
春〔旾〕
醇〔醕〕
蠢〔惷〕
淳〔湻〕
蒓〔蓴〕
ci
詞〔䛐〕
辭〔辤〕
糍〔餈〕
鷀〔鶿〕
cong
匆〔悤怱〕
葱〔蔥〕
cou
凑〔湊〕
cu
粗〔觕麤〕
蹴〔蹵〕
cuan
篡〔簒〕
cui
脆〔脃〕
悴〔顇〕
cun
村〔邨〕
cuo
銼〔剉〕
D
da
瘩〔瘩〕
dai
呆〔獃騃〕
玳〔瑇〕
dan
啖〔啗噉〕
淡〔澹〕
耽〔躭〕
dang
擋〔攩〕
蕩〔盪〕
dao
搗〔擣擣〕
島〔㠀〕
de
德〔悳〕
deng
凳〔櫈〕
di
堤〔隄〕
抵〔牴觝〕
蒂〔蔕〕
diao
雕〔彫鵰琱〕
吊〔弔〕
die
蝶〔蜨〕
叠〔疊曡疉〕
喋〔啑〕
ding
碇〔椗矴〕
dong
動〔働〕
dou
兜〔兠〕
鬥〔鬦鬪鬭〕
豆〔荳〕
du
睹〔覩〕
妒〔妬〕
dun
敦〔敨〕
惇〔愔〕
遁〔遯〕
墩〔墪〕
duo
朵〔朶〕
垛〔垜〕
跺〔跥〕
E
e
額〔頟〕
扼〔搤〕
萼〔蕚〕
峨〔峩〕
鵝〔鵞䳘〕
婀〔娿婐〕
厄〔阨戹〕
鰐〔鱷〕
腭〔齶〕
訛〔譌〕
en
恩〔㤙〕
er
爾〔尒〕
F
fa
罰〔罸〕
筏〔栰〕
法〔灋浌〕
珐〔琺〕
fan
繁〔緐〕
翻〔飜繙〕
凡〔凣〕

帆〔帆飌〕
泛〔汎氾〕
fang
仿〔髣倣〕
fei
痱〔疿〕
廢〔癈〕
fen
氛〔雰〕
feng
蜂〔蠭蠡〕
峰〔峯〕
fu
俯〔俛頫〕
佛〔彿髴〕
婦〔媍〕
附〔坿〕
麸〔粰麪〕
G
ga
戛〔戞〕
嘎〔嗄〕
gai
丐〔匄匃〕
概〔槩〕
gan
贛〔贑灨〕
秆〔稈〕
杆〔桿〕
乾〔乹乾〕
幹〔榦〕
gang
杠〔槓〕
扛〔摃〕
肛〔疘〕
gao
皋〔皐臯〕
槁〔槀〕
糕〔餻〕
稿〔稾〕
ge
閣〔閤〕
胳〔肐〕
歌〔謌〕
個〔箇〕
gen
亘〔亙〕
geng
耕〔畊〕
粳〔稉秔〕
鯁〔骾〕
gong
躬〔躳〕
gou
够〔夠〕
鈎〔鉤〕
構〔搆〕
gu
雇〔僱〕
菇〔菰〕
鼓〔皷〕
gua
挂〔掛罣〕
括〔拡〕
guai
拐〔柺〕
怪〔恠〕
guan
管〔筦〕
館〔舘〕
罐〔鑵〕
gui
規〔槼〕
瑰〔瓌〕
guo
果〔菓〕
椁〔槨〕
H
han
函〔圅〕
悍〔猂〕
焊〔銲釬〕
捍〔扞〕
hao
嗥〔嘷獋〕
皓〔皜暠〕
蚝〔蠔〕
he
呵〔訶〕
盍〔盇〕
核〔覈〕
和〔龢咊〕
heng
恒〔恆〕
hong
哄〔閧鬨〕
hou
糇〔餱〕
hu
呼〔虖嘑謼〕
糊〔粘餬〕
胡〔衚〕
hua
話〔譮〕
嘩〔譁〕
花〔苍蘤〕
huan
浣〔澣〕
獾〔貛獾〕
歡〔懽讙驩〕
huang
恍〔怳〕
晃〔熀〕
hui
毁〔燬譭〕
蛔〔蛕蚘痐蛔〕
輝〔煇〕
匯〔滙〕
迴〔廻迴〕
徽〔幑〕
hun
魂〔䰟〕
混〔溷〕
昏〔昬〕
huo
禍〔旤〕
J
ji
羈〔覊〕
雞〔鷄〕
楫〔檝〕
績〔勣〕
迹〔跡蹟〕
期〔朞〕
賫〔賷齎〕
jia
假〔叚〕
夾〔裌袷〕
jian
箋〔牋椾〕
劍〔劒〕
鑒〔鑑鍳〕
緘〔椷〕
奸〔姦〕
鹼〔鹻〕
碱〔堿〕
剪〔翦〕
減〔减〕

繭〔蠒〕
jiang
繮〔韁〕
僵〔殭〕
jiao
僥〔儌〕
叫〔呌〕
剿〔勦劋〕
脚〔腳〕
jie
秸〔稭〕
届〔屆〕
階〔堦〕
潔〔絜〕
劫〔刼刧刦〕
杰〔傑〕
捷〔捷〕
jin
斤〔觔〕
晋〔晉〕
緊〔緊緊〕
jing
阱〔穽〕
徑〔逕〕
净〔淨〕
脛〔踁〕
jiong
炯〔烱〕
迥〔逈〕
jiu
韭〔韮〕
救〔捄〕
糾〔糺〕
揪〔揫〕
厩〔廄廏〕
ju
巨〔鉅〕
矩〔榘〕
局〔侷跼〕
據〔據〕
舉〔擧〕
颶〔颶〕
juan
狷〔獧〕
眷〔睠〕
倦〔勌〕
jue
橛〔橜〕
撅〔噘〕
决〔決〕
jun
俊〔儁雋〕
浚〔濬〕
雋〔隽〕
K
kai
慨〔嘅〕
kan
刊〔栞〕
瞰〔矙〕
侃〔偘〕
坎〔埳〕
kang
糠〔穅粇〕
炕〔匟〕
kao
考〔攷〕
ke
咳〔欬〕
疴〔痾〕
剋〔尅〕
ken
肯〔肎〕
keng
坑〔阬〕
kou
寇〔寇寇〕
叩〔敂〕
扣〔釦〕
ku
褲〔袴〕
kuai
膾〔鱠〕
kuan
款〔欵〕
kuang
况〔況〕
礦〔鑛〕
誑〔誆〕
kui
饋〔餽〕
愧〔媿〕
窺〔闚〕
kun
昆〔崑〕
捆〔綑〕
坤〔堃〕
kuo
闊〔濶〕
L
la
辣〔辢〕
臘〔臈〕
lai
賴〔頼〕
lan
懶〔嬾〕
婪〔惏〕
lang
螂〔蜋〕
琅〔瑯〕
lei
泪〔淚〕
leng
棱〔稜〕
楞〔愣〕
li
厘〔釐〕
裏〔裡〕
歷〔厯歴〕
曆〔厤〕
莅〔蒞涖〕
犁〔犂〕
狸〔貍〕
梨〔棃〕
隸〔隷隸〕
藜〔蔾〕
栗〔凓慄〕
璃〔琍瓈〕
荔〔茘〕
lian
廉〔亷廉〕
鐮〔鎌鐮〕
奩〔匳匲籢〕
煉〔鍊〕
斂〔歛〕
liang
粱〔樑〕
凉〔涼〕
lin
麟〔麐〕
吝〔悋〕
鄰〔隣〕
淋〔痳〕
磷〔燐粦〕
ling
菱〔蔆〕
liu

留〔畱畱畄〕
琉〔瑠璢〕
瘤〔癅〕
柳〔栁桺〕
long
弄〔衖挵〕
lu
橹〔艣樐艪槞〕
碌〔磟〕
戮〔剹〕
炉〔鑪〕
lü
绿〔菉〕
lüe
略〔畧〕
lun
侖〔崘崙〕
luo
裸〔躶羸〕
騾〔驘〕
虜〔虏〕
M
ma
罵〔駡傌〕
麻〔蔴〕
蟆〔蟇〕
mai
脉〔脈衇䘑〕
mang
虻〔蝱〕
mao
冒〔冐〕
帽〔帽〕
卯〔夘戼〕
猫〔貓〕
牦〔犛氂〕
mei
梅〔楳槑〕
mi
幂〔冪〕
眯〔瞇〕
覓〔覔〕
mian
綿〔緜〕
麵〔麪〕
miao
眇〔玅〕
渺〔淼淼〕
妙〔玅〕
mie
咩〔哶哶〕
min
泯〔冺〕
ming
命〔肏〕
冥〔寘冥〕
mo
饃〔饝〕
謨〔謩〕
mu
幕〔幙〕
畝〔畂畮畆畒畂〕
N
na
拿〔舒拏挐〕
nai
奶〔嬭妳〕
乃〔迺廼〕
nan
楠〔枏柟〕
nao
鬧〔閙〕
nen
嫩〔嫰〕
ni
霓〔蜺〕
你〔妳〕
昵〔暱〕
擬〔儗〕
nian
拈〔撚〕
念〔唸〕
粘〔黏〕
年〔秊〕
niang
娘〔孃〕
niao
裊〔嫋嬝褭〕
nie
囓〔齧囓〕
捏〔揑〕
涅〔湼〕
孽〔孼〕
ning
寧〔寕甯〕
nong
農〔辳〕
nü
衄〔衂衊〕
nuan
暖〔煖暝煗〕
nuo
糯〔穤稬〕
挪〔挼捼〕
P
pao
皰〔皰〕
炮〔砲礮〕
pei
胚〔肧〕
peng
碰〔掽踫〕
pi
毗〔毘〕
匹〔疋〕
piao
飄〔飃〕
ping
憑〔凴〕
瓶〔缾〕
po
迫〔廹〕
pu
鋪〔舖〕
Q
qi
戚〔慼慽〕
啓〔啟唘〕
棋〔碁棊〕
棲〔棲〕
淒〔淒悽〕
旗〔旂〕
弃〔棄〕
憩〔憇〕
qian
鉛〔鈆〕
潛〔潛〕
愆〔諐〕
qiang
強〔彊強〕
襁〔繈〕
牆〔墻〕
檣〔艢〕
羌〔羗羗〕
槍〔鎗〕
qiao
憔〔顦癄〕
蹺〔蹻〕

峭〔陗〕
蕎〔荍〕
鍬〔鍫〕
qie
愜〔悏〕
qin
勤〔懃〕
琴〔栞〕
揿〔搇〕
qiu
丘〔坵〕
虬〔虯〕
秋〔秌龝〕
球〔毬〕
qu
麯〔麴〕
驅〔駈敺〕
quan
券〔劵〕
que
榷〔搉榷〕
却〔卻郤〕
qun
群〔羣〕
裙〔裠帬〕
R
ran
冉〔冄〕
髯〔髥〕
rao
繞〔遶〕
ren
韌〔靭〕
韌〔靱韌紉〕
飪〔餁〕
衽〔袵〕
妊〔姙〕
rong
冗〔宂〕
絨〔羢毧〕
熔〔鎔〕
融〔螎〕
ru
蠕〔蝡〕
ruan
軟〔輭〕
rui
蕊〔蘂橤蘃〕
睿〔叡〕
ruo
箬〔篛〕
S
sa
颯〔颭〕
sai
腮〔顋〕
san
傘〔傘繖〕
散〔散〕
sang
桑〔桒〕
se
澀〔澁濇〕
shan
鱔〔鱓〕
删〔刪〕
姍〔姗〕
栅〔柵〕
珊〔珊〕
膳〔饍〕
膻〔羶羴〕
shao
筲〔箾〕
she
蛇〔虵〕
射〔䠶〕
shen
深〔㴱〕
慎〔昚〕
參〔蓡葠〕
sheng
升〔陞昇〕
剩〔賸〕
shi
虱〔蝨〕
是〔昰〕
尸〔屍〕
濕〔溼〕
謚〔諡〕
實〔寔〕
時〔旹〕
視〔眡眎〕
柿〔梯〕
shu
倏〔倐儵〕
庶〔庻〕
竪〔豎〕
漱〔潄〕
疏〔踈〕
薯〔藷〕
si
飼〔飤〕
祀〔禩〕
廝〔厮〕
俟〔竢〕
似〔佀〕
sou
嗽〔嗽〕
搜〔蒐〕
su
溯〔泝遡〕
宿〔宿〕
訴〔愬〕
蘇〔蘓甦〕
sui
歲〔嵗〕
sun
笋〔筍〕
飧〔飱〕
suo
瑣〔瑣〕
鎖〔鎻〕
蓑〔簑〕
挲〔抄〕
T
ta
塔〔墖〕
拓〔搨〕
它〔牠〕
tan
嘆〔歎〕
罎〔罈壜〕
袒〔襢〕
tang
趟〔趤蹚踼〕
糖〔餹〕
tao
掏〔搯〕
縧〔縚絛〕
teng
藤〔籐〕
ti
剃〔薙鬀〕
啼〔嗁〕
蹄〔蹏〕
tiao
眺〔覜〕
tong

筒〔筩〕
同〔仝衕〕
峒〔峝〕
tou
偷〔媮〕
tu
兔〔兎兔〕
tui
腿〔骽〕
頹〔穨〕
tun
臀〔臋〕
tuo
馱〔馱〕
托〔託〕
駝〔駞〕
拖〔拕〕
W
wa
蛙〔鼃〕
襪〔韤韈〕
wan
挽〔輓〕
浣〔澣〕
玩〔翫〕
碗〔盌椀瓮〕
wang
亡〔亾〕
望〔朢〕
往〔徃〕
罔〔囚〕
wei
喂〔餵餧〕
猬〔蝟〕
wen
吻〔脗〕
蚊〔螡蟁〕
weng
瓮〔甕罋〕
wu
污〔汙汚〕
塢〔隖〕
忤〔牾〕
X
xi
嘻〔譆〕
溪〔谿〕
晰〔晳晳〕
席〔蓆〕
熙〔煕〕
戲〔戲〕
膝〔厀〕
xia
厦〔廈〕
狹〔陿〕
xian
銜〔衘啣〕
弦〔絃〕
仙〔僊〕
鮮〔尠鱻尟〕
閑〔閒〕
嫻〔嫺〕
涎〔次〕
綫〔線〕
籼〔秈〕
xiang
享〔亯〕
餉〔饟〕
嚮〔曏〕
厢〔廂〕
xiao
笑〔咲〕
效〔効傚〕
xie
脅〔脇〕
邪〔衺〕
蟹〔蠏〕
燮〔爕〕
蝎〔蠍〕
泄〔洩〕
紲〔緤〕
鞋〔鞵〕
携〔攜擕攜攜〕
xin
欣〔訢〕
xing
幸〔倖〕
xiong
汹〔洶〕
凶〔兇〕
胸〔胷〕
xiu
修〔脩〕
綉〔繡〕
銹〔鏽〕
xu
叙〔敍敘〕
勖〔勗〕
恤〔卹賉卹〕
婿〔壻〕
xuan
喧〔諠〕
楦〔楥〕
萱〔萲蕿藼蘐〕
璇〔璿〕
xue
靴〔鞾〕
xun
熏〔燻〕
徇〔狥〕
勛〔勳〕
埙〔壎〕
尋〔尋〕
巡〔廵〕
Y
ya
鴉〔鵶〕
丫〔枒椏〕
yan
贗〔贋〕
雁〔鴈〕
驗〔騐〕
烟〔煙菸〕
胭〔臙〕
燕〔鷰〕
鼴〔鼹〕
腌〔醃〕
咽〔嚥〕
檐〔簷〕
岩〔巗巖嵒〕
焰〔燄〕
艷〔豔豓〕
宴〔醼〕
yang
揚〔颺敭〕
yao
淆〔殽〕
肴〔餚〕
耀〔燿〕
咬〔齩〕
窑〔窯窰〕
夭〔殀〕
ye
野〔埜壄〕
夜〔亱〕
燁〔爗〕
yi
翳〔瞖〕

异〔異〕
咿〔吚〕
移〔迻〕
以〔㕥目〕
yin
因〔囙〕
殷〔慇〕
飲〔猷〕
淫〔婬滛〕
喑〔瘖〕
堙〔陻〕
陰〔隂〕
吟〔唫〕
蔭〔廕〕
姻〔婣〕
ying
罂〔甖〕
穎〔頴〕
映〔暎〕
鶯〔鸎〕
yong
咏〔詠〕
涌〔湧〕
恿〔慂恖〕
雍〔雝〕
you
游〔遊〕
yu
于〔於〕
寓〔庽〕
欲〔慾〕
逾〔踰〕
愈〔瘉瘉〕
鬱〔欝欎〕
yuan
冤〔寃寃〕
猿〔猨蝯〕
yue
岳〔嶽〕
yun
韵〔韻〕
Z
za
雜〔襍〕
匝〔帀〕
zai
灾〔災烖菑〕
再〔再再〕
zan
咱〔喒偺偺偺〕
暫〔蹔〕
贊〔賛讚〕
簪〔簮〕
zang
葬〔塟塟〕
zao
唣〔唕〕
糟〔蹧〕
噪〔譟〕
皂〔皁〕
zha
札〔剳箚〕
閘〔牐〕
榨〔搾〕
扎〔紥紮〕
咤〔吒〕
zhai
寨〔砦〕
齋〔亝〕
zhan
盞〔琖醆〕
氈〔氊〕
占〔佔〕
嶄〔嶃〕
沾〔霑〕
zhang
獐〔麞〕
zhao
照〔炤〕
棹〔櫂〕
zhe
浙〔淛〕
輒〔輙〕
謫〔讁〕
哲〔喆〕
慴〔慴〕
zhen
針〔鍼〕
鴆〔酖〕
砧〔碪〕
珍〔珎〕
偵〔遉〕
zhi
卮〔巵〕
帙〔袟袠〕
址〔阯〕
置〔寘〕
跖〔蹠〕
栀〔梔〕
祗〔衹秖〕
志〔誌〕
紙〔帋〕
稚〔穉稺〕
侄〔姪妷〕
zhong
冢〔塚〕
衆〔眾〕
zhou
周〔週〕
咒〔呪〕
帚〔箒〕
zhu
煮〔煑〕
箸〔筯〕
伫〔竚佇〕
注〔註〕
猪〔豬〕
zhuan
磚〔甎塼〕
撰〔譔〕
專〔耑〕
饌〔籑〕
zhuang
妝〔粧〕
zhuo
斫〔斲斵斮〕
桌〔槕〕
zi
姊〔姉〕
資〔貲〕
眦〔眥〕
zong
偬〔傯〕
鬃〔騌騣鬉〕
踪〔蹤〕
棕〔椶〕
粽〔糉〕
zu
卒〔卆〕
zuan
纂〔篹〕
鑽〔鑚〕
zui
最〔冣冣〕
罪〔辠〕
zun
樽〔罇〕

附录4：第一批异形词整理表（GF1001—2001）

中华人民共和国教育部、国家语言文字工作委员会2001年12月19日发布，2002年3月31日起试行。

本规范（GF1001—2001）规定了普通话书面语中异形词的推荐使用词形。选取了普通话书面语中经常使用、公众的取舍倾向比较明显的338组（不含附录中的44组）异形词（包括词和固定短语），作为第一批进行整理，给出了每组异形词的推荐使用词形。

每组异形词破折号前为选取的推荐词形。表中需要说明的个别问题，以注释方式附在表后。本表所收的条目按首字的汉语拼音音序排列，同音的按笔画数由少到多排列。

A

按捺—按纳

按语—案语

B

百废俱兴—百废具兴

百叶窗—百页窗

斑白—班白、颁白

斑驳—班驳

孢子—胞子

保镖—保镳

保姆—保母、褓姆

辈分—辈份

本分—本份

笔画—笔划

毕恭毕敬—必恭必敬

编者按—编者案

扁豆—萹豆、稨豆、藊豆

标志—标识

鬓角—鬓脚

秉承—禀承

补丁—补靪、补钉

C

参与—参预

惨淡—惨澹

差池—差迟

掺和—搀和①

掺假—搀假

掺杂—搀杂

铲除—刬除

徜徉—倘佯

车厢—车箱

彻底—澈底

沉思—沈思②

称心—趁心

成分—成份

澄澈—澄彻

侈靡—侈糜

筹划—筹画

筹码—筹马

踌躇—踌蹰

出谋划策—出谋画策

喘吁吁—喘嘘嘘

瓷器—磁器

赐予—赐与
粗鲁—粗卤
D
搭档—搭当、搭挡
搭讪—搭赸、答讪
答复—答覆
戴孝—带孝
担心—耽心
担忧—耽忧
耽搁—担搁
淡泊—澹泊
淡然—澹然
倒霉—倒楣
低回—低徊[3]
凋敝—雕敝、雕弊[4]
凋零—雕零
凋落—雕落
凋谢—雕谢
跌宕—跌荡
跌跤—跌交
喋血—蹀血
叮咛—丁宁
订单—定单[5]
订户—定户
订婚—定婚
订货—定货
订阅—定阅
斗拱—枓拱、枓栱
逗留—逗遛
逗趣儿—斗趣儿
独角戏—独脚戏
端午—端五
E
二黄—二簧
二心—贰心
F
发酵—酦酵
发人深省—发人深醒
繁衍—蕃衍
吩咐—分付
分量—份量
分内—份内
分外—份外
分子—份子[6]
愤愤—忿忿
丰富多彩—丰富多采
风瘫—疯瘫
疯癫—疯颠
锋芒—锋铓
服侍—伏侍、服事
服输—伏输
服罪—伏罪
负隅顽抗—负嵎顽抗
附会—傅会
复信—覆信
覆辙—复辙
G
干预—干与
告诫—告戒
耿直—梗直、鲠直
恭维—恭惟
勾画—勾划
勾连—勾联
孤苦伶仃—孤苦零丁
辜负—孤负
古董—骨董
股份—股分
骨瘦如柴—骨瘦如豺
关联—关连
光彩—光采
归根结底—归根结柢
规诫—规戒
鬼哭狼嚎—鬼哭狼嗥
过分—过份

H

蛤蟆—虾蟆

含糊—含胡

含蓄—涵蓄

寒碜—寒伧

喝彩—喝采

喝倒彩—喝倒采

轰动—哄动

弘扬—宏扬

红彤彤—红通通

宏论—弘论

宏图—弘图、鸿图

宏愿—弘愿

宏旨—弘旨

洪福—鸿福

狐臭—胡臭

蝴蝶—胡蝶

糊涂—胡涂

琥珀—虎魄

花招—花着

划拳—豁拳、搳拳

恍惚—恍忽

辉映—晖映

溃脓—殨脓

浑水摸鱼—混水摸鱼

伙伴—火伴

J

机灵—机伶

激愤—激忿

计划—计画

纪念—记念

寄予—寄与

夹克—茄克

嘉宾—佳宾

架势—架式

驾驭—驾御

嫁妆—嫁装

简练—简炼

骄奢淫逸—骄奢淫佚

角门—脚门

狡猾—狡滑

脚跟—脚根

叫花子—叫化子

精彩—精采

纠合—鸠合

纠集—鸠集

就座—就坐

角色—脚色

K

克期—刻期

克日—刻日

刻画—刻划

阔佬—阔老

L

褴褛—蓝缕

烂漫—烂缦、烂熳

狼藉—狼籍

榔头—狼头、鎯头

累赘—累坠

黧黑—黎黑

连贯—联贯

连接—联接

连绵—联绵⑦

连缀—联缀

联结—连结

联袂—连袂

联翩—连翩

踉跄—踉蹡

嘹亮—嘹喨

缭乱—撩乱

伶仃—零丁

囹圄—囹圉

溜达—蹓跶

流连—留连

喽啰—喽罗、偻㑩
鲁莽—卤莽
录像—录象、录相
络腮胡子—落腮胡子
落寞—落漠、落莫
M
麻痹—痲痹
麻风—痲风
麻疹—痲疹
马蜂—蚂蜂
马虎—马糊
门槛—门坎
靡费—糜费
绵连—绵联
腼腆—靦覥
模仿—摹仿
模糊—模胡
模拟—摹拟
摹写—模写
摩擦—磨擦
摩拳擦掌—磨拳擦掌
磨难—魔难
脉脉—眽眽
谋划—谋画
N
那么—那末
内讧—内哄
凝练—凝炼
牛仔裤—牛崽裤
纽扣—钮扣
P
扒手—掱手
盘根错节—蟠根错节
盘踞—盘据、蟠踞、蟠据
盘曲—蟠曲
盘陀—盘驮
磐石—盘石、蟠石
蹒跚—盘跚
彷徨—旁皇
披星戴月—披星带月
疲沓—疲塌
漂泊—飘泊
漂流—飘流
飘零—漂零
飘摇—飘飖
凭空—平空
Q
牵连—牵联
憔悴—蕉萃
清澈—清彻
情愫—情素
拳拳—惓惓
劝诫—劝戒
R
热乎乎—热呼呼
热乎—热呼
热衷—热中
人才—人材
日食—日蚀
入座—入坐
S
色彩—色采
杀一儆百—杀一警百
鲨鱼—沙鱼
山楂—山查
舢板—舢舨
艄公—梢公
奢靡—奢糜
申雪—伸雪
神采—神彩
湿漉漉—湿渌渌
什锦—十锦
收服—收伏
首座—首坐

书简—书柬
双簧—双镄
思维—思惟
死心塌地—死心踏地
T
踏实—塌实
甜菜—菾菜
铤而走险—挺而走险
透彻—透澈
图像—图象
推诿—推委
W
玩意儿—玩艺儿
魍魉—蝄蜽
诿过—委过
乌七八糟—污七八糟
无动于衷—无动于中
毋宁—无宁
毋庸—无庸
五彩缤纷—五采缤纷
五劳七伤—五痨七伤
X
息肉—瘜肉
稀罕—希罕
稀奇—希奇
稀少—希少
稀世—希世
稀有—希有
翕动—噏动
洗练—洗炼
贤惠—贤慧
香醇—香纯
香菇—香菰
相貌—像貌
潇洒—萧洒
小题大做—小题大作
卸载—卸儎
惺忪—惺松
秀外慧中—秀外惠中
序文—叙文
序言—叙言
训诫—训戒
Y
压服—压伏
押韵—压韵
鸦片—雅片
扬琴—洋琴
要么—要末
夜宵—夜消
一锤定音—一槌定音
一股脑儿—一古脑儿
衣襟—衣衿
衣着—衣著
义无反顾—义无返顾
淫雨—霪雨
盈余—赢余
影像—影象
余晖—余辉
渔具—鱼具
渔网—鱼网
与会—预会
与闻—预闻
驭手—御手
预备—豫备⑧
原来—元来
原煤—元煤
原原本本—源源本本、元元本本
缘故—原故
缘由—原由
月食—月蚀
月牙—月芽
芸豆—云豆
Z
杂沓—杂遝

再接再厉—再接再砺	直截了当—直捷了当、直接了当
崭新—斩新	指手画脚—指手划脚
辗转—展转	周济—赒济
战栗—颤栗⑨	转悠—转游
账本—帐本⑩	装潢—装璜
折中—折衷	孜孜—孳孳
这么—这末	姿势—姿式
正经八百—正经八摆	仔细—子细
芝麻—脂麻	自个儿—自各儿
肢解—支解、枝解	佐证—左证

注释：

①“掺”、“搀”实行分工：“掺”表混合义，“搀”表搀扶义。

②“沉”本为“沈”的俗体，后来“沉”字成了通用字，与“沈”并存并用，并形成了许多异形词，如“沉没—沈没｜沉思—沈思｜深沉—深沈”等。现在“沈”只读“shěn”，用于姓氏。地名沈阳的“沈”是“瀋”的简化字。表示“沉没”及其引申义，现在一般写作“沉”，读“chén”。

③《普通话异读词审音表》审定“徊”统读“huái”。“低回”一词只读“dīhuí”，不读“dīhuái”。

④“凋”、“雕”古代通用，1955年《第一批异体字整理表》曾将“凋”作为“雕”的异体字予以淘汰。1988年《现代汉语通用字表》确认“凋”为规范字，表示“凋谢”及其引申义。

⑤“订”、“定”二字中古时本不同音，演变为同音字后，才在“预先、约定”的义项上通用，形成了一批异形词。不过近几十年二字在此共同义项上又发生了细微的分化：“订”多指事先经过双方商讨的，只是约定，并非确定不变的；“定”侧重在确定，不轻易变动。故有些异形词现已分化为近义词，但本表所列的“订单—定单”等仍为全等异形词，应依据通用性原则予以规范。

⑥此词是指属于一定阶级、阶层、集团或具有某种特征的人，如“地主～｜知识～｜先进～”。与分母相对的“分子”、由原子构成的“分子”（读“fēnzǐ”）、凑份子送礼的“份子”（读“fènzi”），音、义均不同，不可混淆。

⑦“联绵字”、“联绵词”中的“联”不能改写为“连”。

⑧“预”、“豫”二字，古代在“预先、预定”的意义上通用，故形成了“预备—豫备｜预防—豫防｜预感—豫感｜预期—豫期”等20多组异形词。现在此义项已完全由“预”承担。但考虑到鲁迅等名家习惯用“豫”，他们的作品影响深远，故列出一组特作说明。

⑨“颤”有两读，读“zhàn”时，表示人发抖，与“战”相通；读

“chàn”时，主要表物体轻微振动，也可表示人发抖，如“颤动”既可用于物，也可用于人。什么时候读“zhàn”，什么时候读“chàn”，很难从意义上把握，统一写作“颤”必然会给读音带来一定困难，故宜根据目前大多数人的习惯读音来规范词形，以利于稳定读音，避免混读。如“颤动、颤抖、颤巍巍、颤音、颤悠、发颤”多读“chàn”，写作“颤”；“战栗、打冷战、打战、胆战心惊、冷战、寒战”等词习惯多读“zhàn”，写作“战”。

⑩“账”是“帐”的分化字。古人常把账目记于布帛上悬挂起来以利保存，故称日用的账目为“帐”。后来为了与帷帐分开，另造形声字“账”，表示与钱财有关。“账”、“帐”并存并用后，形成了几十组异形词。《简化字总表》、《现代汉语通用字表》中“账”、“帐”均收，可见主张分化。二字分工如下：“账”用于货币和货物出入的记载、债务等，如“账本、报账、借账、还账”等；“帐”专表用布、纱、绸子等制成的遮蔽物，如“蚊帐、帐篷、青纱帐（比喻用法）”等。

附录5：汉字应用水平测试字表（含汉语拼音）

说明：《汉字应用水平测试字表》总字量为5 500字，分甲、乙、丙三个子表，甲表为4 000字，乙表为500字，丙表为1 000字。

《字表》注音有上标序数者，表示该字有不同数目的读音，非指一般语文工具书所标注的同形字。如“大^1（dà）”、“大^2（dài）”表示“大”有“dà”、“dài”两个读音。

表A1　甲表（4 000字）

1画

一（yī）
乙（yǐ）

2画

二（èr）
十（shí）
丁^1（dīng）
丁^2（zhēng）
厂（chǎng）
七（qī）
卜^1（bo）
卜^2（bǔ）
八（bā）
人（rén）
入（rù）
儿（ér）
匕（bǐ）
几^1（jī）
几^2（jǐ）
九（jiǔ）
刁（diāo）
了^1（le）
了^2（liǎo）
刀（dāo）
力（lì）
乃（nǎi）
又（yòu）

3画

三（sān）
干^1（gān）
干^2（gàn）
于（yú）
亏（kuī）
工（gōng）
土（tǔ）
士（shì）
才（cái）
下（xià）
寸（cùn）
大^1（dà）
大^2（dài）
丈（zhàng）
与^1（yǔ）
与^2（yù）
万^1（mò）
万^2（wàn）
上^1（shǎng）
上^2（shàng）
小（xiǎo）
口（kǒu）
山（shān）
巾（jīn）
千（qiān）
乞（qǐ）
川（chuān）
亿（yì）
个（gè）
夕（xī）
久（jiǔ）
么^1（me）
么^2（yāo）
勺（sháo）
凡（fán）
丸（wán）
及（jí）
广（guǎng）
亡（wáng）
门（mén）
丫（yā）
义（yì）
之（zhī）
尸（shī）
己（jǐ）
已（yǐ）
巳（sì）
弓（gōng）
子^1（zǐ）
子^2（zi）
卫（wèi）
也（yě）
女（nǚ）
刃（rèn）
飞（fēi）
习（xí）
叉^1（chā）
叉^2（chǎ）
叉^3（chà）
马（mǎ）
乡（xiāng）
幺（yāo）

4画

丰（fēng）
王^1（wáng）
王^2（wàng）
开（kāi）
井（jǐng）

天（tiān）
夫（fū）
元（yuán）
无[1]（mó）
无[2]（wú）
韦（wéi）
云（yún）
专（zhuān）
丐（gài）
扎[1]（zā）
扎[2]（zhā）
扎[3]（zhá）
廿（niàn）
艺（yì）
木（mù）
五（wǔ）
支（zhī）
厅（tīng）
卅（sà）
不（bù）
犬（quǎn）
太（tài）
区[1]（ōu）
区[2]（qū）
历（lì）
歹（dǎi）
友（yǒu）
尤（yóu）
厄（è）
匹（pǐ）
车[1]（chē）
车[2]（jū）
巨（jù）
牙（yá）
屯（tún）
戈（gē）
比（bǐ）
互（hù）
切[1]（qiē）
切[2]（qiè）
瓦[1]（wǎ）
瓦[2]（wà）
止（zhǐ）
少[1]（shǎo）
少[2]（shào）
曰（yuē）
日（rì）
中[1]（zhōng）
中[2]（zhòng）
贝（bèi）
冈（gāng）
内（nèi）
水（shuǐ）
见[1]（jiàn）
见[2]（xiàn）
午（wǔ）
牛（niú）
手（shǒu）
气（qì）
毛（máo）
升（shēng）
夭（yāo）
长[1]（cháng）
长[2]（zhǎng）
仁（rén）
什[1]（shén）
什[2]（shí）
片[1]（piān）
片[2]（piàn）
仆[1]（pū）
仆[2]（pú）
化（huà）
仇[1]（chóu）
仇[2]（qiú）
币（bì）
仍（réng）
仅（jǐn）
斤（jīn）
爪[1]（zhǎo）
爪[2]（zhuǎ）
反（fǎn）
介（jiè）
父（fù）
从（cóng）
仑（lún）
今（jīn）
凶（xiōng）
分[1]（fēn）
分[2]（fèn）
乏（fá）
公（gōng）
仓（cāng）
月（yuè）
氏[1]（shì）
氏[2]（zhī）
勿（wù）
欠（qiàn）
风（fēng）
丹（dān）
匀（yún）
乌[1]（wū）
乌[2]（wù）
勾[1]（gōu）
勾[2]（gòu）
凤（fèng）
六[1]（liù）
六[2]（lù）
文（wén）
亢（kàng）
方（fāng）
火（huǒ）
为[1]（wéi）
为[2]（wèi）
斗[1]（dǒu）
斗[2]（dòu）
忆（yì）
计（jì）
订（dìng）
户（hù）
讣（fù）
认（rèn）
冗（rǒng）
讥（jī）
心（xīn）
尹（yǐn）
尺（chǐ）
引（yǐn）
丑（chǒu）
巴（bā）
孔（kǒng）
队（duì）
办（bàn）
以（yǐ）
允（yǔn）
予[1]（yú）
予[2]（yǔ）
邓（dèng）
劝（quàn）
双（shuāng）
书（shū）
毋（wú）
幻（huàn）

5 画

玉（yù）
刊（kān）
未（wèi）
末（mò）
示（shì）

击（jī）
打[1]（dá）
打[2]（dǎ）
巧（qiǎo）
正[1]（zhēng）
正[2]（zhèng）
扑（pū）
卉（huì）
扒[1]（bā）
扒[2]（pá）
功（gōng）
扔（rēng）
去（qù）
甘（gān）
世（shì）
艾[1]（ài）
艾[2]（yì）
古（gǔ）
节[1]（jiē）
节[2]（jié）
本（běn）
术[1]（shù）
术[2]（zhú）
札（zhá）
可[1]（kě）
可[2]（kè）
丙（bǐng）
左（zuǒ）
厉（lì）
石[1]（dàn）
石[2]（shí）
右（yòu）
布（bù）
夯（hāng）
戊（wù）
龙（lóng）
平（píng）
灭（miè）
轧[1]（yà）
轧[2]（zhá）
东（dōng）
卡[1]（kǎ）
卡[2]（qiǎ）
北（běi）
占[1]（zhān）
占[2]（zhàn）
凸（tū）
卢（lú）
业（yè）
旧（jiù）
帅（shuài）
归（guī）
旦（dàn）
目（mù）
且（qiě）
叶[1]（xié）
叶[2]（yè）
甲（jiǎ）
申（shēn）
叮（dīng）
电（diàn）
号[1]（háo）
号[2]（hào）
田（tián）
由（yóu）
只[1]（zhī）
只[2]（zhǐ）
叭（bā）
史（shǐ）
央（yāng）
叱（chì）
兄（xiōng）
叽（jī）
叼（diāo）
叫（jiào）
叩（kòu）
叨[1]（dāo）
叨[2]（tāo）
另（lìng）
叹（tàn）
冉（rǎn）
皿（mǐn）
凹（āo）
囚（qiú）
四（sì）
生（shēng）
矢（shǐ）
失（shī）
乍（zhà）
禾（hé）
仨（sā）
丘（qiū）
仕（shì）
付（fù）
仗（zhàng）
代（dài）
仙（xiān）
仟（qiān）
们[1]（men）
们[2]（mén）
仪（yí）
白（bái）
仔[1]（zǎi）
仔[2]（zǐ）
他（tā）
斥（chì）
瓜（guā）
乎（hū）
丛（cóng）
令[1]（líng）
令[2]（lǐng）
令[3]（lìng）
用（yòng）
甩（shuǎi）
印（yìn）
尔（ěr）
乐[1]（lè）
乐[2]（yuè）
句（jù）
匆（cōng）
册（cè）
卯（mǎo）
犯（fàn）
外（wài）
处[1]（chǔ）
处[2]（chù）
冬（dōng）
鸟（niǎo）
务（wù）
包（bāo）
饥（jī）
主（zhǔ）
市（shì）
立（lì）
冯[1]（féng）
冯[2]（píng）
玄（xuán）
闪（shǎn）
兰（lán）
半（bàn）
汁（zhī）
汀（tīng）
汇（huì）
头[1]（tóu）
头[2]（tou）
汉（hàn）
宁[1]（níng）
宁[2]（nìng）

穴（xué）
它（tā）
讨（tǎo）
写（xiě）
让（ràng）
礼（lǐ）
讪（shàn）
训（xùn）
议（yì）
必（bì）
讯（xùn）
记（jì）
永（yǒng）
司（sī）
尼（ní）
民（mín）
弘（hóng）
出（chū）
阡（qiān）
辽（liáo）
奶（nǎi）
奴（nú）
召（zhào）
加（jiā）
皮（pí）
边（biān）
孕（yùn）
发[1]（fā）
发[2]（fà）
圣（shèng）
对（duì）
台[1]（tāi）
台[2]（tái）
矛（máo）
纠（jiū）
驭（yù）
母（mǔ）
幼（yòu）
丝（sī）

6 画

匡（kuāng）
邦（bāng）
式（shì）
迂（yū）
刑（xíng）
邢（xíng）
戎（róng）
动（dòng）
扛[1]（gāng）
扛[2]（káng）
寺（sì）
吉（jí）
扣（kòu）
考（kǎo）
托（tuō）
圳（zhèn）
老（lǎo）
巩（gǒng）
圾（jī）
执（zhí）
扩（kuò）
扪（mén）
扫[1]（sǎo）
扫[2]（sào）
地[1]（dì）
地[2]（de）
场[1]（cháng）
场[2]（chǎng）
扬（yáng）
耳（ěr）
芋（yù）
共（gòng）
芍（sháo）
芒（máng）
亚（yà）
芝（zhī）
朽（xiǔ）
朴[1]（piáo）
朴[2]（pō）
朴[3]（pò）
朴[4]（pǔ）
机（jī）
权（quán）
过[1]（guō）
过[2]（guò）
亘（gèn）
臣（chén）
吏（lì）
再（zài）
协（xié）
西（xī）
压[1]（yā）
压[2]（yà）
厌（yàn）
戌（xū）
在（zài）
百（bǎi）
有（yǒu）
存（cún）
而（ér）
页（yè）
匠（jiàng）
夸（kuā）
夺（duó）
灰（huī）
达（dá）
戍（shù）
列（liè）
死（sǐ）
成（chéng）
夹[1]（gā）
夹[2]（jiā）
夹[3]（jiá）
夷（yí）
轨（guǐ）
邪（xié）
尧（yáo）
划[1]（huá）
划[2]（huà）
迈（mài）
毕（bì）
至（zhì）
此（cǐ）
贞（zhēn）
师（shī）
尘（chén）
尖（jiān）
劣（liè）
光（guāng）
当[1]（dāng）
当[2]（dàng）
早（zǎo）
吁[1]（xū）
吁[2]（yū）
吁[3]（yù）
吐[1]（tǔ）
吐[2]（tù）
吓[1]（hè）
吓[2]（xià）
旯（lá）
曳（yè）
虫（chóng）
曲[1]（qū）
曲[2]（qǔ）
团（tuán）
吕（lǚ）
同[1]（tóng）
同[2]（tòng）

吊（diào）
吃（chī）
因（yīn）
吸（xī）
吗[1]（má）
吗[2]（mǎ）
吗[3]（ma）
吆（yāo）
屿（yǔ）
屹（yì）
岁（suì）
帆（fān）
回（huí）
岂（qǐ）
则（zé）
刚（gāng）
网（wǎng）
肉（ròu）
年（nián）
朱（zhū）
先（xiān）
丢（diū）
廷（tíng）
舌（shé）
竹（zhú）
迁（qiān）
乔（qiáo）
迄（qì）
伟（wěi）
传[1]（chuán）
传[2]（zhuàn）
乒（pīng）
乓（pāng）
休（xiū）
伍（wǔ）
伎（jì）
伏（fú）

优（yōu）
臼（jiù）
伐（fá）
延（yán）
仲（zhòng）
件（jiàn）
任[1]（rén）
任[2]（rèn）
伤（shāng）
价（jià）
伦（lún）
份（fèn）
华[1]（huá）
华[2]（huà）
仰（yǎng）
仿（fǎng）
伙（huǒ）
伪（wěi）
自（zì）
伊（yī）
血[1]（xiě）
血[2]（xuè）
向（xiàng）
似[1]（shì）
似[2]（sì）
后（hòu）
行[1]（háng）
行[2]（hàng）
行[3]（héng）
行[4]（xíng）
舟（zhōu）
全（quán）
会[1]（huì）
会[2]（kuài）
杀（shā）
合（hé）
兆（zhào）

企（qǐ）
众（zhòng）
爷（yé）
伞（sǎn）
创[1]（chuāng）
创[2]（chuàng）
肌（jī）
肋（lèi）
朵（duǒ）
杂（zá）
危（wēi）
旬（xún）
旨（zhǐ）
旮（gā）
旭（xù）
负（fù）
犷（guǎng）
匈（xiōng）
名（míng）
各（gè）
多（duō）
凫（fú）
争（zhēng）
色[1]（sè）
色[2]（shǎi）
壮（zhuàng）
冲[1]（chōng）
冲[2]（chòng）
妆（zhuāng）
冰（bīng）
庄（zhuāng）
庆（qìng）
亦（yì）
刘（liú）
齐（qí）
交（jiāo）
衣[1]（yī）

衣[2]（yì）
次（cì）
产（chǎn）
决（jué）
亥（hài）
充（chōng）
妄（wàng）
闭（bì）
问（wèn）
闯（chuǎng）
羊（yáng）
并（bìng）
关（guān）
米（mǐ）
灯（dēng）
州（zhōu）
汗[1]（hán）
汗[2]（hàn）
污（wū）
江（jiāng）
汕（shàn）
汐（xī）
汲（jí）
汛（xùn）
池（chí）
汝（rǔ）
汤[1]（shāng）
汤[2]（tāng）
忏（chàn）
忙（máng）
兴[1]（xīng）
兴[2]（xìng）
宇（yǔ）
守（shǒu）
宅（zhái）
字（zì）
安（ān）

讲（jiǎng）
讳（huì）
讴（ōu）
军（jūn）
讶（yà）
祁（qí）
讷（nè）
许（xǔ）
讹（é）
论[1]（lún）
论[2]（lùn）
讼（sòng）
农（nóng）
讽（fěng）
设（shè）
访（fǎng）
诀（jué）
寻（xún）
那[1]（nā）
那[2]（nà）
迅（xùn）
尽[1]（jǐn）
尽[2]（jìn）
导（dǎo）
异（yì）
弛（chí）
阱（jǐng）
阮（ruǎn）
孙（sūn）
阵（zhèn）
阳（yáng）
收（shōu）
阪（bǎn）
阶（jiē）
阴（yīn）
防（fáng）
丞（chéng）
奸（jiān）
如（rú）
妇（fù）
妃（fēi）
好[1]（hǎo）
好[2]（hào）
她（tā）
妈（mā）
戏（xì）
羽（yǔ）
观[1]（guān）
观[2]（guàn）
牟[1]（móu）
牟[2]（mù）
欢（huān）
买（mǎi）
红[1]（gōng）
红[2]（hóng）
驮[1]（duò）
驮[2]（tuó）
纤[1]（qiàn）
纤[2]（xiān）
驯（xùn）
约[1]（yāo）
约[2]（yuē）
级（jí）
纪[1]（jǐ）
纪[2]（jì）
驰（chí）
纫（rèn）
巡（xún）

7 画

寿（shòu）
弄[1]（lòng）
弄[2]（nòng）
麦（mài）
玖（jiǔ）
玛（mǎ）
形（xíng）
进（jìn）
戒（jiè）
吞（tūn）
远（yuǎn）
违（wéi）
韧（rèn）
运（yùn）
扶（fú）
抚（fǔ）
坛（tán）
技（jì）
坏（huài）
抠（kōu）
扰（rǎo）
扼（è）
拒（jù）
找（zhǎo）
批（pī）
址（zhǐ）
扯（chě）
走（zǒu）
抄（chāo）
贡（gòng）
汞（gǒng）
坝（bà）
攻（gōng）
赤（chì）
折[1]（shé）
折[2]（zhē）
折[3]（zhé）
抓（zhuā）
扳（bān）
抡（lūn）
扮（bàn）
抢[1]（qiāng）
抢[2]（qiǎng）
孝（xiào）
坎（kǎn）
均（jūn）
坞（wù）
抑（yì）
抛（pāo）
投（tóu）
坟（fén）
坑（kēng）
抗（kàng）
坊[1]（fāng）
坊[2]（fáng）
抖（dǒu）
护（hù）
壳[1]（ké）
壳[2]（qiào）
志（zhì）
块（kuài）
抉（jué）
扭（niǔ）
声（shēng）
把[1]（bǎ）
把[2]（bà）
报（bào）
拟（nǐ）
却（què）
抒（shū）
劫（jié）
芙（fú）
芜（wú）
苇（wěi）
邯（hán）
芸（yún）
芽（yá）
花（huā）
芹（qín）

芥[1]（gài）
芥[2]（jiè）
芬（fēn）
苍（cāng）
芳（fāng）
严（yán）
芦[1]（lú）
芦[2]（lǔ）
芯[1]（xīn）
芯[2]（xìn）
劳（láo）
克（kè）
芭（bā）
苏（sū）
杆[1]（gān）
杆[2]（gǎn）
杠（gàng）
杜（dù）
材（cái）
村（cūn）
杖（zhàng）
杏（xìng）
杉[1]（shā）
杉[2]（shān）
巫（wū）
极（jí）
杞（qǐ）
李（lǐ）
杨（yáng）
杈[1]（chā）
杈[2]（chà）
求（qiú）
忑（tè）
甫（fǔ）
匣（xiá）
更[1]（gēng）
更[2]（gèng）
束（shù）
吾（wú）
豆（dòu）
两（liǎng）
丽[1]（lí）
丽[2]（lì）
医（yī）
辰（chén）
励（lì）
否[1]（fǒu）
否[2]（pǐ）
还[1]（hái）
还[2]（huán）
矶（jī）
尬（gà）
歼（jiān）
来（lái）
连（lián）
轩（xuān）
忐（tǎn）
步（bù）
卤（lǔ）
坚（jiān）
肖[1]（xiāo）
肖[2]（xiào）
旱（hàn）
盯（dīng）
呈（chéng）
时（shí）
吴（wú）
助（zhù）
县（xiàn）
里（lǐ）
呆（dāi）
吱[1]（zhī）
吱[2]（zī）
吠（fèi）
呕（ǒu）
园（yuán）
旷（kuàng）
围（wéi）
呀[1]（yā）
呀[2]（ya）
吨（dūn）
足（zú）
邮（yóu）
男（nán）
困（kùn）
吵（chǎo）
串（chuàn）
员[1]（yuán）
员[2]（yún）
员[3]（yùn）
呐（nà）
听（tīng）
吟（yín）
吩（fēn）
呛[1]（qiāng）
呛[2]（qiàng）
吻（wěn）
吹（chuī）
呜（wū）
吭[1]（háng）
吭[2]（kēng）
吧[1]（bā）
吧[2]（ba）
邑（yì）
吼（hǒu）
囤[1]（dùn）
囤[2]（tún）
别[1]（bié）
别[2]（biè）
吮（shǔn）
岖（qū）
岗[1]（gāng）
岗[2]（gǎng）
帐（zhàng）
岚（lán）
财（cái）
囵（lún）
囫（hú）
针（zhēn）
钉[1]（dīng）
钉[2]（dìng）
钊（zhāo）
牡（mǔ）
告（gào）
我（wǒ）
乱（luàn）
利（lì）
秃（tū）
秀（xiù）
私（sī）
每（měi）
兵（bīng）
邱（qiū）
估[1]（gū）
估[2]（gù）
体（tǐ）
何（hé）
佐（zuǒ）
佑（yòu）
但（dàn）
伸（shēn）
佃（diàn）
作[1]（zuō）
作[2]（zuò）
伯[1]（bǎi）
伯[2]（bó）
伶（líng）
佣[1]（yōng）

佣[2]（yòng）	狂（kuáng）	这（zhè）	没[2]（mò）
低（dī）	犹（yóu）	冷（lěng）	沟（gōu）
你（nǐ）	狈（bèi）	庐（lú）	沪（hù）
住（zhù）	狄（dí）	序（xù）	沈（shěn）
位（wèi）	角[1]（jiǎo）	辛（xīn）	沉（chén）
伴（bàn）	角[2]（jué）	弃（qì）	沁（qìn）
身（shēn）	删（shān）	冶（yě）	怀（huái）
皂（zào）	鸠（jiū）	忘（wàng）	忧（yōu）
伺[1]（cì）	条（tiáo）	闰（rùn）	忡（chōng）
伺[2]（sì）	彤（tōng）	闲（xián）	怅（chàng）
佛[1]（fó）	卵（luǎn）	间[1]（jiān）	忱（chén）
佛[2]（fú）	灸（jiǔ）	间[2]（jiàn）	快（kuài）
囱（cōng）	岛（dǎo）	闷[1]（mēn）	完（wán）
近（jìn）	邹（zōu）	闷[2]（mèn）	宋（sòng）
彻（chè）	刨[1]（bào）	羌（qiāng）	宏（hóng）
役（yì）	刨[2]（páo）	判（pàn）	牢（láo）
彷（páng）	饨（tún）	兑（duì）	究（jiū）
返（fǎn）	迎（yíng）	灶（zào）	穷（qióng）
余（yú）	饪（rèn）	灿（càn）	灾（zāi）
希（xī）	饭（fàn）	灼（zhuó）	良（liáng）
坐（zuò）	饮[1]（yǐn）	弟（dì）	证（zhèng）
谷（gǔ）	饮[2]（yìn）	汪（wāng）	启（qǐ）
妥（tuǒ）	系[1]（jì）	沐（mù）	评（píng）
含（hán）	系[2]（xì）	沛（pèi）	补（bǔ）
邻（lín）	言（yán）	汰（tài）	初（chū）
岔（chà）	冻（dòng）	沥（lì）	社（shè）
肝（gān）	状（zhuàng）	沏（qī）	诅（zǔ）
肛（gāng）	亩（mǔ）	沙（shā）	识[1]（shí）
肚[1]（dǔ）	况（kuàng）	汽（qì）	识[2]（zhì）
肚[2]（dù）	亨（hēng）	沃（wò）	诈（zhà）
肘（zhǒu）	床（chuáng）	沂（yí）	诉（sù）
肠（cháng）	库（kù）	沦（lún）	罕（hǎn）
龟[1]（guī）	庇（bì）	汹（xiōng）	诊（zhěn）
龟[2]（jūn）	疗（liáo）	汾（fén）	词（cí）
龟[3]（qiū）	吝（lìn）	泛（fàn）	诏（zhào）
甸（diàn）	应[1]（yīng）	沧（cāng）	译（yì）
免（miǎn）	应[2]（yìng）	没[1]（méi）	君（jūn）

灵（líng）
即（jí）
层（céng）
屁（pì）
尿[1]（niào）
尿[2]（suī）
尾[1]（wěi）
尾[2]（yǐ）
迟（chí）
局（jú）
改（gǎi）
张（zhāng）
忌（jì）
际（jì）
陆[1]（liù）
陆[2]（lù）
阿[1]（ā）
阿[2]（ē）
孜（zī）
陇（lǒng）
陈（chén）
阻（zǔ）
附（fù）
坠（zhuì）
妩（wǔ）
妓（jì）
妙（miào）
妊（rén）
妖（yāo）
姊（zǐ）
妨（fáng）
妒（dù）
妞（niū）
努（nǔ）
邵（shào）
忍（rěn）
劲[1]（jìn）
劲[2]（jìng）
矣（yǐ）
鸡（jī）
纬（wěi）
纭（yún）
驱（qū）
纯（chún）
纱（shā）
纲（gāng）
纳（nà）
驳（bó）
纵（zòng）
纶[1]（guān）
纶[2]（lún）
纷（fēn）
纸（zhǐ）
纹（wén）
纺（fǎng）
驴（lǘ）
纽（niǔ）

8 画

奉（fèng）
玩（wán）
环（huán）
武（wǔ）
青（qīng）
责（zé）
现（xiàn）
玫（méi）
表（biǎo）
盂（yú）
规（guī）
抹[1]（mā）
抹[2]（mǒ）
抹[3]（mò）
卦（guà）
坷（kē）
坯（pī）
拓[1]（tà）
拓[2]（tuò）
拢（lǒng）
拔（bá）
坪（píng）
抨（pēng）
拣（jiǎn）
拈（niān）
坦（tǎn）
担[1]（dān）
担[2]（dàn）
坤（kūn）
押（yā）
抻（chēn）
抽（chōu）
拐（guǎi）
拖（tuō）
者（zhě）
拍（pāi）
顶（dǐng）
拆（chāi）
拎（līn）
拥（yōng）
抵（dǐ）
拘（jū）
势（shì）
抱（bào）
拄（zhǔ）
垃（lā）
拉[1]（lā）
拉[2]（lá）
拦（lán）
幸（xìng）
拌（bàn）
拧[1]（níng）
拧[2]（nǐng）
抿（mǐn）
拂（fú）
拙（zhuō）
招（zhāo）
坡（pō）
披（pī）
拨（bō）
择[1]（zé）
择[2]（zhái）
抬（tái）
拇（mǔ）
坳（ào）
拗[1]（ào）
拗[2]（niù）
其[1]（jī）
其[2]（qí）
取（qǔ）
茉（mò）
苦（kǔ）
苯（běn）
昔（xī）
苛（kē）
若[1]（rě）
若[2]（ruò）
茂（mào）
苹（píng）
苫[1]（shān）
苫[2]（shàn）
苗（miáo）
英（yīng）
苓（líng）
苟（gǒu）
苑（yuàn）
苞（bāo）
范（fàn）
直（zhí）
茁（zhuó）

茄[1]（jiā）
茄[2]（qié）
茎（jīng）
苔[1]（tāi）
苔[2]（tái）
茅（máo）
枉（wǎng）
林（lín）
枝（zhī）
杯（bēi）
枢（shū）
柜（guì）
枇（pí）
杳（yǎo）
枚（méi）
析（xī）
板（bǎn）
松（sōng）
枪（qiāng）
枫（fēng）
构（gòu）
杭（háng）
杰（jié）
述（shù）
枕（zhěn）
杷（pá）
丧[1]（sāng）
丧[2]（sàng）
或（huò）
画（huà）
卧（wò）
事（shì）
刺[1]（cī）
刺[2]（cì）
枣（zǎo）
雨[1]（yǔ）
雨[2]（yù）

卖（mài）
郁（yù）
矾（fán）
矿（kuàng）
码（mǎ）
厕（cè）
奈（nài）
奔[1]（bēn）
奔[2]（bèn）
奇[1]（jī）
奇[2]（qí）
奄（yǎn）
奋（fèn）
态（tài）
欧（ōu）
殴（ōu）
垄（lǒng）
妻[1]（qī）
妻[2]（qì）
轰（hōng）
顷（qǐng）
转[1]（zhuǎi）
转[2]（zhuǎn）
转[3]（zhuàn）
斩（zhǎn）
轮（lún）
软（ruǎn）
到（dào）
非（fēi）
叔（shū）
歧（qí）
肯（kěn）
齿（chǐ）
些（xiē）
卓（zhuó）
虎（hǔ）
虏（lǔ）

肾（shèn）
贤（xián）
尚（shàng）
旺（wàng）
具（jù）
昙（tán）
味（wèi）
果（guǒ）
昆（kūn）
国（guó）
哎（āi）
咕（gū）
昌（chāng）
呵（hē）
咂（zá）
畅（chàng）
呸（pēi）
明（míng）
易（yì）
咙（lóng）
昂（áng）
迪（dí）
典（diǎn）
固（gù）
忠（zhōng）
咀（jǔ）
呻（shēn）
咒（zhòu）
咐（fù）
呱[1]（gū）
呱[2]（guā）
呼（hū）
咚（dōng）
鸣（míng）
咆（páo）
咛（níng）
咏（yǒng）

呢[1]（ne）
呢[2]（ní）
咄（duō）
咖[1]（gā）
咖[2]（kā）
岸（àn）
岩（yán）
帖[1]（tiē）
帖[2]（tiě）
帖[3]（tiè）
罗（luó）
帜（zhì）
帕（pà）
岭（lǐng）
迥（jiǒng）
岷（mín）
凯（kǎi）
败（bài）
账（zhàng）
贩（fàn）
贬（biǎn）
购（gòu）
贮（zhù）
图（tú）
钓（diào）
制（zhì）
知（zhī）
迭（dié）
氛（fēn）
垂（chuí）
牦（máo）
牧（mù）
物（wù）
乖（guāi）
刮（guā）
秆（gǎn）
和[1]（hé）

和[2]（hè）
和[3]（hú）
和[4]（huó）
季（jì）
委[1]（wēi）
委[2]（wěi）
秉（bǐng）
佳（jiā）
侍（shì）
岳（yuè）
佬（lǎo）
供[1]（gōng）
供[2]（gòng）
使（shǐ）
佰（bǎi）
例（lì）
侠（xiá）
侥（jiǎo）
版（bǎn）
侄（zhí）
侦（zhēn）
侣（lǚ）
侃（kǎn）
侧（cè）
凭（píng）
侨（qiáo）
佩（pèi）
货（huò）
侈（chǐ）
佼（jiǎo）
依（yī）
佯（yáng）
帛（bó）
卑（bēi）
的[1]（de）
的[2]（dí）
的[3]（dì）
迫[1]（pǎi）
迫[2]（pò）
质（zhì）
欣（xīn）
征（zhēng）
往（wǎng）
爬（pá）
彼（bǐ）
径（jìng）
所（suǒ）
舍[1]（shě）
舍[2]（shè）
金（jīn）
刽（guì）
刹[1]（chà）
刹[2]（shā）
命（mìng）
肴（yáo）
斧（fǔ）
怂（sǒng）
爸（bà）
采（cǎi）
觅（mì）
受（shòu）
乳（rǔ）
贪（tān）
念（niàn）
贫（pín）
忿（fèn）
瓮（wèng）
肤（fū）
肺（fèi）
肢（zhī）
肿（zhǒng）
胀（zhàng）
朋（péng）
股（gǔ）
肮（āng）
肪（fáng）
肥（féi）
服[1]（fú）
服[2]（fù）
胁（xié）
周（zhōu）
剁（duò）
昏（hūn）
鱼（yú）
兔（tù）
狐（hú）
忽（hū）
狗（gǒu）
狞（níng）
咎（jiù）
备（bèi）
炙（zhì）
饯（jiàn）
饰（shì）
饱（bǎo）
饲（sì）
冽（liè）
变（biàn）
京（jīng）
享（xiǎng）
庞（páng）
店（diàn）
夜（yè）
庙（miào）
府（fǔ）
底（dǐ）
疟[1]（nüè）
疟[2]（yào）
疙（gē）
疚（jiù）
疡（yáng）
剂（jì）
卒[1]（cù）
卒[2]（zú）
郊（jiāo）
庚（gēng）
废（fèi）
净（jìng）
妾（qiè）
盲（máng）
放（fàng）
刻（kè）
育[1]（yō）
育[2]（yù）
氓[1]（máng）
氓[2]（méng）
闸（zhá）
闹（nào）
郑（zhèng）
券[1]（quàn）
券[2]（xuàn）
卷[1]（juǎn）
卷[2]（juàn）
单[1]（chán）
单[2]（dān）
单[3]（shàn）
炬（jù）
炖（dùn）
炒（chǎo）
炊（chuī）
炕（kàng）
炎（yán）
炉（lú）
沫（mò）
浅（qiǎn）
法（fǎ）
泄（xiè）
沽（gū）

河（hé）
沾（zhān）
泪（lèi）
沮（jǔ）
油（yóu）
泊[1]（bó）
泊[2]（pō）
沿（yán）
泡[1]（pāo）
泡[2]（pào）
注（zhù）
泣（qì）
泞（nìng）
泻（xiè）
泌[1]（bì）
泌[2]（mì）
泳（yǒng）
泥[1]（ní）
泥[2]（nì）
沸（fèi）
泓（hóng）
沼（zhǎo）
波（bō）
泼（pō）
泽（zé）
治（zhì）
怔（zhèng）
怯（qiè）
怵（chù）
怖（bù）
怦（pēng）
性（xìng）
怕（pà）
怜（lián）
怪（guài）
怡（yí）
学（xué）
宝（bǎo）
宗（zōng）
定（dìng）
宠（chǒng）
宜（yí）
审（shěn）
宙（zhòu）
官（guān）
空[1]（kōng）
空[2]（kòng）
帘（lián）
穹（qióng）
宛（wǎn）
实（shí）
试（shì）
郎（láng）
诗（shī）
肩（jiān）
房（fáng）
诙（huī）
诚（chéng）
衬（chèn）
衫（shān）
衩[1]（chǎ）
衩[2]（chà）
视（shì）
祈（qí）
诛（zhū）
话（huà）
诞（dàn）
诡（guǐ）
询（xún）
诣（yì）
诤（zhèng）
该（gāi）
详（xiáng）
诧（chà）
建（jiàn）
肃（sù）
录（lù）
隶（lì）
帚（zhǒu）
屉（tì）
居（jū）
届（jiè）
刷（shuā）
屈（qū）
弧（hú）
弥（mí）
弦（xián）
承（chéng）
孟（mèng）
陋（lòu）
陌（mò）
孤（gū）
陕（shǎn）
降[1]（jiàng）
降[2]（xiáng）
函（hán）
限（xiàn）
妹（mèi）
姑（gū）
姐（jiě）
姓（xìng）
姗（shān）
始（shǐ）
姆（mǔ）
虱（shī）
迢（tiáo）
驾（jià）
叁（sān）
参[1]（cān）
参[2]（cēn）
参[3]（shēn）
艰（jiān）
线（xiàn）
练（liàn）
组（zǔ）
绅（shēn）
细（xì）
驶（shǐ）
织（zhī）
驹（jū）
终（zhōng）
驻（zhù）
绊（bàn）
驼（tuó）
绍（shào）
驿（yì）
绎（yì）
经（jīng）
贯（guàn）

9 画

契[1]（qì）
契[2]（xiè）
贰（èr）
奏（zòu）
春（chūn）
帮（bāng）
珑（lóng）
玷（diàn）
珀（pò）
珍（zhēn）
玲（líng）
珊（shān）
玻（bō）
毒（dú）
型（xíng）
拭（shì）
挂（guà）
封（fēng）

持（chí）
拷（kǎo）
拱（gǒng）
项（xiàng）
垮（kuǎ）
挎（kuà）
城（chéng）
挟（xié）
挠（náo）
政（zhèng）
赴（fù）
赵（zhào）
赳（jiū）
挡[1]（dǎng）
挡[2]（dàng）
拽（zhuài）
哉（zāi）
挺（tǐng）
括（kuò）
郝（hǎo）
垢（gòu）
拴（shuān）
拾[1]（shè）
拾[2]（shí）
挑[1]（tiāo）
挑[2]（tiǎo）
垛[1]（duǒ）
垛[2]（duò）
指（zhǐ）
垫（diàn）
挣[1]（zhēng）
挣[2]（zhèng）
挤（jǐ）
拼（pīn）
挖（wā）
按（àn）
挥（huī）
挪（nuó）
垠（yín）
拯（zhěng）
某（mǒu）
甚（shèn）
荆（jīng）
茸（róng）
革（gé）
茜[1]（qiàn）
茜[2]（xī）
茬（chá）
荐（jiàn）
巷[1]（hàng）
巷[2]（xiàng）
荚（jiá）
带（dài）
草（cǎo）
茧（jiǎn）
茵（yīn）
茴（huí）
荞（qiáo）
茯（fú）
荟（huì）
茶（chá）
荠[1]（jì）
荠[2]（qí）
荒（huāng）
茫（máng）
荡（dàng）
荣（róng）
荤（hūn）
荧（yíng）
故（gù）
胡（hú）
荫（yìn）
茹（rú）
荔（lì）
南[1]（nā）
南[2]（nán）
药（yào）
标（biāo）
栈（zhàn）
柑（gān）
枯（kū）
柯（kē）
柄（bǐng）
栋（dòng）
相[1]（xiāng）
相[2]（xiàng）
查[1]（chá）
查[2]（zhā）
柚[1]（yóu）
柚[2]（yòu）
柏[1]（bǎi）
柏[2]（bó）
栅[1]（shān）
栅[2]（zhà）
柳（liǔ）
柱（zhù）
柿（shì）
栏（lán）
柠（níng）
枷（jiā）
树（shù）
勃（bó）
要[1]（yāo）
要[2]（yào）
柬（jiǎn）
咸（xián）
威（wēi）
歪（wāi）
研（yán）
砖（zhuān）
厘（lí）
厚（hòu）
砌（qì）
砂（shā）
泵（bèng）
砚（yàn）
砍（kǎn）
面（miàn）
耐（nài）
耍（shuǎ）
奎（kuí）
耷（dā）
牵（qiān）
鸥（ōu）
残（cán）
殃（yāng）
殆（dài）
轱（gū）
轳（lú）
轴[1]（zhóu）
轴[2]（zhòu）
轶（yì）
轻（qīng）
鸦（yā）
皆（jiē）
毖（bì）
韭（jiǔ）
背[1]（bēi）
背[2]（bèi）
战（zhàn）
点（diǎn）
虐（nüè）
临（lín）
览（lǎn）
竖（shù）
省[1]（shěng）
省[2]（xǐng）
削[1]（xiāo）

削[2]（xuē）
尝（cháng）
昧（mèi）
盹（dǔn）
是（shì）
盼（pàn）
眨（zhǎ）
哇[1]（wā）
哇[2]（wa）
哄[1]（hōng）
哄[2]（hǒng）
哄[3]（hòng）
哑[1]（yā）
哑[2]（yǎ）
显（xiǎn）
冒（mào）
映（yìng）
星（xīng）
昨（zuó）
咧[1]（liē）
咧[2]（liě）
咧[3]（lie）
昵（nì）
昭（zhāo）
畏（wèi）
趴（pā）
胃（wèi）
贵（guì）
界（jiè）
虹（hóng）
虾（xiā）
虽（suī）
蚁（yǐ）
思（sī）
蚂（mǎ）
盅（zhōng）
品（pǐn）
咽[1]（yān）
咽[2]（yàn）
咽[3]（yè）
骂（mà）
勋（xūn）
哗[1]（huā）
哗[2]（huá）
咱（zán）
响（xiǎng）
哈[1]（hā）
哈[2]（hǎ）
哈[3]（hà）
哆（duō）
咬（yǎo）
咳[1]（hāi）
咳[2]（ké）
咩（miē）
咪（mī）
咤（chà）
哪[1]（nǎ）
哪[2]（na）
哟[1]（yō）
哟[2]（yo）
峙[1]（shì）
峙[2]（zhì）
炭（tàn）
峡（xiá）
罚（fá）
峥（zhēng）
贱（jiàn）
贴（tiē）
贻（yí）
骨[1]（gū）
骨[2]（gǔ）
幽（yōu）
钙（gài）
钝（dùn）
钞（chāo）
钟（zhōng）
钢[1]（gāng）
钢[2]（gàng）
钠（nà）
钥[1]（yào）
钥[2]（yuè）
钦（qīn）
钧（jūn）
钩（gōu）
钮（niǔ）
卸（xiè）
缸（gāng）
拜（bài）
看[1]（kān）
看[2]（kàn）
矩（jǔ）
毡（zhān）
氟（fú）
氢（qīng）
怎（zěn）
牲（shēng）
选（xuǎn）
适（shì）
秕（bǐ）
秒（miǎo）
香（xiāng）
种[1]（chóng）
种[2]（zhǒng）
种[3]（zhòng）
秋（qiū）
科（kē）
重[1]（zhòng）
重[2]（chóng）
复（fù）
竿（gān）
笃（dǔ）
段（duàn）
便[1]（biàn）
便[2]（pián）
俩[1]（liǎ）
俩[2]（liǎng）
贷（dài）
顺（shùn）
修（xiū）
俏（qiào）
保（bǎo）
促（cù）
俄（é）
俐（lì）
侮（wǔ）
俭（jiǎn）
俗（sú）
俘（fú）
信（xìn）
皇（huáng）
泉（quán）
鬼（guǐ）
侵（qīn）
禹（yǔ）
侯[1]（hóu）
侯[2]（hòu）
追（zhuī）
俑（yǒng）
俊（jùn）
盾（dùn）
待[1]（dāi）
待[2]（dài）
徊（huái）
衍（yǎn）
律（lǜ）
很（hěn）
须（xū）
叙（xù）

俞（yú）
剑（jiàn）
逃（táo）
食[1]（shí）
食[2]（sì）
食[3]（yì）
盆（pén）
胚（pēi）
胧（lóng）
胆（dǎn）
胜（shèng）
胞（bāo）
胖[1]（pán）
胖[2]（pàng）
脉[1]（mài）
脉[2]（mò）
胎（tāi）
匍（pú）
勉（miǎn）
狭（xiá）
狮（shī）
独（dú）
狰（zhēng）
狡（jiǎo）
狩（shòu）
狱（yù）
狠（hěn）
贸（mào）
怨（yuàn）
急（jí）
饵（ěr）
饶（ráo）
蚀（shí）
饷（xiǎng）
饺（jiǎo）
饼（bǐng）
峦（luán）
弯（wān）
孪（luán）
将[1]（jiāng）
将[2]（jiàng）
将[3]（qiāng）
奖（jiǎng）
哀（āi）
亭（tíng）
亮（liàng）
度[1]（dù）
度[2]（duó）
奕（yì）
迹（jì）
庭（tíng）
疮（chuāng）
疯（fēng）
疫（yì）
疤（bā）
咨（zī）
姿（zī）
亲[1]（qīn）
亲[2]（qìng）
音（yīn）
彦（yàn）
飒（sà）
帝（dì）
施（shī）
闺（guī）
闻（wén）
闽（mǐn）
阀（fá）
阁（gé）
差[1]（chā）
差[2]（chà）
差[3]（chāi）
差[4]（cī）
养（yǎng）
美（měi）
姜（jiāng）
迸（bèng）
叛（pàn）
送（sòng）
类（lèi）
迷（mí）
籽（zǐ）
娄（lóu）
前（qián）
酋（qiú）
首（shǒu）
逆（nì）
兹[1]（cí）
兹[2]（zī）
总（zǒng）
炳（bǐng）
炼（liàn）
炽（chì）
炯（jiǒng）
炸[1]（zhá）
炸[2]（zhà）
烁（shuò）
炮[1]（bāo）
炮[2]（páo）
炮[3]（pào）
炫（xuàn）
烂（làn）
剃（tì）
洼（wā）
洁（jié）
洪（hóng）
洒（sǎ）
柒（qī）
浇（jiāo）
浊（zhuó）
洞（dòng）
测（cè）
洗[1]（xǐ）
洗[2]（xiǎn）
活（huó）
涎（xián）
派（pài）
洽（qià）
染（rǎn）
洛（luò）
浏（liú）
济[1]（jǐ）
济[2]（jì）
洋（yáng）
洲（zhōu）
浑（hún）
浒（hǔ）
浓（nóng）
津（jīn）
恸（tòng）
恃（shì）
恒（héng）
恢（huī）
恍（huǎng）
恬（tián）
恤（xù）
恰（qià）
恼（nǎo）
恨（hèn）
举（jǔ）
觉[1]（jiào）
觉[2]（jué）
宣（xuān）
宦（huàn）
室（shì）
宫（gōng）
宪（xiàn）
突（tū）

穿（chuān）
窃（qiè）
客（kè）
诫（jiè）
冠[1]（guān）
冠[2]（guàn）
诬（wū）
语[1]（yǔ）
语[2]（yù）
扁[1]（biǎn）
扁[2]（piān）
袄（ǎo）
祖（zǔ）
神（shén）
祝（zhù）
祠（cí）
误（wù）
诱（yòu）
诲（huì）
说[1]（shuì）
说[2]（shuō）
诵（sòng）
郡（jùn）
垦（kěn）
退（tuì）
既（jì）
屋（wū）
昼（zhòu）
咫（zhǐ）
屏[1]（bǐng）
屏[2]（píng）
屎（shǐ）
费（fèi）
陡（dǒu）
逊（xùn）
眉（méi）
孩（hái）
陛（bì）
陨（yǔn）
除（chú）
险（xiǎn）
院（yuàn）
娃（wá）
姥[1]（lǎo）
姥[2]（mǔ）
姨（yí）
姻（yīn）
娇（jiāo）
姚（yáo）
姣（jiāo）
姘（pīn）
娜[1]（nà）
娜[2]（nuó）
怒（nù）
架（jià）
贺（hè）
盈（yíng）
勇（yǒng）
怠（dài）
蚤（zǎo）
柔（róu）
矜（jīn）
垒（lěi）
绑（bǎng）
绒（róng）
结[1]（jiē）
结[2]（jié）
绕（rào）
骄（jiāo）
绘（huì）
给[1]（gěi）
给[2]（jǐ）
绚（xuàn）
绛（jiàng）
骆（luò）
络[1]（luò）
络[2]（lào）
绝（jué）
绞（jiǎo）
骇（hài）
统（tǒng）

10 画

耕（gēng）
耘（yún）
耗（hào）
耙[1]（bà）
耙[2]（pá）
艳（yàn）
泰（tài）
秦（qín）
珠（zhū）
班（bān）
素（sù）
匿（nì）
蚕（cán）
顽（wán）
盏（zhǎn）
匪（fěi）
捞（lāo）
栽（zāi）
埔[1]（bù）
埔[2]（pǔ）
捕（bǔ）
埂（gěng）
捂（wǔ）
振（zhèn）
载[1]（zǎi）
载[2]（zài）
赶（gǎn）
起（qǐ）
盐（yán）
捎[1]（shāo）
捎[2]（shào）
捍（hàn）
捏（niē）
埋[1]（mái）
埋[2]（mán）
捉（zhuō）
捆（kǔn）
捐（juān）
损（sǔn）
袁（yuán）
捌（bā）
都[1]（dōu）
都[2]（dū）
哲（zhé）
逝（shì）
捡（jiǎn）
挫（cuò）
捋[1]（lǚ）
捋[2]（luō）
换（huàn）
挽（wǎn）
挚（zhì）
热（rè）
恐（kǒng）
捣（dǎo）
壶（hú）
捅（tǒng）
埃（āi）
挨[1]（āi）
挨[2]（ái）
耻（chǐ）
耿（gěng）
耽（dān）
聂（niè）
荸（bí）
恭（gōng）

莽（mǎng）
莱（lái）
莲（lián）
莫（mò）
莉（lì）
莓（méi）
荷[1]（hé）
荷[2]（hè）
获（huò）
晋（jìn）
恶[1]（ě）
恶[2]（è）
恶[3]（wù）
莎[1]（shā）
莎[2]（suō）
莹（yíng）
莺（yīng）
真（zhēn）
框（kuàng）
梆（bāng）
桂（guì）
桔（jié）
栖[1]（qī）
栖[2]（xī）
档（dàng）
桐（tóng）
株（zhū）
桥（qiáo）
桦（huà）
栓（shuān）
桃（táo）
桅（wéi）
格[1]（gē）
格[2]（gé）
桩（zhuāng）
校[1]（jiào）
校[2]（xiào）
核[1]（hé）
核[2]（hú）
样（yàng）
根（gēn）
索（suǒ）
哥（gē）
速（sù）
逗（dòu）
栗（lì）
贾[1]（gǔ）
贾[2]（jiǎ）
酌（zhuó）
配（pèi）
翅（chì）
辱（rǔ）
唇（chún）
夏（xià）
砸（zá）
砰（pēng）
砾（lì）
础（chǔ）
破（pò）
原（yuán）
套（tào）
逐（zhú）
烈（liè）
殊（shū）
殉（xùn）
顾（gù）
轼（shì）
轿（jiào）
较（jiào）
顿（dùn）
毙（bì）
致（zhì）
柴（chái）
桌（zhuō）
虔（qián）
虑（lǜ）
监[1]（jiān）
监[2]（jiàn）
紧（jǐn）
逍（xiāo）
党（dǎng）
逞（chěng）
晒（shài）
眩（xuàn）
眠（mián）
晓（xiǎo）
哮（xiào）
唠（lāo）
鸭（yā）
晃[1]（huǎng）
晃[2]（huàng）
哺（bǔ）
晌（shǎng）
剔（tì）
晏（yàn）
晖（huī）
晕[1]（yūn）
晕[2]（yùn）
蚌[1]（bàng）
蚌[2]（bèng）
蚜（yá）
畔（pàn）
蚣（gōng）
蚊（wén）
蚪（dǒu）
蚓（yǐn）
哨（shào）
哩（lī）
圃（pǔ）
哭（kū）
哦[1]（é）
哦[2]（ó）
哦[3]（ò）
恩（ēn）
盎（àng）
鸯（yāng）
唤（huàn）
唁（yàn）
哼[1]（hēng）
哼[2]（hng）
唧（jī）
啊[1]（ā）
啊[2]（á）
啊[3]（ǎ）
啊[4]（à）
啊[5]（a）
唉[1]（āi）
唉[2]（ài）
唆（suō）
罢[1]（bà）
罢[2]（ba）
峭（qiào）
峨（é）
峰（fēng）
圆（yuán）
峻（jùn）
贼（zéi）
贿（huì）
赂（lù）
赃（zāng）
钱（qián）
钳（qián）
钵（bō）
钻[1]（zuān）
钻[2]（zuàn）
钾（jiǎ）
铀（yóu）
铁（tiě）

铂（bó）
铃（líng）
铅[1]（qiān）
铅[2]（yán）
铆（mǎo）
缺（quē）
氦（hài）
氧（yǎng）
氨（ān）
特（tè）
牺（xī）
造（zào）
乘[1]（chéng）
乘[2]（shèng）
敌（dí）
秫（shú）
秤（chèng）
租（zū）
积（jī）
秧（yāng）
秩（zhì）
称[1]（chèn）
称[2]（chēng）
秘[1]（bì）
秘[2]（mì）
透（tòu）
笔（bǐ）
笑（xiào）
笋（sǔn）
笆（bā）
倩（qiàn）
债（zhài）
借（jiè）
值（zhí）
倚（yǐ）
俺（ǎn）
倾（qīng）
倒[1]（dǎo）
倒[2]（dào）
倘（tǎng）
俱[1]（jū）
俱[2]（jù）
倡（chàng）
候（hòu）
赁（lìn）
倪（ní）
俯（fǔ）
倍（bèi）
倦（juàn）
健（jiàn）
臭[1]（chòu）
臭[2]（xiù）
射（shè）
躬（gōng）
息（xī）
倔[1]（jué）
倔[2]（juè）
徒（tú）
徐（xú）
殷[1]（yān）
殷[2]（yīn）
殷[3]（yǐn）
舰（jiàn）
舱（cāng）
般[1]（bān）
般[2]（bō）
航（háng）
途（tú）
拿（ná）
釜（fǔ）
耸（sǒng）
爹（diē）
舀（yǎo）
爱（ài）
豺（chái）
豹（bào）
颁（bān）
颂（sòng）
翁（wēng）
胯（kuà）
胰（yí）
胱（guāng）
胭（yān）
脍（kuài）
脆（cuì）
脂（zhī）
胸（xiōng）
胳（gē）
脏[1]（zāng）
脏[2]（zàng）
脐（qí）
胶（jiāo）
脑（nǎo）
朕（zhèn）
脓（nóng）
玺（xǐ）
逛（guàng）
狸（lí）
狼（láng）
卿（qīng）
逢（féng）
鸵（tuó）
留（liú）
袅（niǎo）
鸳（yuān）
皱（zhòu）
饿（è）
馁（něi）
凌（líng）
凄（qī）
挛（luán）
恋（liàn）
桨（jiǎng）
浆（jiāng）
衰（shuāi）
衷（zhōng）
高（gāo）
郭（guō）
席（xí）
准（zhǔn）
座（zuò）
症[1]（zhēng）
症[2]（zhèng）
病（bìng）
疾（jí）
斋（zhāi）
疹（zhěn）
疼（téng）
疲（pí）
痉（jìng）
脊（jǐ）
效（xiào）
离（lí）
紊（wěn）
唐（táng）
凋（diāo）
瓷（cí）
资（zī）
凉[1]（liáng）
凉[2]（liàng）
站（zhàn）
剖（pōu）
竞（jìng）
部（bù）
旁（páng）
旅（lǚ）
畜[1]（chù）
畜[2]（xù）

阅（yuè）
羞（xiū）
羔（gāo）
恙（yàng）
瓶（píng）
拳（quán）
粉（fěn）
料（liào）
益（yì）
兼（jiān）
朔（shuò）
郸（dān）
烤（kǎo）
烘（hōng）
烦（fán）
烧（shāo）
烛（zhú）
烟（yān）
烙[1]（lào）
烙[2]（luò）
递（dì）
涛（tāo）
浙（zhè）
涝（lào）
浦（pǔ）
酒（jiǔ）
涟（lián）
涉（shè）
娑（suō）
消（xiāo）
涓（juān）
涡[1]（wō）
涡[2]（guō）
浩（hào）
海（hǎi）
涂（tú）
浴（yù）
浮（fú）
涣（huàn）
涤（dí）
流（liú）
润（rùn）
涧（jiàn）
涕（tì）
浪（làng）
浸（jìn）
涨[1]（zhǎng）
涨[2]（zhàng）
烫（tàng）
涩（sè）
涌（yǒng）
悖（bèi）
悟（wù）
悄[1]（qiāo）
悄[2]（qiǎo）
悍（hàn）
悔（huǐ）
悯（mǐn）
悦（yuè）
害（hài）
宽（kuān）
家（jiā）
宵（xiāo）
宴（yàn）
宾（bīn）
窍（qiào）
窄（zhǎi）
容（róng）
窈（yáo）
剜（wān）
宰（zǎi）
案（àn）
请（qǐng）
朗（lǎng）
诸（zhū）
诺（nuò）
读[1]（dòu）
读[2]（dú）
扇[1]（shān）
扇[2]（shàn）
诽（fěi）
袜（wà）
袒（tǎn）
袖（xiù）
袍（páo）
被（bèi）
祥（xiáng）
课（kè）
冥（míng）
谁[1]（shéi）
谁[2]（shuí）
调[1]（diào）
调[2]（tiáo）
冤（yuān）
谅（liàng）
谆（zhūn）
谈（tán）
谊（yì）
剥[1]（bāo）
剥[2]（bō）
恳（kěn）
展（zhǎn）
剧（jù）
屑（xiè）
弱（ruò）
陵（líng）
祟（suì）
陶（táo）
陷（xiàn）
陪（péi）
姬（jī）
娠（shēn）
娱（yú）
娟（juān）
恕（shù）
娥（é）
娩（miǎn）
娴（xián）
娘（niáng）
娓（wěi）
通[1]（tōng）
通[2]（tòng）
能（néng）
难[1]（nán）
难[2]（nàn）
预（yù）
桑（sāng）
骋（chěng）
绢（juān）
绣（xiù）
验（yàn）
继（jì）
骏（jùn）

11 画

彗（huì）
球（qiú）
琐（suǒ）
理（lǐ）
麸（fū）
琉（liú）
琅（láng）
捧（pěng）
堵（dǔ）
措（cuò）
描（miáo）
域（yù）
捺（nà）
掩（yǎn）

捷（jié）
排（pái）
焉（yān）
掉（diào）
捶（chuí）
赦（shè）
堆（duī）
推（tuī）
埠（bù）
掀（xiān）
授（shòu）
捻（niǎn）
教[1]（jiāo）
教[2]（jiào）
掏（tāo）
掐（qiā）
掠[1]（lüě）
掠[2]（lüè）
掂（diān）
掖[1]（yē）
掖[2]（yè）
培（péi）
接（jiē）
掷（zhì）
掸（dǎn）
控（kòng）
探（tàn）
据[1]（jū）
据[2]（jù）
掘（jué）
掺（chān）
职（zhí）
基（jī）
聆（líng）
勘（kān）
聊（liáo）
娶（qǔ）
著（zhù）
菱（líng）
勒[1]（lè）
勒[2]（lēi）
黄（huáng）
菲[1]（fēi）
菲[2]（fěi）
萌（méng）
萝（luó）
菌[1]（jūn）
菌[2]（jùn）
萎（wěi）
菜（cài）
萄（táo）
菊（jú）
萃（cuì）
菩（pú）
萍（píng）
菠（bō）
菅（jiān）
萤（yíng）
营（yíng）
乾（qián）
萧（xiāo）
萨（sà）
菇（gū）
械（xiè）
彬（bīn）
梦（mèng）
梵（fàn）
婪（lán）
梗（gěng）
梧（wú）
梢（shāo）
梅（méi）
检（jiǎn）
梳（shū）
梯（tī）
桶（tǒng）
梭（suō）
救（jiù）
啬（sè）
曹（cáo）
副（fù）
票（piào）
酝（yùn）
酗（xù）
厢（xiāng）
戚（qī）
硅（guī）
硕（shuò）
硌（gè）
奢（shē）
盔（kuī）
爽（shuǎng）
聋（lóng）
龚（gōng）
袭（xí）
盛[1]（chéng）
盛[2]（shèng）
匾（biǎn）
雪（xuě）
辅（fǔ）
辆（liàng）
堑（qiàn）
颅（lú）
虚（xū）
彪（biāo）
雀[1]（qiāo）
雀[2]（qiǎo）
雀[3]（què）
堂（táng）
常（cháng）
眶（kuàng）
匙[1]（chí）
匙[2]（shi）
晤（wù）
晨（chén）
眺（tiào）
睁（zhēng）
眯[1]（mī）
眯[2]（mí）
眼（yǎn）
眸（móu）
悬（xuán）
野（yě）
啪（pā）
啦[1]（lā）
啦[2]（la）
曼（màn）
晦（huì）
冕（miǎn）
晚（wǎn）
啄（zhuó）
啡（fēi）
畦（qí）
距（jù）
趾（zhǐ）
啃（kěn）
跃（yuè）
跄（qiàng）
略（lüè）
蛆（qū）
蚱（zhà）
蚯（qiū）
蛉（líng）
蛀（zhù）
蛇[1]（shé）
蛇[2]（yí）
唬（hǔ）
累[1]（léi）

累[2]（lěi）
累[3]（lèi）
鄂（è）
唱（chàng）
患（huàn）
啰（luō）
唾（tuò）
唯（wéi）
啤（pí）
啥（shá）
啕（táo）
啸（xiào）
崖（yá）
崎（qí）
崭（zhǎn）
逻（luó）
帼（guó）
崔（cuī）
崩（bēng）
崇（chóng）
赈（zhèn）
婴（yīng）
赊（shē）
圈[1]（juān）
圈[2]（juàn）
圈[3]（quān）
铐（kào）
铛[1]（chēng）
铛[2]（dāng）
铝（lǚ）
铜（tóng）
铡（zhá）
铣[1]（xǐ）
铣[2]（xiǎn）
铭（míng）
铮（zhēng）
铲（chǎn）
银（yín）
矫（jiǎo）
甜（tián）
秸（jiē）
梨（lí）
犁（lí）
秽（huì）
移（yí）
笨（bèn）
笼[1]（lóng）
笼[2]（lǒng）
笛（dí）
笙（shēng）
符（fú）
笠（lì）
第（dì）
笤（tiáo）
敏（mǐn）
做（zuò）
偕（xié）
袋（dài）
悠（yōu）
偿（cháng）
偶（ǒu）
偎（wēi）
傀（kuí）
偷（tōu）
您（nín）
售（shòu）
停（tíng）
偏（piān）
躯（qū）
皑（ái）
兜（dōu）
皎（jiǎo）
假[1]（jiǎ）
假[2]（jià）
衅（xìn）
徘（pái）
徙（xǐ）
得[1]（dé）
得[2]（de）
得[3]（děi）
衔（xián）
盘（pán）
舶（bó）
船（chuán）
舷（xián）
舵（duò）
斜（xié）
盒（hé）
鸽（gē）
敛（liǎn）
悉（xī）
欲（yù）
彩（cǎi）
领（lǐng）
翎（líng）
脚（jiǎo）
脖（bó）
脯[1]（fǔ）
脯[2]（pú）
豚（tún）
脸（liǎn）
脱（tuō）
匐（fú）
象（xiàng）
够（gòu）
逸（yì）
猜（cāi）
猪（zhū）
猎（liè）
猫（māo）
凰（huáng）
猖（chāng）
猝（cù）
猕（mí）
猛（měng）
祭（jì）
馄（hún）
馅（xiàn）
馆（guǎn）
凑（còu）
减（jiǎn）
毫（háo）
孰（shú）
烹（pēng）
庶（shù）
麻（má）
庵（ān）
痔（zhì）
痊（quán）
痒（yǎng）
痕（hén）
廊（láng）
康（kāng）
庸（yōng）
鹿（lù）
盗（dào）
章（zhāng）
竟（jìng）
商（shāng）
旌（jīng）
族（zú）
旋[1]（xuán）
旋[2]（xuàn）
望（wàng）
率[1]（lǜ）
率[2]（shuài）
阉（yān）
阎（yán）

阐（chǎn）
着[1]（zhāo）
着[2]（zháo）
着[3]（zhe）
着[4]（zhuó）
羚（líng）
盖[1]（gài）
盖[2]（gě）
眷（juàn）
粘（zhān）
粗（cū）
粕（pò）
粒（lì）
断（duàn）
剪（jiǎn）
兽（shòu）
焊（hàn）
焕（huàn）
烽（fēng）
焖（mēn）
清（qīng）
添（tiān）
鸿（hóng）
淋[1]（lín）
淋[2]（lìn）
淅（xī）
涯（yá）
淹（yān）
渠（qú）
渐[1]（jiān）
渐[2]（jiàn）
淑（shū）
淌（tǎng）
混[1]（hún）
混[2]（hùn）
淮（huái）
淆（xiáo）
渊（yuān）
淫（yín）
渔（yú）
淘（táo）
淳（chún）
液（yè）
淤（yū）
淡（dàn）
淀（diàn）
深（shēn）
涮（shuàn）
涵（hán）
婆（pó）
梁（liáng）
渗（shèn）
情（qíng）
惜（xī）
惭（cán）
悼（dào）
惧（jù）
惕（tì）
惘（wǎng）
悸（jì）
惟（wéi）
惆（chóu）
惊（jīng）
惦（diàn）
悴（cuì）
惋（wǎn）
惨（cǎn）
惯（guàn）
寇（kòu）
寅（yín）
寄（jì）
寂（jì）
宿[1]（sù）
宿[2]（xiǔ）
宿[3]（xiù）
窒（zhì）
窑（yáo）
窕（tiǎo）
密（mì）
谋（móu）
谍（dié）
谎（huǎng）
谏（jiàn）
扈（hù）
谐（xié）
谑（xuè）
裆（dāng）
袱（fú）
祷（dǎo）
祸（huò）
谒（yè）
谓（wèi）
谗（chán）
谚（yàn）
谜（mí）
逮[1]（dǎi）
逮[2]（dài）
敢（gǎn）
尉[1]（wèi）
尉[2]（yù）
屠（tú）
弹[1]（dàn）
弹[2]（tán）
隋（suí）
堕（duò）
随（suí）
蛋（dàn）
隅（yú）
隆[1]（lōng）
隆[2]（lóng）
隐（yǐn）
婊（biǎo）
娼（chāng）
婢（bì）
婚（hūn）
婶（shěn）
婉（wǎn）
颇（pō）
颈[1]（gěng）
颈[2]（jǐng）
翌（yì）
恿（yǒng）
绩（jì）
绪（xù）
续（xù）
骑（qí）
绰[1]（chāo）
绰[2]（chuò）
绳（shéng）
维（wéi）
绵（mián）
绷[1]（bēng）
绷[2]（běng）
绷[3]（bèng）
绸（chóu）
综（zōng）
绽（zhàn）
绿[1]（lù）
绿[2]（lǜ）
缀（zhuì）
巢（cháo）

12 画

琵（pí）
琴（qín）
琶（pá）
琪（qí）
瑛（yīng）
琳（lín）

琦（qí）
琢[1]（zhuó）
琢[2]（zuó）
琥（hǔ）
靓（liàng）
琼（qióng）
斑（bān）
替（tì）
揍（zòu）
款（kuǎn）
堪（kān）
塔（tǎ）
搭（dā）
堰（yàn）
揩（kāi）
越（yuè）
趁（chèn）
趋（qū）
超（chāo）
揽（lǎn）
堤（dī）
提[1]（dī）
提[2]（tí）
揖（yī）
博（bó）
揭（jiē）
喜（xǐ）
彭（péng）
揣[1]（chuāi）
揣[2]（chuǎi）
揣[3]（chuài）
插（chā）
揪（jiū）
搜（sōu）
煮（zhǔ）
援（yuán）
搀（chān）
裁（cái）
搁[1]（gē）
搁[2]（gé）
搓（cuō）
搂[1]（lōu）
搂[2]（lǒu）
搅（jiǎo）
壹（yī）
握（wò）
搔（sāo）
揉（róu）
斯（sī）
期（qī）
欺（qī）
联（lián）
葫（hú）
散[1]（sǎn）
散[2]（sàn）
惹（rě）
葬（zàng）
募（mù）
葛[1]（gé）
葛[2]（gě）
董（dǒng）
葡（pú）
敬（jìng）
葱（cōng）
蒋（jiǎng）
蒂（dì）
落[1]（là）
落[2]（lào）
落[3]（luò）
韩（hán）
朝[1]（cháo）
朝[2]（zhāo）
辜（gū）
葵（kuí）
棒（bàng）
棱[1]（lēng）
棱[2]（léng）
棱[3]（líng）
棋（qí）
椰（yē）
植（zhí）
森（sēn）
焚（fén）
椅（yǐ）
椒（jiāo）
棵（kē）
棍（gùn）
椎[1]（chuí）
椎[2]（zhuī）
棉（mián）
棚（péng）
棕（zōng）
棺（guān）
榔（láng）
椭（tuǒ）
惠（huì）
惑（huò）
逼（bī）
粟（sù）
棘（jí）
酣（hān）
酥（sū）
厨（chú）
厦[1]（shà）
厦[2]（xià）
硬（yìng）
硝（xiāo）
确（què）
硫（liú）
雁（yàn）
殖[1]（shi）
殖[2]（zhí）
裂（liè）
雄（xióng）
颊（jiá）
雳（lì）
雯（wén）
暂（zàn）
辍（chuò）
雅（yǎ）
翘[1]（qiáo）
翘[2]（qiào）
辈（bèi）
悲（bēi）
紫（zǐ）
凿（záo）
辉（huī）
敞（chǎng）
棠（táng）
赏（shǎng）
掌（zhǎng）
晴（qíng）
睐（lài）
暑（shǔ）
最（zuì）
晰（xī）
量[1]（liáng）
量[2]（liàng）
鼎（dǐng）
喷[1]（pēn）
喷[2]（pèn）
喳[1]（chā）
喳[2]（zhā）
晶（jīng）
喇（lǎ）
遇（yù）
喊（hǎn）
喱（lí）

遏（è）
晾（liàng）
景（jǐng）
踌（chóu）
践（jiàn）
跋（bá）
跌（diē）
跚（shān）
跑[1]（páo）
跑[2]（pǎo）
跛（bǒ）
遗[1]（wèi）
遗[2]（yí）
蛙（wā）
蛐（qū）
蛔（huí）
蛛（zhū）
蜓（tíng）
蜒（yán）
蛤[1]（gé）
蛤[2]（há）
蛟（jiāo）
喝[1]（hē）
喝[2]（hè）
鹃（juān）
喂（wèi）
喘（chuǎn）
喉（hóu）
喻（yù）
啼（tí）
喧（xuān）
嵌（qiàn）
嵘（róng）
幅（fú）
帽（mào）
赋（fù）
赌（dǔ）

赎（shú）
赐（cì）
赔（péi）
黑（hēi）
铸（zhù）
铺[1]（pū）
铺[2]（pù）
链（liàn）
铿（kēng）
销（xiāo）
锁（suǒ）
锄（chú）
锅（guō）
锈（xiù）
锉（cuò）
锋（fēng）
锌（xīn）
锐（ruì）
甥（shēng）
掣（chè）
掰（bāi）
短（duǎn）
智（zhì）
氮（dàn）
毯（tǎn）
毽（jiàn）
氯（lǜ）
犊（dú）
鹅（é）
剩（shèng）
稍[1]（shāo）
稍[2]（shào）
程（chéng）
稀（xī）
黍（shǔ）
税（shuì）
筐（kuāng）

等（děng）
筑（zhù）
策（cè）
筛（shāi）
筒（tǒng）
筏（fá）
筵（yàn）
答[1]（dā）
答[2]（dá）
筋（jīn）
筝（zhēng）
傣（dǎi）
傲（ào）
傅（fù）
牍（dú）
牌（pái）
堡[1]（bǎo）
堡[2]（bǔ）
堡[3]（pù）
集（jí）
焦（jiāo）
傍（bàng）
储（chǔ）
皓（hào）
皖（wǎn）
粤（yuè）
奥（ào）
遁（dùn）
街（jiē）
惩（chéng）
御（yù）
徨（huáng）
循（xún）
艇（tǐng）
舒（shū）
逾（yú）
番[1]（fān）

番[2]（pān）
释（shì）
禽（qín）
舜（shùn）
貂（diāo）
腈（jīng）
腊（là）
腌（yān）
腆（tiǎn）
脾（pí）
腋（yè）
腑（fǔ）
腔（qiāng）
腕（wàn）
鲁（lǔ）
猩（xīng）
猬（wèi）
猾（huá）
猴（hóu）
飓（jù）
惫（bèi）
然（rán）
馋（chán）
装（zhuāng）
蛮（mán）
就（jiù）
敦（dūn）
斌（bīn）
痣（zhì）
痘（dòu）
痞（pǐ）
痢（lì）
痪（huàn）
痛（tòng）
童（tóng）
竣（jùn）
阑（lán）

阔（kuò）
善（shàn）
翔（xiáng）
羡（xiàn）
普（pǔ）
粪（fèn）
尊（zūn）
奠（diàn）
道（dào）
遂[1]（suí）
遂[2]（suì）
曾[1]（céng）
曾[2]（zēng）
焰（yàn）
焙（bèi）
湛（zhàn）
港（gǎng）
滞（zhì）
湖（hú）
湘（xiāng）
渣（zhā）
渤（bó）
渺（miǎo）
湿（shī）
温（wēn）
渴（kě）
溃（kuì）
湍（tuān）
溅（jiàn）
滑（huá）
湃（pài）
渝（yú）
湾（wān）
渡（dù）
游（yóu）
滋（zī）
溉（gài）
愤（fèn）
慌（huāng）
惰（duò）
惺（xīng）
愕（è）
惴（zhuì）
愣（lèng）
惶（huáng）
愧（kuì）
愉（yú）
慨（kǎi）
割（gē）
寒（hán）
富（fù）
寓（yù）
窜（cuàn）
窝（wō）
窖（jiào）
窗（chuāng）
窘（jiǒng）
寐（mèi）
扉（fēi）
遍（biàn）
雇（gù）
裕（yù）
裤（kù）
裙（qún）
禅（chán）
禅（shàn）
禄（lù）
谢（xiè）
谣（yáo）
谤（bàng）
谦（qiān）
遐（xiá）
犀（xī）
属[1]（shǔ）
属[2]（zhǔ）
屡（lǚ）
强[1]（jiàng）
强[2]（qiáng）
强[3]（qiǎng）
粥（zhōu）
疏（shū）
隔（gé）
隙（xì）
隘（ài）
媒（méi）
絮（xù）
嫂（sǎo）
媛[1]（yuán）
媛[2]（yuàn）
婷（tíng）
媚（mèi）
婿（xù）
登（dēng）
缅（miǎn）
缆（lǎn）
缉[1]（jī）
缉[2]（qī）
缎（duàn）
缓（huǎn）
缔（dì）
缕（lǚ）
骗（piàn）
编（biān）
骚（sāo）
缘（yuán）

13 画

瑟（sè）
鹉（wǔ）
瑞（ruì）
瑰（guī）
瑜（yú）
瑕（xiá）
遨（áo）
瑙（nǎo）
魂（hún）
肆（sì）
摄（shè）
摸（mō）
填（tián）
搏（bó）
塌（tā）
摁（èn）
鼓（gǔ）
摆（bǎi）
携（xié）
蜇[1]（zhē）
蜇[2]（zhé）
搬（bān）
摇（yáo）
搞（gǎo）
塘（táng）
搪（táng）
摊（tān）
聘（pìn）
斟（zhēn）
蒜（suàn）
勤（qín）
靴（xuē）
靶（bǎ）
鹊（què）
蓝（lán）
墓（mù）
幕（mù）
蓓（bèi）
蓖（bì）
蓟（jì）
蓬（péng）
蓑（suō）

蒿（hāo）
蓄（xù）
蒲（pú）
蓉（róng）
蒙[1]（mēng）
蒙[2]（méng）
蒙[3]（měng）
颐（yí）
蒸（zhēng）
献（xiàn）
楔（xiē）
椿（chūn）
楠（nán）
禁[1]（jīn）
禁[2]（jìn）
楂[1]（chá）
楂[2]（zhā）
楚（chǔ）
楷（kǎi）
榄（lǎn）
想（xiǎng）
楞（léng）
槐（huái）
槌（chuí）
榆（yú）
楼（lóu）
概（gài）
楣（méi）
椽（chuán）
裘（qiú）
赖（lài）
甄（zhēn）
酪（lào）
酬（chóu）
感（gǎn）
碍（ài）
碘（diǎn）
碑（bēi）
硼（péng）
碉（diāo）
碎（suì）
碰（pèng）
碗（wǎn）
碌[1]（liù）
碌[2]（lù）
鹌（ān）
尴（gān）
雷（léi）
零（líng）
雾（wù）
雹（báo）
辐（fú）
辑（jí）
输（shū）
督（dū）
频（pín）
龄（líng）
鉴（jiàn）
睛（jīng）
睹（dǔ）
睦（mù）
瞄（miáo）
睫（jié）
睡（shuì）
睬（cǎi）
嘟（dū）
嗜（shì）
嗑[1]（kē）
嗑[2]（kè）
瞌（kē）
鄙（bǐ）
嗦（suō）
愚（yú）
暖（nuǎn）
盟（méng）
煦（xù）
歇（xiē）
暗（àn）
暇（xiá）
照（zhào）
畸（jī）
跨（kuà）
跷（qiāo）
跳（tiào）
跺（duò）
跪（guì）
路（lù）
跤（jiāo）
跟（gēn）
遣（qiǎn）
蜈（wú）
蜗（wō）
蛾（é）
蜂（fēng）
蜕（tuì）
蛹（yǒng）
嗣（sì）
嗅（xiù）
嗡（wēng）
嗨（hāi）
嗤（chī）
嗓（sǎng）
署（shǔ）
置（zhì）
罪（zuì）
罩（zhào）
蜀（shǔ）
幌（huǎng）
嵩（sōng）
错（cuò）
锚（máo）
锡（xī）
锣（luó）
锤（chuí）
锥（zhuī）
锦（jǐn）
锨（xiān）
锭（dìng）
键（jiàn）
锯（jù）
锰（měng）
矮（ǎi）
辞（cí）
稞（kē）
稚（zhì）
稠（chóu）
颓（tuí）
愁（chóu）
筹（chóu）
签（qiān）
简（jiǎn）
筷（kuài）
毁（huǐ）
舅（jiù）
鼠（shǔ）
催（cuī）
傻（shǎ）
像（xiàng）
躲（duǒ）
魁（kuí）
衙（yá）
微（wēi）
愈（yù）
遥（yáo）
腻（nì）
腰（yāo）
腼（miǎn）
腥（xīng）

腮（sāi）
腹（fù）
腺（xiàn）
鹏（péng）
腾（téng）
腿（tuǐ）
肄（yì）
猿（yuán）
颖（yǐng）
飓（jù）
触（chù）
解[1]（jiě）
解[2]（jiè）
解[3]（xiè）
遛（liù）
煞[1]（shā）
煞[2]（shà）
雏（chú）
馍（mó）
馏[1]（liú）
馏[2]（liù）
酱（jiàng）
鹑（chún）
禀（bǐng）
痱（fèi）
痹（bì）
廓（kuò）
痴（chī）
痰（tán）
廉（lián）
裔（yì）
靖（jìng）
新（xīn）
韵（yùn）
意（yì）
雍（yōng）
阙[1]（quē）
阙[2]（què）
誊（téng）
粮（liáng）
数[1]（shǔ）
数[2]（shù）
数[3]（shuò）
煎（jiān）
塑（sù）
慈（cí）
煤（méi）
煌（huáng）
满（mǎn）
漠（mò）
滇（diān）
源（yuán）
滤（lǜ）
滥（làn）
滔（tāo）
溪（xī）
溜[1]（liū）
溜[2]（liù）
漓（lí）
滚（gǔn）
溢（yì）
溯（sù）
滨（bīn）
溶（róng）
滓（zǐ）
溺（nì）
粱（liáng）
滩（tān）
慑（shè）
慎（shèn）
誉（yù）
塞[1]（sāi）
塞[2]（sài）
塞[3]（sè）
寞（mò）
窥（kuī）
窟（kū）
寝（qǐn）
谨（jǐn）
裱（biǎo）
褂（guà）
裸（luǒ）
福（fú）
谬（miù）
群（qún）
殿（diàn）
辟[1]（bì）
辟[2]（pì）
障（zhàng）
媳（xí）
嫉（jí）
嫌（xián）
嫁（jià）
叠（dié）
缚（fù）
缝[1]（féng）
缝[2]（fèng）
缠（chán）
缤（bīn）
剿（jiǎo）

14 画

静（jìng）
碧（bì）
瑶（yáo）
璃（lí）
赘（zhuì）
熬[1]（āo）
熬[2]（áo）
韬（tāo）
髦（máo）
墙（qiáng）
墟（xū）
撂（liào）
摞（luò）
嘉（jiā）
摧（cuī）
赫（hè）
截（jié）
誓（shì）
境（jìng）
摘（zhāi）
摔（shuāi）
撇[1]（piē）
撇[2]（piě）
聚（jù）
蔫（niān）
蔷（qiáng）
慕（mù）
暮（mù）
摹（mó）
蔓[1]（mán）
蔓[2]（màn）
蔓[3]（wàn）
蔑（miè）
蔡（cài）
蔗（zhè）
蔽（bì）
蔼（ǎi）
熙（xī）
蔚[1]（wèi）
蔚[2]（yù）
兢（jīng）
榛（zhēn）
模[1]（mó）
模[2]（mú）
槛（kǎn）
榻（tà）
榭（xiè）

榴（liú）	嘎[1]（gā）	舆（yú）	粹（cuì）
榜（bǎng）	嘎[2]（gá）	僚（liáo）	粽（zòng）
榨（zhà）	踉[1]（liáng）	僧（sēng）	歉（qiàn）
榕（róng）	踉[2]（liàng）	鼻（bí）	弊（bì）
歌（gē）	踊（yǒng）	魄（pò）	熄（xī）
遭（zāo）	蜻（qīng）	魅（mèi）	熔（róng）
酵（jiào）	蜡（là）	貌（mào）	煽（shān）
酷（kù）	蝈（guō）	膜（mó）	潇（xiāo）
酿（niàng）	蝇（yíng）	膊（bó）	漆（qī）
酸（suān）	蜘（zhī）	膀[1]（bǎng）	漱（shù）
厮（sī）	蝉（chán）	膀[2]（pāng）	漂[1]（piāo）
碟（dié）	螂（láng）	膀[3]（páng）	漂[2]（piǎo）
碴[1]（chā）	蜢（měng）	鲜[1]（xiān）	漂[3]（piào）
碴[2]（chá）	嘘[1]（shī）	鲜[2]（xiǎn）	漫（màn）
碱（jiǎn）	嘘[2]（xū）	疑（yí）	滴（dī）
碳（tàn）	嘛（ma）	孵（fū）	漩（xuán）
磋（cuō）	嘀[1]（dī）	馒（mán）	漾（yàng）
磁（cí）	嘀[2]（dí）	裹（guǒ）	演（yǎn）
愿（yuàn）	幔（màn）	敲（qiāo）	漏（lòu）
臧（zāng）	赚[1]（zhuàn）	豪（háo）	慢（màn）
殡（bìn）	赚[2]（zuàn）	膏[1]（gāo）	慷（kāng）
需（xū）	骷（kū）	膏[2]（gào）	寨（zhài）
霆（tíng）	锹（qiāo）	塾（shú）	赛（sài）
辕（yuán）	锻（duàn）	遮（zhē）	寡（guǎ）
辖（xiá）	锵（qiāng）	腐（fǔ）	察（chá）
辗（zhǎn）	镀（dù）	瘩（dá）	蜜（mì）
翡（fěi）	舞（wǔ）	瘟（wēn）	寥（liáo）
雌（cí）	舔（tiǎn）	瘦（shòu）	谭（tán）
龈（yín）	稳（wěn）	廖（liào）	褐（hè）
睿（ruì）	熏（xūn）	辣（là）	褪[1]（tuì）
裳[1]（cháng）	箍（gū）	彰（zhāng）	褪[2]（tùn）
裳[2]（shang）	箕（jī）	竭（jié）	谱（pǔ）
颗（kē）	算（suàn）	韶（sháo）	隧（suì）
墅（shù）	箩（luó）	端（duān）	嫩（nèn）
嘈（cáo）	管（guǎn）	旗（qí）	嫖（piáo）
嗽（sòu）	箫（xiāo）	精（jīng）	嫦（cháng）
嘁（qī）	毓（yù）	粼（lín）	嫡（dí）

翟[1]（dí）
翟[2]（zhái）
翠（cuì）
熊（xióng）
凳（dèng）
骡（luó）
缨（yīng）
缩（suō）

15 画

慧（huì）
撵（niǎn）
撕（sī）
撒[1]（sā）
撒[2]（sǎ）
撅（jué）
撩[1]（liāo）
撩[2]（liáo）
趣（qù）
趟[1]（tāng）
趟[2]（tàng）
撑（chēng）
撮[1]（cuō）
撮[2]（zuǒ）
撬（qiào）
播（bō）
擒（qín）
墩（dūn）
撞（zhuàng）
撤（chè）
增（zēng）
撰（zhuàn）
聪（cōng）
鞋（xié）
鞍（ān）
蕉（jiāo）
蕊（ruǐ）
蔬（shū）
蕴（yùn）
横[1]（héng）
横[2]（hèng）
槽（cáo）
樱（yīng）
樊（fán）
橡（xiàng）
樟（zhāng）
橄（gǎn）
敷（fū）
豌（wān）
飘（piāo）
醋（cù）
醇（chún）
醉（zuì）
磕（kē）
磊（lěi）
磅[1]（bàng）
磅[2]（páng）
碾（niǎn）
震（zhèn）
霄（xiāo）
霉（méi）
辘（lù）
瞌（kē）
瞒（mán）
题（tí）
暴（bào）
瞎（xiā）
瞑（míng）
嘻（xī）
噎（yē）
嘶（sī）
嘲（cháo）
嘹（liáo）
影（yǐng）
踢（tī）
踏[1]（tā）
踏[2]（tà）
踩（cǎi）
踮（diǎn）
踪（zōng）
蝶（dié）
蝴（hú）
蝠（fú）
蝎（xiē）
蝌（kē）
蝗（huáng）
蝙（biǎn）
噗（pū）
嘿（hēi）
噢（ō）
噜（lū）
嘱（zhǔ）
幢[1]（chuáng）
幢[2]（zhuàng）
墨（mò）
骼（gé）
骸（hái）
镊（niè）
镇（zhèn）
镐[1]（gǎo）
镐[2]（hào）
靠（kào）
稽[1]（jī）
稽[2]（qǐ）
稻（dào）
黎（lí）
稿（gǎo）
稼（jià）
箱（xiāng）
篓（lǒu）
箭（jiàn）
篇（piān）
篆（zhuàn）
僵（jiāng）
躺（tǎng）
僻（pì）
德（dé）
艘（sōu）
磐（pán）
鹞（yào）
膝（xī）
膘（biāo）
膛（táng）
鲢（lián）
鲤（lǐ）
鲫（jì）
熟[1]（shóu）
熟[2]（shú）
摩[1]（mā）
摩[2]（mó）
褒（bāo）
瘪[1]（biē）
瘪[2]（biě）
瘤（liú）
瘫（tān）
凛（lǐn）
颜（yán）
毅（yì）
糊[1]（hū）
糊[2]（hú）
糊[3]（hù）
遵（zūn）
憋（biē）
潜（qián）
澎（péng）
潮（cháo）
潭（tán）
潦（liáo）
鲨（shā）

澳（ào）
潘（pān）
澈（chè）
澜（lán）
潺（chán）
澄[1]（chéng）
澄[2]（dèng）
懂（dǒng）
憬（jǐng）
憔（qiáo）
懊（ào）
憧（chōng）
憎（zēng）
额（é）
翩（piān）
褥（rù）
谴（qiǎn）
鹤（hè）
憨（hān）
熨[1]（yù）
熨[2]（yùn）
慰（wèi）
劈[1]（pī）
劈[2]（pǐ）
履（lǚ）
嬉（xī）
豫（yù）
缭（liáo）

16 画

璞（pú）
撼（hàn）
擂[1]（léi）
擂[2]（lèi）
操（cāo）
擅（shàn）
燕[1]（yān）
燕[2]（yàn）
蕾（lěi）
薯（shǔ）
薛（xuē）
薇（wēi）
擎（qíng）
薪（xīn）
薄[1]（báo）
薄[2]（bó）
薄[3]（bò）
颠（diān）
翰（hàn）
噩（è）
橱（chú）
橙（chéng）
橘（jú）
整（zhěng）
融（róng）
瓢（piáo）
醒（xǐng）
磺（huáng）
霖（lín）
霏（fēi）
霓（ní）
霍（huò）
霎（shà）
辙（zhé）
冀（jì）
餐（cān）
瞟（piǎo）
瞠（chēng）
瞰（kàn）
踹（chuài）
嘴（zuǐ）
踱（duó）
蹄（tí）
蹂（róu）
蟒（mǎng）
蟆（má）
螃（páng）
螟（míng）
器（qì）
噪（zào）
鹦（yīng）
赠（zèng）
默（mò）
黔（qián）
镜（jìng）
赞（zàn）
憩（qì）
穆（mù）
篮（lán）
篡（cuàn）
篷（péng）
篙（gāo）
篱（lí）
儒（rú）
翱（áo）
邀（yāo）
衡（héng）
膨（péng）
膳（shàn）
雕（diāo）
鲸（jīng）
磨[1]（mó）
磨[2]（mò）
瘾（yǐn）
瘸（qué）
凝（níng）
辨（biàn）
辩（biàn）
糙（cāo）
糖（táng）
糕（gāo）
瞥（piē）
燎[1]（liáo）
燎[2]（liǎo）
燃（rán）
濒（bīn）
澡（zǎo）
激（jī）
懒（lǎn）
憾（hàn）
懈（xiè）
窿（lóng）
禧（xǐ）
壁（bì）
避（bì）
犟（jiàng）
缰（jiāng）
缴（jiǎo）

17 画

戴（dài）
壕（háo）
擦（cā）
藉[1]（jí）
藉[2]（jiè）
鞠（jū）
藏[1]（cáng）
藏[2]（zàng）
薰（xūn）
藐（miǎo）
檬（méng）
檐（yán）
檩（lǐn）
檀（tán）
礁（jiāo）
磷（lín）
霜（shuāng）
霞（xiá）
蛐（qū）
壑（hè）

瞭（liào）
瞧（qiáo）
瞬（shùn）
瞳（tóng）
瞩（zhǔ）
瞪（dèng）
嚏（tì）
曙（shǔ）
蹑（niè）
蹒（pán）
蹋（tà）
蹈（dǎo）
螳（táng）
螺（luó）
蟋（xī）
蟑（zhāng）
蟀（shuài）
嚎（háo）
羁（jī）
赡（shàn）
镣（liào）
穗（suì）
黏（nián）
魏（wèi）
簧（huáng）
簇（cù）
繁（fán）
黛（dài）
儡（lěi）
鼾（hān）
徽（huī）
爵（jué）
朦（méng）
臊[1]（sāo）
臊[2]（sào）
膻（shān）
臃（yōng）
鳃（sāi）
鳄（è）
糜[1]（méi）
糜[2]（mí）
癌（ái）
辫（biàn）
赢（yíng）
糟（zāo）
糠（kāng）
燥（zào）
懦（nuò）
豁[1]（huō）
豁[2]（huò）
臀（tún）
臂[1]（bei）
臂[2]（bì）
翼（yì）
骤（zhòu）
18 画
藕（ǒu）
鞭（biān）
藤（téng）
覆（fù）
瞻（zhān）
蹦（bèng）
嚣（xiāo）
髅（lóu）
镭（léi）
镰（lián）
馥（fù）
翻（fān）
鳍（qí）
鹰（yīng）
癞（lài）
瀑（pù）
襟（jīn）
璧（bì）
戳（chuō）
彝（yí）
19 画
攒[1]（cuán）
攒[2]（zǎn）
孽（niè）
警（jǐng）
蘑（mó）
藻（zǎo）
攀（pān）
曝[1]（bào）
曝[2]（pù）
蹲（dūn）
蹭（cèng）
蹿（cuàn）
蹬[1]（dēng）
蹬[2]（dèng）
巅（diān）
簸[1]（bǒ）
簸[2]（bò）
簿（bù）
蟹（xiè）
颤（chàn）
靡[1]（mí）
靡[2]（mǐ）
癣（xuǎn）
瓣（bàn）
羹（gēng）
鳖（biē）
爆（bào）
瀚（hàn）
疆（jiāng）
骥（jì）
20 画
鬓（bìn）
壤（rǎng）
攘（rǎng）
馨（xīn）
耀（yào）
躁（zào）
蠕（rú）
嚼[1]（jiáo）
嚼[2]（jiào）
嚼[3]（jué）
嚷[1]（rāng）
嚷[2]（rǎng）
巍（wēi）
籍（jí）
鳝（shàn）
鳞（lín）
魔（mó）
糯（nuò）
灌（guàn）
譬（pì）
21 画
蠢（chǔn）
霸（bà）
露[1]（lòu）
露[2]（lù）
霹（pī）
躏（lìn）
髓（suǐ）
癫（diān）
麝（shè）
赣（gàn）
22 画
蘸（zhàn）
囊[1]（nāng）
囊[2]（náng）
镶（xiāng）
瓤（ráng）
23 画
罐（guàn）
24 画
矗（chù）

表 A2 乙表（500 字）

3 画
弋（yì）
孑（jié）
4 画
仃（dīng）
5 画
叵（pǒ）
刍（chú）
讧（hòng）
迄（qì）
6 画
尥（liào）
岌（jí）
佤（wǎ）
伫（zhù）
氽（cuān）
夙（sù）
刎（wěn）
忖（cǔn）
纨（wán）
7 画
坍（tān）
苣（jù）
苋（xiàn）
芩（qín）
芪（qí）
酉（yǒu）
呓（yì）
呃[1]（è）
呃[2]（e）
呗（bei）
帏（wéi）
岐（qí）
佞（nìng）
攸（yōu）
佚（yì）
佝（gōu）
伽[1]（gā）
伽[2]（jiā）
伽[3]（qié）
孚（fú）
邸（dǐ）
疖（jiē）
肓（huāng）
沤[1]（ōu）
沤[2]（òu）
汴（biàn）
沆（hàng）
怄（òu）
忾（kài）
忪[1]（sōng）
忪[2]（zhōng）
诂（gǔ）
祀（sì）
诋（dǐ）
诌（zhōu）
陀（tuó）
甬（yǒng）
8 画
坨（tuó）
耶[1]（yē）
耶[2]（yé）
杵（chǔ）
咔[1]（kā）
咔[2]（kǎ）
呶（náo）
岿（kuī）
沓[1]（dá）
沓[2]（tà）
囹（líng）
罔（wǎng）
钗（chāi）
竺（zhú）
迤[1]（yí）
迤[2]（yǐ）
臾（yú）
岱（dài）
侗[1]（dòng）
侗[2]（tóng）
侏（zhū）
侩（kuài）
佻（tiāo）
阜（fù）
迩（ěr）
狙（jū）
狒（fèi）
枭（xiāo）
饴（yí）
冼（xiǎn）
疝（shàn）
劾（hé）
炝（qiàng）
泔（gān）
泱（yāng）
泅（qiú）
泗（sì）
沱（tuó）
泯（mǐn）
泾（jīng）
宕（dàng）
诓（kuāng）
诘（jié）
戾（lì）
诠（quán）
栩（xǔ）
孢（bāo）
妯（zhóu）
弩（nǔ）
迦（jiā）
驷（sì）
驸（fù）
绌（chù）
9 画
玳（dài）
垣（yuán）
挞（tà）
茗（míng）
茭（jiāo）
柩（jiù）
枸（gǒu）
酊[1]（dīng）
酊[2]（dǐng）
殇（shāng）
轲（kē）
眈（dān）
咦（yí）
哔（bì）
毗（pí）
剐（guǎ）
咿（yī）
咯[1]（gē）
咯[2]（kǎ）
咯[3]（lo）
哝（nóng）
帧（zhēn）
钛（tài）

钡（bèi）
钨（wū）
竽（yú）
偃（yǎn）
叟（sǒu）
俚（lǐ）
皈（guī）
逅（hòu）
徇（xùn）
徉（yáng）
舢（shān）
鸨（bǎo）
弈（yì）
阂（hé）
炷（zhù）
洌（liè）
浃（jiā）
恫（dòng）
恻（cè）
恪（kè）
袂（mèi）
祛（qū）
姹（chà）
羿（yì）
绔（kù）
骁（xiāo）
骈（pián）

10 画

敖（áo）
莴（wō）
莠（yǒu）
莅（lì）
荼（tú）
莘[1]（xīn）
莘[2]（shēn）
莞[1]（guǎn）
莞[2]（wǎn）
桓（huán）
桎（zhì）
桧[1]（guì）
桧[2]（huì）
栩（xǔ）
豇（jiāng）
砝（fǎ）
砺（lì）
砥（dǐ）
砣（tuó）
哧（chī）
哽（gěng）
唢（suǒ）
圄（yǔ）
唏（xī）
崂（láo）
峪（yù）
觊（jì）
赅（gāi）
钴（gǔ）
舐（shì）
俸（fèng）
偌（ruò）
倏（shū）
倭（wō）
隽（juàn）
倌（guān）
颀（qí）
舫（fǎng）
奚（xī）
胴（dòng）
疸（dǎn）
疱（pào）
痂（jiā）
恣（zì）
烩（huì）
烬（jìn）
悚（sǒng）
谀（yú）
谄（chǎn）
陲（chuí）
娌（lǐ）
婀（ē）
绥（suí）
邕（yōng）

11 画

揶（yé）
掳（lǔ）
逵（kuí）
掬（jū）
掮（qián）
掇（duō）
萋（qī）
菏（hé）
萦（yíng）
梏（gù）
梓（zǐ）
匮（kuì）
敕（chì）
豉（chǐ）
酞（tài）
酚（fēn）
戛（jiá）
厩（jiù）
啧（zé）
喵（miāo）
蚶（hān）
蛎（lì）
蛊（gǔ）
唿（hū）
啜（chuò）
帷（wéi）
崛（jué）
铤（tǐng）
铬（gè）
逶（wēi）
笺（jiān）
笞（chī）
偃（yǎn）
偻[1]（lóu）
偻[2]（lǚ）
徜（cháng）
龛（kān）
疵（cī）
袤（mào）
敝（bì）
渍（zì）
淞（sōng）
渎（dú）
挲[1]（sā）
挲[2]（suō）
涸（hé）
淙（cóng）
淄（zī）
惬（qiè）
悻（xìng）
悱（fěi）
惚（hū）
惮（dàn）
谛（dì）
婵（chán）
袈（jiā）
绫（líng）
绮（qǐ）
绯（fēi）
绶（shòu）

12 画

搽（chá）
趄[1]（jū）
趄[2]（qiè）
揄（yú）

蛰（zhé）
摒（bìng）
葆（bǎo）
葩（pā）
萱（xuān）
戟（jǐ）
鹂（lí）
厥（jué）
辎（zī）
斐（fěi）
喋（dié）
喃（nán）
跎（tuó）
啾（jiū）
嗖（sōu）
喽[1]（lóu）
喽[2]（lou）
喔（wō）
崴[1]（wǎi）
崴[2]（wēi）
崽（zǎi）
幄（wò）
嵋（méi）
锂（lǐ）
弑（shì）
颌（hé）
釉（yòu）
腱（jiàn）
鱿（yóu）
猥（wěi）
馈（kuì）
馊（sōu）
亵（xiè）
痨（láo）
痦（wù）
痤（cuó）
痫（xián）
孳（zī）
渭（wèi）
渲（xuàn）
愎（bì）
幂（mì）
缄（jiān）
缈（miǎo）

13 画

瑚（hú）
瑁（mào）
趔（liè）
搐（chù）
剽（piāo）
酩（mǐng）
蜃（shèn）
虞（yú）
嗷（áo）
嗬（hē）
嗔（chēn）
嗝（gé）
暄（xuān）
跶（da）
嗳[1]（ǎi）
嗳[2]（ài）
嗵（tōng）
锛（bēn）
锢（gù）
稗（bài）
牒（dié）
觎（yú）
貉[1]（háo）
貉[2]（hé）
颔（hàn）
腭（è）
鲇（nián）
鲈（lú）
稣（sū）
鲍（bào）
痼（gù）
痿（wěi）
粳（jīng）
煨（wēi）
煊（xuān）
煸（biān）
裟（shā）
滦（luán）
滂（pāng）
窦（dòu）
裨[1]（bì）
裨[2]（pí）
谩（màn）
媲（pì）
缜（zhěn）
缢（yì）

14 画

墒（shāng）
蔻（kòu）
斡（wò）
槟[1]（bīn）
槟[2]（bīng）
酶（méi）
蜚（fēi）
裴（péi）
龇（zī）
暌（kuí）
嗳（ài）
踌（chóu）
蜷（quán）
蜿（wān）
嘣（bēng）
嶂（zhàng）
幛（zhàng）
罂（yīng）
锲（qiè）
镁（měi）
镂（lòu）
犒（kào）
箔（bó）
睾（gāo）
膈（gé）
獐（zhāng）
馑（jǐn）
瘊（hóu）
瘘（lòu）
熘（liū）
潢（huáng）
漪（yī）
慵（yōng）
肇（zhào）
褓（bǎo）
褛（lǚ）
暨（jì）
嫣（yān）
缥（piāo）

15 画

璀（cuǐ）
撷（xié）
赭（zhě）
撺（cuān）
蕨（jué）
蕃[1]（fān）
蕃[2]（fán）
磙（gǔn）
龊（chuò）
觑[1]（qū）
觑[2]（qù）
嘭（pēng）
踝（huái）
踞（jù）
颚（è）
噙（qín）

幡（fān）
镑（bàng）
箴（zhēn）
鲩（huàn）
獗（jué）
獠（liáo）
馔（zhuàn）
麾（huī）
瘠（jí）
遴（lín）
糍（cí）
潼（tóng）
褴（lán）
戮（lù）
缮（shàn）

16 画

靛（diàn）
擀（gǎn）
熹（xī）
擞（sǒu）
蕻（hóng）
橇（qiāo）
樵（qiáo）
橹（lǔ）
醚（mí）
赝（yàn）
飙（biāo）
臻（zhēn）
氅（chǎng）
踵（zhǒng）
蹉（cuō）
螨（mǎn）
噼（pī）
罹（lí）
镖（biāo）
篝（gōu）
篦（bì）
盥（guàn）
膪（chuài）
鲮（líng）
鲲（kūn）
鲳（chāng）
獭（tǎ）
邂（xiè）
瘴（zhàng）
斓（lán）
澥（xiè）
寰（huán）
褶（zhě）

17 画

璨（càn）
璐（lù）
擤（xǐng）
罄（qìng）
龌（wò）
蹊[1]（qī）
蹊[2]（xī）
蹓[1]（liū）
蹓[2]（liù）
嚓[1]（cā）
嚓[2]（chā）
黜（chù）
黝（yǒu）
镫（dèng）
篾（miè）
臆（yì）
鳅（qiū）
襄（xiāng）
膺（yīng）
麋（mí）
懑（mèn）
襁（qiǎng）
孺（rú）

18 画

鳌（áo）
鬃（zōng）
藩（fān）
躇（chú）
蟠（pán）
黠（xiá）
镯（zhuó）
鳏（guān）
癔（yì）
癜（diàn）
癖（pǐ）

19 画

藿（huò）
麓（lù）
霭（ǎi）
蹶[1]（jué）
蹶[2]（juě）
蹼（pǔ）
蹴（cù）
蟾（chán）
籁（lài）
鳔（biào）
鳕（xuě）
鳗（mán）
麒（qí）
鏖（áo）
瀣（xiè）

20 画

曦（xī）
镳（biāo）
纂（zuǎn）
鳜（guì）
鳟（zūn）
孀（shuāng）

21 画

醺（xūn）
礴（bó）
黯（àn）

22 画

鹳（guàn）

23 画

攫（jué）
攥（zuàn）
颧（quán）
麟（lín）

25 画

囔（nāng）

表 A3　丙表（1 000 字）

2 画

乜（miē）

3 画

亍（chù）
兀（wù）
彳（chì）
孓（jué）

4 画

仄（zè）
壬（rén）
兮（xī）
刈（yì）

爻（yáo）
殳（shū）
卞（biàn）
闩（shuān）
5 画
邗（hán）
邛（qióng）
艿（nǎi）
匝（zā）
丕（pī）
仡[1]（gē）
仡[2]（yì）
仫（mù）
仞（rèn）
氐[1]（dī）
氐[2]（dǐ）
邝（kuàng）
邙（máng）
讦（jié）
弗（fú）
弁（biàn）
6 画
耒（lěi）
玑（jī）
圩[1]（wéi）
圩[2]（xū）
圭（guī）
扦（qiān）
芊（qiān）
芨（jī）
芎（xiōng）
芗（xiāng）
乩（jī）
缶（fǒu）
氖（nǎi）
牝（pìn）
伛（yǔ）
伧（cāng）
伉（kàng）
囟（xìn）
舛（chuǎn）
邬（wū）
饧（xíng）
邡（fāng）
汊（chà）
聿（yù）
艮（gèn）
妁（shuò）
纣（zhòu）
纥（hé）
7 画
抟（tuán）
抔（póu）
坂（bǎn）
芫[1]（yán）
芫[2]（yuán）
芾[1]（fèi）
芾[2]（fú）
芷（zhǐ）
芮（ruì）
芡（qiàn）
芟（shān）
苎（zhù）
苡（yǐ）
杧（máng）
邳（pī）
奁（lián）
豕（shǐ）
轫（rèn）
迓（yà）
邺（yè）
虬（qiú）
吣（qìn）
岑（cén）
钋（pō）
氙（xiān）
氚（chuān）
佟（tóng）
佗（tuó）
佘（shé）
佥（qiān）
豸（zhì）
奂（huàn）
饬（chì）
疔（dīng）
闱（wéi）
闳（hóng）
闵（mǐn）
炀（yáng）
沅（yuán）
沌[1]（dùn）
沌[2]（zhuàn）
汩（gǔ）
汨（mì）
汶（wèn）
怃（wǔ）
忤（wǔ）
忻（xīn）
怆（chuàng）
忸（niǔ）
诃（hē）
陂[1]（bēi）
陂[2]（pí）
陂[3]（pō）
陉（xíng）
妍（yán）
妪（yù）
妣（bǐ）
姒（sì）
劭（shào）
纰（pī）
8 画
忝（tiǎn）
坩（gān）
拃（zhǎ）
拊（fǔ）
坼（chè）
坻[1]（chǐ）
坻[2]（dǐ）
苤（piě）
茏（lóng）
苜（mù）
苒（rǎn）
苘（qǐng）
茌（chí）
茔（yíng）
茕（qióng）
苕[1]（sháo）
苕[2]（tiáo）
枥（lì）
枘（ruì）
枞[1]（cōng）
枞[2]（zōng）
矽（xī）
砀（dàng）
瓯（ōu）
歾（mò）
郏（jiá）
轭（è）
鸢（yuān）
盱（xū）
昊（hào）
杲（gǎo）
畀（bì）
咋[1]（zǎ）
咋[2]（zé）
咋[3]（zhā）
呦（yōu）

咝（sī）
岢（kě）
岬（jiǎ）
岫（xiù）
帙（zhì）
峁（mǎo）
峄（yì）
钎（qiān）
钒（fán）
佶（jí）
侪（chái）
籴（dí）
戗[1]（qiāng）
戗[2]（qiàng）
肱（gōng）
肫（zhūn）
狎（xiá）
狍（páo）
庖（páo）
兖（yǎn）
炔（quē）
沭（shù）
泸（lú）
泫（xuàn）
怙（hù）
怏（yàng）
怍（zuò）
怩（ní）
怫（fú）
戽（hù）
郓（yùn）
祉（zhǐ）
诟（gòu）
诨（hùn）
戕（qiāng）
亟[1]（jí）
亟[2]（qì）
妲（dá）
驽（nú）
绀（gàn）
绉（zhòu）

9 画

珐（fà）
珂（kē）
珈（jiā）
拮（jié）
挝（wō）
贲（bēn）
垧（shǎng）
垓（gāi）
荜（bì）
莒（jǔ）
茼（tóng）
茱（zhū）
荏（rěn）
荃（quán）
荀（xún）
茨（cí）
垩（è）
荥[1]（xíng）
荥[2]（yíng）
荦（luò）
荨[1]（qián）
荨[2]（xún）
栉（zhì）
柘（zhè）
枰（píng）
栌（lú）
枵（xiāo）
枳（zhǐ）
柞[1]（zhà）
柞[2]（zuò）
栀（zhī）
栎[1]（lì）
栎[2]（yuè）
柁（tuó）
砒（pī）
砭（biān）
殄（tiǎn）
哐（kuāng）
眍（kōu）
禺（yú）
哂（shěn）
曷（hé）
哓（xiāo）
呲（cī）
胄（zhòu）
虻（méng）
咣（guāng）
郧（yún）
咻（xiū）
囿（yòu）
哏（gén）
哞（mōu）
罘（fú）
峋（xún）
钚（bù）
钣（bǎn）
钫（fāng）
氡（dōng）
牯（gǔ）
秭（zǐ）
笈（jí）
俦（chóu）
俪（lì）
俟[1]（qí）
俟[2]（sì）
郗[1]（chī）
郗[2]（xī）
俎（zǔ）
瓴（líng）
胛（jiǎ）
胗（zhēn）
胝（zhī）
朐（qú）
胫（jìng）
狯（kuài）
狲（sūn）
訇（hōng）
饸（hé）
饹[1]（gé）
饹[2]（le）
胤（yìn）
疣（yóu）
疥（jiè）
闾（lǘ）
籼（xiān）
洱（ěr）
浈（zhēn）
浉（shī）
洇（yīn）
洄（huí）
洮（táo）
浔（xún）
恹（yān）
恺（kǎi）
宥（yòu）
衲（nà）
衽（rèn）
祜（hù）
祚（zuò）
诮（qiào）
诰（gào）
诳（kuáng）
鸩（zhèn）
弭（mǐ）
胥（xū）
陟（zhì）

娅（yà）
娆（ráo）
姝（shū）
怼（duì）
癸（guǐ）
骅（huá）
绗（háng）
10 画
挈（qiè）
珙（gǒng）
顼（xū）
琊（yá）
珞（luò）
珲（hún）
埗（bù）
埙（xūn）
埚（guō）
耆（qí）
耄（mào）
贽（zhì）
埇（yǒng）
盍（hé）
莆（pú）
莳[1]（shí）
莳[2]（shì）
莜（yóu）
荽（suī）
荻（dí）
鸪（gū）
莼（chún）
栲（kǎo）
栳（lǎo）
郴（chēn）
桄[1]（guāng）
桄[2]（guàng）
桉（ān）
逑（qiú）
鬲（lì）
逦（lǐ）
厝（cuò）
砧（zhēn）
砷（shēn）
轾（zhì）
趸（dǔn）
鸬（lú）
眬（lóng）
眙（yí）
唔（wú）
晁（cháo）
鸮（xiāo）
趿（tā）
蚍（pí）
蚬（xiǎn）
蚝（háo）
蚧（jiè）
唑（zuò）
崃（lái）
罡（gāng）
钹（bó）
钺（yuè）
钼（mù）
铄（shuò）
铎（duó）
氩（yà）
氤（yīn）
秣（mò）
笊（zhào）
俳（pái）
倜（tì）
隼（sǔn）
倥[1]（kōng）
倥[2]（kǒng）
臬（niè）
皋（gāo）
郫（pí）
倨（jù）
衄（nǜ）
徕（lái）
舨（bǎn）
衾（qīn）
胼（pián）
胺（àn）
鸱（chī）
狷（juàn）
猁（lì）
狺（yín）
桀（jié）
馀（yú）
凇（sōng）
栾（luán）
亳（bó）
疳（gān）
疴（kē）
疽（jū）
痄（zhà）
痈（yōng）
衮（gǔn）
阄（jiū）
阆（làng）
粑（bā）
烨（yè）
郯（tán）
涞（lái）
涅（niè）
涔（cén）
浠（xī）
浣（huàn）
浚[1]（jùn）
浚[2]（xùn）
悭（qiān）
悒（yì）
悌（tì）
悛（quān）
冢（zhǒng）
袢（pàn）
祯（zhēn）
诿（wěi）
屐（jī）
勐（měng）
奘（zàng）
蚩（chī）
娉（pīng）
娲（wā）
逡（qūn）
骊（lí）
绦（tāo）
绨[1]（tí）
绨[2]（tì）
鸶（sī）
11 画
焘（tāo）
舂（chōng）
掭（tiàn）
掴[1]（guāi）
掴[2]（guó）
赧（nǎn）
捭（bǎi）
鸷（zhì）
捩（liè）
聃（dān）
菁（jīng）
堇（jǐn）
萘（nài）
菽（shū）
菖（chāng）
萸（yú）
菟（tù）
萏（dàn）

菡（hàn）
棂（líng）
郾（yǎn）
鄄（juàn）
硭（máng）
硒（xī）
硚（qiáo）
瓠（hù）
殒（yǔn）
殓（liàn）
殍（piǎo）
赉（lài）
辄（zhé）
眦（zì）
眵（chī）
勖（xù）
啭（zhuàn）
趼（jiǎn）
啮（niè）
蛄[1]（gū）
蛄[2]（gǔ）
蚰（yóu）
蛏（chēng）
蚴（yòu）
啁（zhōu）
啐（cuì）
唷（yō）
啖（dàn）
啷（lāng）
唳（lì）
铙（náo）
铠（kǎi）
铢（zhū）
铧（huá）
铨（quán）
铩（shā）
铰（jiǎo）
铱（yī）
氪（kè）
牾（wǔ）
笸（pǒ）
笳（jiā）
偈（jì）
偬（zǒng）
舸（gě）
猗（yī）
猇（xiāo）
猞（shē）
斛（hú）
馗（kuí）
馃（guǒ）
脔（luán）
庾（yǔ）
痍（yí）
旎（nǐ）
阈（yù）
阊（chāng）
阏[1]（è）
阏[2]（yān）
焐（wù）
烯（xī）
烷（wán）
渚（zhǔ）
淇（qí）
涿（zhuō）
淖（nào）
渑（miǎn）
淝（féi）
淬（cuì）
涪（fú）
谌（chén）
皲（jūn）
谕（yù）
谙（ān）
粜（tiào）
隍（huáng）
欸[1]（āi）
欸[2]（ǎi）
欸[3]（ê̄）
欸[4]（ế）
欸[5]（ê̌）
欸[6]（ề）
绺（liǔ）
绻（quǎn）
绾（wǎn）

12 画

鼋（yuán）
揳（xiē）
堞（dié）
揠（yà）
颉[1]（jié）
颉[2]（xié）
耋（dié）
揎（xuān）
聒（guō）
葚[1]（rèn）
葚[2]（shèn）
葳（wēi）
葺（qì）
葸（xǐ）
萼（è）
蒌（lóu）
葭（jiā）
椟（dú）
棰（chuí）
椁（guǒ）
棣（dì）
鹁（bó）
覃[1]（qín）
覃[2]（tán）
酢（zuò）
酡（tuó）
殚（dān）
辊（gǔn）
睑（jiǎn）
嗒[1]（dā）
嗒[2]（tà）
晷（guǐ）
跖（zhí）
跆（tái）
蛲（náo）
蛭（zhì）
蛳（sī）
喁[1]（yóng）
喁[2]（yú）
喟（kuì）
喑（yīn）
嗟（jiē）
嗞（zī）
喀（kā）
喙（huì）
詈（lì）
嵬（wéi）
嵯（cuó）
锃（zèng）
锏（jiǎn）
锑（tī）
锒（láng）
氰（qíng）
鹄[1]（gǔ）
鹄[2]（hú）
犍[1]（jiān）
犍[2]（qián）
嵇（jī）
筚（bì）
筌（quán）
傈（lì）
傥（tǎng）

傧（bīn）
遑（huáng）
傩（nuó）
畲（shē）
翕（xī）
腓（féi）
腴（yú）
鲂（fáng）
颍（yǐng）
猢（hú）
觞（shāng）
痧（shā）
瓿（bù）
啻（chì）
颏[1]（kē）
颏[2]（ké）
鹇（xián）
阒（qù）
阕（què）
遒（qiú）
焯（chāo）
鹈（tí）
湮（yān）
湎（miǎn）
溲（sōu）
湟（huáng）
溆（xù）
渥（wò）
湄（méi）
滁（chú）
愠（yùn）
愀（qiǎo）
谟（mó）
裢（lián）
祺（qí）
谡（sù）
谥（shì）
谧（mì）
孱（chán）
弼（bì）
巽（xùn）
媪（ǎo）
皴（cūn）
婺（wù）
骛（wù）
缂（kè）
彘（zhì）
缃（xiǎng）

13 画

骜（ào）
髡（kūn）
塬（yuán）
鄢（yān）
趑（zī）
搋（chuāi）
搛（jiān）
摈（bìn）
毂（gǔ）
搌（zhǎn）
戡（kān）
鄞（yín）
靳（jìn）
蓦（mò）
蒯（kuǎi）
蒺（jí）
蒹（jiān）
蒗（làng）
蓥（yíng）
楝（liàn）
楫（jí）
楸（qiū）
椴（duàn）
榈（lǘ）
榉（jǔ）
楦（xuàn）
楹（yíng）
酮（tóng）
酰（xiān）
酯（zhǐ）
碚（bèi）
碇（dìng）
碜（chěn）
辏（còu）
龃（jǔ）
龅（bāo）
訾[1]（zī）
訾[2]（zǐ）
粲（càn）
睚（yá）
韪（wěi）
嗉（sù）
睨（nì）
睢（suī）
雎（jū）
睥（pì）
嗫（niè）
戥（děng）
遢（tā）
睽（kuí）
跬（kuǐ）
跣（xiǎn）
跹（xiān）
跻（jī）
蜊（lí）
蜍（chú）
蜉（fú）
嗥（háo）
嵊（shèng）
锱（zī）
雉（zhì）
氲（yūn）
歃（shà）
稔（rěn）
筠[1]（jūn）
筠[2]（yún）
筱（xiǎo）
徭（yáo）
愆（qiān）
艄（shāo）
毹（shū）
腠（còu）
腩（nǎn）
詹（zhān）
鲅（bà）
鲋（fù）
觥（gōng）
馐（xiū）
瘁（cuì）
瘆（shèn）
麂（jǐ）
阖（hé）
豢（huàn）
煳（hú）
煜（yù）
煅（duàn）
煺（tuì）
滟（yàn）
溘（kè）
溥（pǔ）
溧（lì）
溽（rù）
滗（bì）
溏（táng）
溟（míng）
愫（sù）
骞（qiān）
窠（kē）
窣（sū）

褚[1]（chǔ）
褚[2]（zhǔ）
裾（jū）
谪（zhé）
媾（gòu）
嫔（pín）
缙（jìn）
缛（rù）
辔（pèi）
缟（gǎo）
缡（lí）
骟（shàn）
14 画
嫯（áo）
摽[1]（biāo）
摽[2]（biào）
踅（xué）
綦（qí）
靼（dá）
鞅[1]（yāng）
鞅[2]（yàng）
蔺（lìn）
蓿（xu）
鹕（hú）
蓼（liǎo）
榧（fěi）
榫（sǔn）
槁（gǎo）
榷（què）
酽（yàn）
酹（lèi）
碣（jié）
霁（jì）
蜥（xī）
蜮（yù）
蜴（yì）
嘡（tāng）
嘤（yīng）
罴（pí）
骶（dǐ）
锶（sī）
箧（qiè）
箅（bì）
箪（dān）
箜（kōng）
儆（jǐng）
僳（sù）
僭（jiàn）
劁（qiāo）
魃（bá）
魆（xū）
鄱（pó）
膑（bìn）
鲑（guī）
鲟（xún）
銮（luán）
瘙（sào）
旖（yǐ）
膂（lǚ）
鄯（shàn）
糁（shēn）
鹚（cí）
潆（yíng）
漤（lán）
漕（cáo）
漯[1]（luò）
漯[2]（tà）
潋（liàn）
潴（zhū）
漉（lù）
漳（zhāng）
潍（wéi）
窨[1]（xūn）
窨[2]（yìn）
褡（dā）
褙（bèi）
褊（biǎn）
谯（qiáo）
谰（lán）
谲（jué）
屣（xǐ）
嫱（qiáng）
嫘（léi）
骛（wù）
骠[1]（biāo）
骠[2]（piào）
缪[1]（miào）
缪[2]（miù）
缪[3]（móu）
缫（sāo）
15 画
耦（ǒu）
耧（lóu）
璎（yīng）
璋（zhāng）
髯（rán）
髫（tiáo）
聩（kuì）
觐（jìn）
鞑（dá）
蕙（huì）
蕈（xùn）
蕤（ruí）
劐（huō）
蕲（qí）
槿（jǐn）
樯（qiáng）
靥（yè）
魇（yǎn）
餍（yàn）
霈（pèi）
龉（yǔ）
噶（gá）
暹（xiān）
踟（chí）
踯（zhí）
踺（jiàn）
蝾（róng）
蝮（fù）
蝣（yóu）
蝼（lóu）
嘬（zuō）
噍（jiào）
噌（cēng）
噔（dēng）
颛（zhuān）
嶙（lín）
镉（gé）
镌（juān）
镍（niè）
镏（liú）
稷（jì）
篑（kuì）
篁（huáng）
篌（hóu）
儋（dān）
徵（zhǐ）
滕（téng）
鲠（gěng）
鲥（shí）
鲧（gǔn）
馓（sǎn）
瘢（bān）
齑（jī）
羯（jié）
糌（zān）
糅（róu）
翦（jiǎn）

熵（shāng）
熠（yì）
潸（shān）
潲（shào）
褫（chǐ）
谵（zhān）
勰（xié）
畿（jī）

16 画

耩（jiǎng）
耪（pǎng）
聱（áo）
螯（áo）
髻（jì）
髭（zī）
罄（qìng）
颞（niè）
鞘[1]（qiào）
鞘[2]（shāo）
薨（hōng）
薏（yì）
蕹（wèng）
薮（sǒu）
薅（hāo）
橛（jué）
樽（zūn）
樨（xī）
醛（quán）
醐（hú）
醍（tí）
錾（zàn）
遽（jù）
噤（jìn）
踽（jǔ）
螈（yuán）
螅（xī）
噱（jué）
噬（shì）
圜（huán）
镗（táng）
镚（bèng）
镝[1]（dī）
镝[2]（dí）
镞（zú）
氇（lu）
氆（pǔ）
穑（sè）
魉（liǎng）
魈（xiāo）
歙（shè）
鲱（fēi）
鲵（ní）
鲷（diāo）
鹧（zhè）
廪（lǐn）
嬴（yíng）
壅（yōng）
羲（xī）
甑（zèng）
燧（suì）
濉（suī）
潞（lù）
澧（lǐ）
澹（dàn）
憷（chù）
窸（xī）
隰（xí）
嬗（shàn）
缱（qiǎn）

17 画

螫（shì）
擢（zhuó）
薹（tái）
藓（xiǎn）
藁（gǎo）
檄（xí）
懋（mào）
翳（yī）
礅（dūn）
磴（dèng）
嚅（rú）
蟥（huáng）
镪（qiāng）
罅（xià）
簌（sù）
魍（wǎng）
邈（miǎo）
鹫（jiù）
癍（bān）
濡（rú）
濮（pú）
濞（bì）
濠（háo）
濯（zhuó）
謇（jiǎn）
邃（suì）
擘（bò）
蟊（máo）
鹬（yù）

18 画

鬈（quán）
瞽（gǔ）
鞣（róu）
藜（lí）
藠（jiào）
醪（láo）
蹙（cù）
燹（xiǎn）
餮（tiè）
瞿（qú）
鹭（lù）
鳝（shàn）
鹮（huán）
黟（yī）
髂（qià）
簪（zān）
鼬（yòu）
雠（chóu）
糨（jiàng）
瀍（chán）
鎏（liú）
懵（měng）
邋（lā）

19 画

鬏（jiū）
醭（bú）
醮（jiào）
霪（yín）
嚯（huò）
蹰（chú）
蠖（huò）
蠓（měng）
黢（qū）
髋（kuān）
髌（bīn）
镲（chǎ）
籀（zhòu）
齁（hōu）
魑（chī）
羸（léi）
瀛（yíng）
谶（chèn）

20 画

蘖（niè）
醴（lǐ）
霰（xiàn）
颥（rú）
矍（jué）
躅（zhú）
黩（dú）

蘺（lí）
貛（huān）
21 画
蠙（pín）
羼（chàn）
蠡[1]（lí）
蠡[2]（lǐ）
22 画
懿（yì）
霾（mái）
氍（qú）
饕（tāo）
鬻（yù）
23 画
鬟（huán）
鼹（yǎn）
癯（qú）
24 画
蠹（dù）
衢（qú）
鑫（xīn）
灞（bà）
襻（pàn）
25 画
鬣（liè）
攮（nǎng）
馕[1]（náng）
馕[2]（nǎng）
30 画
爨（cuàn）
36 画
齉（nàng）

附录6：普通话异读词审音表

A
阿
（一）ā
~訇、~罗汉、~木林、~姨
（二）ē
~谀、~附、~胶、~弥陀佛
挨
（一）āi
~个、~近
（二）ái
~打、~说
癌 ái（统读）
霭 ǎi（统读）
蔼 ǎi（统读）
隘 ài（统读）
谙 ān（统读）
埯 ǎn（统读）
昂 áng（统读）
凹 āo（统读）
拗
（一）ào
~口
（二）niù
执~、脾气很~
坳 ào（统读）
B
拔 bá（统读）
把 bà
印~子
白 bái（统读）
膀 bǎng
翅~
蚌
（一）bàng
蛤~
（二）bèng
~埠
傍 bàng（统读）
磅 bàng
过~
龅 bāo（统读）
胞 bāo（统读）
薄
（一）báo
（语）常单用，如“纸很~”。
（二）bó
（文）多用于复音词。
~弱、稀~、淡~、尖嘴~舌、单~、厚~
堡
（一）bǎo
碉~、~垒
（二）bǔ
~子、吴~、瓦窑~、柴沟~
（三）pù
十里~
暴
（一）bào
~露
（二）pù
一~（曝）十寒
爆 bào（统读）
焙 bèi（统读）
惫 bèi（统读）
背 bèi
~脊、~静
鄙 bǐ（统读）
俾 bǐ（统读）
笔 bǐ（统读）
比 bǐ（统读）
臂
（一）bì
手~、~膀
（二）bei
胳~
庇 bì（统读）
髀 bì（统读）
避 bì（统读）
辟 bì
复~
裨 bì
~补、~益
婢 bì（统读）
痹 bì（统读）
壁 bì（统读）
蝙 biān（统读）
遍 biàn（统读）
骠
（一）biāo
黄~马
（二）piào
~骑、~勇

傧 bīn（统读）
缤 bīn（统读）
濒 bīn（统读）
髌 bìn（统读）
屏
（一）bǐng
~除、~弃、~气、~息
（二）píng
~藩、~风
柄 bǐng（统读）
波 bō（统读）
播 bō（统读）
菠 bō（统读）
剥
（一）bō
（文）~削
（二）bāo（语）
泊
（一）bó
淡~、飘~、停~
（二）pō
湖~、血~
帛 bó（统读）
勃 bó（统读）
钹 bó（统读）
伯
（一）bó
~~（bo）、老~
（二）bǎi
大~子（丈夫的哥哥）
箔 bó（统读）
簸
（一）bǒ
颠~
（二）bò
~箕
膊 bo
胳~
卜 bo
萝~
醭 bú（统读）
哺 bǔ（统读）
捕 bǔ（统读）
鵏 bǔ（统读）
埠 bù（统读）
C
残 cán（统读）
惭 cán（统读）
灿 càn（统读）
藏
（一）cáng
矿~
（二）zàng
宝~
糙 cāo（统读）
嘈 cáo（统读）
螬 cáo（统读）
厕 cè（统读）
岑 cén（统读）
差
（一）chā
（文）不~累黍、不~什么、偏~、色~、~别、视~、误~、电势~、一念之~、~池、~错、~异、言~语错、一~二错、阴错阳~、~等、~额、~价、~强人意、~数
（二）chà（语）
~不多、~不离、~点儿
（三）cī
参~
猹 chá（统读）
搽 chá（统读）
阐 chǎn（统读）
羼 chàn（统读）
颤
（一）chàn
~动、发~
（二）zhàn
~栗（战栗）、打~（打战）
韂 chàn（统读）
伥 chāng（统读）
场
（一）chǎng
~合、~所、冷~、捧~
（二）cháng
外~、圩~、~院、一~雨
（三）chang
排~
钞 chāo（统读）
巢 cháo（统读）
嘲 cháo
~讽、~骂、~笑
耖 chào（统读）
车
（一）chē
安步当~、杯水~薪、闭门造~、螳臂当~
（二）jū（象棋棋子名称）
晨 chén（统读）
称 chèn
~心、~意、~职、对~、相~
撑 chēng（统读）
乘

（动作义，念 chéng）
包～制、～风破浪、～便、～客、～势、～兴
橙 chéng（统读）
惩 chéng（统读）
澄
（一）chéng
（文）～清（如“～清混乱”、“～清问题”）
（二）dèng（语）单用，如“把水～清了”。
痴 chī（统读）
吃 chī（统读）
弛 chí（统读）
褫 chǐ（统读）
尺 chǐ
～寸、～头
豉 chǐ（统读）
侈 chǐ（统读）
炽 chì（统读）
舂 chōng（统读）
冲 chòng
～床、～模
臭
（一）chòu
遗～万年
（二）xiù
乳～、铜～
储 chǔ（统读）
处 chǔ
（动作义）～罚、～分、～决、～理、～女、～置
畜
（一）chù
（名物义）～力、家～、牲～、幼～
（二）xù
（动作义）～产、～牧、～养
触 chù（统读）
搐 chù（统读）
绌 chù（统读）
黜 chù（统读）
闯 chuǎng（统读）
创
（一）chuàng
草～、～举、首～、～造、～作
（二）chuāng
～伤、重～
绰
（一）chuò
～～有余
（二）chuo
宽～
疵 cī（统读）
雌 cí（统读）
赐 cì（统读）
伺 cì ～候
枞
（一）cōng
～树
（二）zōng
～阳〔地名〕
从 cóng（统读）
丛 cóng（统读）
攒 cuán
万头～动、万箭～心
脆 cuì（统读）
撮
（一）cuō
～儿、一～儿盐、一～儿匪帮
（二）zuǒ
一～儿毛
措 cuò（统读）
D
搭 dā（统读）
答
（一）dá
报～、～复
（二）dā
～理、～应
打 dá
苏～、一～（十二个）
大
（一）dà
～夫（古官名）、～王（如爆破～王、钢铁～王）
（二）dài
～夫（医生）、～黄、～王（如山～王）、～城〔地名〕
呆 dāi（统读）
傣 dǎi（统读）
逮
（一）dài
（文）如“～捕”。
（二）dǎi
（语）单用，如“～蚊子”、“～特务”。
当
（一）dāng
～地、～间儿、～年（指过去）、～日（指过去）、～天（指过去）、～时（指过去）、螳臂～车
（二）dàng
一个～俩、安步～车、

适～、～年（同一年）、～日（同一时候）、～天（同一天）
档 dàng（统读）
蹈 dǎo（统读）
导 dǎo（统读）
倒
（一）dǎo
颠～、颠～是非、颠～黑白、颠三～四、倾箱～箧、排山～海、～板、～嚼、～仓、～嗓、～戈、潦～
（二）dào
～粪（把粪弄碎）
悼 dào（统读）
纛 dào（统读）
凳 dèng（统读）
羝 dī（统读）
氐 dī［古民族名］
堤 dī（统读）
提 dī
～防
的 dí
～当、～确
抵 dǐ（统读）
蒂 dì（统读）
缔 dì（统读）
谛 dì（统读）
点 dian
打～（收拾、贿赂）
跌 diē（统读）
蝶 dié（统读）
订 dìng（统读）
都
（一）dōu
～来了
（二）dū
～市、首～、大～（大多）
堆 duī（统读）
吨 dūn（统读）
盾 dùn（统读）
多 duō（统读）
咄 duō（统读）
掇
（一）duō
（“拾取、采取”义）
（二）duo
撺～、掂～
裰 duō（统读）
踱 duó（统读）
度 duó
忖～、～德量力
E
婀 ē（统读）
F
伐 fá（统读）
阀 fá（统读）
砝 fǎ（统读）
法 fǎ（统读）
发 fà
理～、脱～、结～
帆 fān（统读）
藩 fān（统读）
梵 fàn（统读）
坊
（一）fāng
牌～、～巷
（二）fáng
粉～、磨～、碾～、染～、油～、谷～
妨 fáng（统读）
防 fáng（统读）
肪 fáng（统读）
沸 fèi（统读）
汾 fén（统读）
讽 fěng（统读）
肤 fū（统读）
敷 fū（统读）
俘 fú（统读）
浮 fú（统读）
服 fú
～毒、～药
拂 fú（统读）
辐 fú（统读）
幅 fú（统读）
甫 fǔ（统读）
复 fù（统读）
缚 fù（统读）
G
噶 gá（统读）
冈 gāng（统读）
刚 gāng（统读）
岗 gǎng
～楼、～哨、～子、门～、站～、山～子
港 gǎng（统读）
葛
（一）gé
～藤、～布、瓜～
（二）gě
［姓］（包括单、复姓）
隔 gé（统读）
革 gé
～命、～新、改～
合 gě
（一升的十分之一）
给
（一）gěi
（语）单用。

(二) jǐ
(文) 补~、供~、供~制、~予、配~、自~自足
亘 gèn (统读)
更 gēng
五~、~生
颈 gěng
脖~子
供
(一) gōng
~给、提~、~销
(二) gòng
口~、翻~、上~
佝 gōu (统读)
枸 gǒu
~杞
勾 gòu
~当
估
(除"~衣"读 gù 外,其余都读 gū)
骨
(除"~碌"、"~朵"读 gū 外,其余都读 gǔ)
谷 gǔ
~雨
锢 gù (统读)
冠
(一) guān
(名物义) ~心病
(二) guàn
(动作义) 沐猴而~、~军
犷 guǎng (统读)
庋 guǐ (统读)
桧
(一) guì [树名]
(二) huì [人名] "秦~"
刽 guì (统读)
聒 guō (统读)
蝈 guō (统读)
过
(除姓氏读 guō 外,其余都读 guò)
H
虾 há
~蟆
哈
(一) hǎ
~达
(二) hà
~什蚂
(三) hā
~欠
巷 hàng
~道
号 háo
寒~虫
和
(一) hè
唱~、附~、曲高~寡
(二) huo
搀~、搅~、暖~、热~、软~
貉
(一) hé
(文) 一丘之~
(二) háo
(语) ~绒、~子
壑 hè (统读)
褐 hè (统读)
喝 hè
~采、~道、~令、~止、呼幺~六
鹤 hè (统读)
黑 hēi (统读)
亨 hēng (统读)
横
(一) héng
~肉、~行霸道
(二) hèng
蛮~、~财
訇 hōng (统读)
虹
(一) hóng
(文) ~彩、~吸
(二) jiàng
(语) 单说。
讧 hòng (统读)
囫 hú (统读)
瑚 hú (统读)
蝴 hú (统读)
桦 huà (统读)
徊 huái (统读)
踝 huái (统读)
浣 huàn (统读)
黄 huáng (统读)
荒 huāng
饥~ (指经济困难)
诲 huì (统读)
贿 huì (统读)
会 huì
一~儿、多~儿、~厌 (生理名词)
混 hùn
~合、~乱、~凝土、~淆、~血儿、~杂
蠖 huò (统读)
霍 huò (统读)

豁 huò
~亮
获 huò（统读）
J
羁 jī（统读）
击 jī（统读）
奇 jī
~数
芨 jī（统读）
缉
（一）jī
通~、侦~
（二）qī
~鞋口
几 jī
茶~、条~
圾 jī（统读）
戢 jí（统读）
疾 jí（统读）
汲 jí（统续）
棘 jí（统读）
藉 jí
狼~（籍）
嫉 jí（统读）
脊 jǐ（统读）
纪
（一）jǐ〔姓〕
（二）jì
~念、~律、纲~、~元
偈 jì
~语
绩 jì（统读）
迹 jì（统读）
寂 jì（统读）
箕 ji
簸~
辑 jí
逻~
茄 jiā
雪~
夹 jiā
~带藏掖、~道儿、~攻、~棍、~生、~杂、~竹桃、~注
浃 jiā（统读）
甲 jiǎ（统读）
歼 jiān（统读）
鞯 jiān（统读）
间
（一）jiān
~不容发、中~
（二）jiàn
中~儿、~道、~谍、~断、~或、~接、~距、~隙、~续、~阻、~作、挑拨离~
趼 jiǎn（统读）
俭 jiǎn（统读）
缰 jiāng（统读）
膙 jiǎng（统读）
嚼
（一）jiáo
（语）味同~蜡、咬文~字
（二）jué
（文）过屠门而大~、咀~
（三）jiào
倒~（倒嚼）
侥 jiǎo
~幸
角
（一）jiǎo
八~（大茴香）、~落、独~戏、~膜、~度、~儿（犄~）、~楼、勾心斗~、号~、口~（嘴~）、鹿~菜、头~
（二）jué
~斗、~儿（脚色）、口~（吵嘴）、主~儿、配~儿、~力、捧~儿
脚
（一）jiǎo
根~
（二）jué
~儿（也作"角儿"，脚色）
剿
（一）jiǎo
围~
（二）chāo
~说、~袭
校 jiào
~勘、~样、~正
较 jiào（统读）
酵 jiào（统读）
嗟 jiē（统读）
疖 jiē（统读）
结
（除"~了个果子"、"开花~果"、"~巴"、"~实"念 jiē 之外，其余都读 jié）
睫 jié（统读）
芥
（一）jiè
~菜（一般的芥菜）、~末
（二）gài
~菜（也作"盖菜"）、

~蓝菜
矜 jīn
~持、自~、~怜
仅 jǐn
~~、绝无~有
馑 jǐn（统读）
觐 jìn（统读）
浸 jìn（统读）
斤 jin
千~（起重的工具）
茎 jīng（统读）
粳 jīng（统读）
鲸 jīng（统读）
境 jìng（统读）
痉 jìng（统读）
劲 jìng
刚~
窘 jiǒng（统读）
究 jiū（统读）
纠 jiū（统读）
鞠 jū（统读）
鞫 jū（统读）
掬 jū（统读）
苴 jū（统读）
咀 jǔ
~嚼
矩
（一）jǔ
~形
（二）ju
规~
俱 jù（统读）
龟 jūn
~裂（也作“皲裂”）菌
（一）jūn
细~、病~、杆~、霉~
（二）jùn
香~、~子
俊 jùn（统读）

K

卡
（一）kǎ
~宾枪、~车、~介苗、~片、~通
（二）qiǎ
~子、关~
揩 kāi（统读）
慨 kǎi（统读）
忾 kài（统读）
勘 kān（统读）
看 kān
~管、~护、~守
慷 kāng（统读）
拷 kǎo（统读）
坷 kē
~拉（垃）
疴 kē（统读）
壳
（一）ké
（语）~儿、贝~儿、脑~、驳~枪
（二）qiào
（文）地~、甲~、躯~
可
（一）kě
~~儿的
（二）kè
~汗
恪 kè（统读）
刻 kè（统读）
克 kè
~扣
空
（一）kōng
~心砖、~城计
（二）kòng
~心吃药
眍 kōu（统读）
矻 kū（统读）
酷 kù（统读）
框 kuàng（统读）
矿 kuàng（统读）
傀 kuǐ（统读）
溃
（一）kuì
~烂
（二）huì
~脓
篑 kuì（统读）
括 kuò（统读）

L

垃 lā（统读）
邋 lā（统读）
罱 lǎn（统读）
缆 lǎn（统读）
蓝 lan
苤~
琅 láng（统读）
捞 lāo（统读）
劳 láo（统读）
醪 láo（统读）
烙
（一）lào
~印、~铁、~饼
（二）luò
炮~（古酷刑）
勒
（一）lè
（文）~逼、~令、~派、~索、悬崖~马
（二）lēi

（语）多单用。
擂
（除“～台”、“打～”读lèi外，都读léi）
礌léi（统读）
羸léi（统读）
蕾lěi（统读）
累
（一）lèi
（辛劳义）如“受～”“受劳～”。
（二）léi
（如“～赘”）
（三）lěi
（牵连义）如“带～”、“～及”、“连～”、“赔～”、“牵～”、“受～”“受牵～”。
蠡
（一）lí
管窥～测
（二）lǐ
～县、范～
喱lí（统读）
连lián（统读）
敛liǎn（统读）
恋liàn（统读）
量
（一）liàng
～入为出、忖～
（二）liang
打～、掂～
踉liàng
～跄
潦liáo
～草、～倒
劣liè（统读）
捩liè（统读）
趔liè（统读）
拎līn（统读）
遴lín（统读）
淋
（一）lín
～浴、～漓、～巴
（二）lìn
～硝、～盐、～病
蛉líng（统读）
榴liú（统读）
馏
（一）liú
（文）如“干～”、“蒸～”。
（二）liù
（语）如“～馒头”。
馏liú
～金
碌liù
～碡
笼
（一）lóng
（名物义）～子、牢～
（二）lǒng
（动作义）～络、～括、～统、～罩
偻
（一）lóu
佝～
（二）lǚ
伛～
瞜lou
眍～
虏lǔ（统读）
掳lǔ（统读）
露
（一）lù
（文）赤身～体、～天、～骨、～头角、藏头～尾、抛头～面、～头（矿）
（二）lòu
（语）～富、～苗、～光、～相、～马脚、～头
榈lǘ（统读）
捋
（一）lǚ
～胡子
（二）luō
～袖子
绿
（一）lǜ
（语）
（二）lù
（文）～林、鸭～江
孪luán（统读）
挛luán（统读）
掠lüè（统读）
囵lún（统读）
络
（一）luò
～腮胡子
落
（一）luò
（文）～膘、～花生、～魄、涨～、～槽、着～
（二）lào
（语）～架、～色、～炕、～枕、～儿、～子（一种曲艺）
（三）là
（语）遗落义
丢三～四、～在后面

M
脉
（除“～～”读 mòmò 外，其余都读 mài）
漫 màn（统读）
蔓
（一）màn
（文）～延、不～不枝
（二）wàn
（语）瓜～、压～
牤 māng（统读）
氓 máng
流～
芒 máng（统读）
铆 mǎo（统读）
瑁 mào（统读）
虻 méng（统读）
盟 méng（统读）
祢 mí（统读）
眯
（一）mí
～了眼（灰尘等入目，也作“迷”）
（二）mī
～了一会儿（小睡）、～缝着眼（微微合目）
靡
（一）mí
～费
（二）mǐ
风～、委～、披～
秘
（除“～鲁”读 bì 外，其余都读 mì）
泌
（一）mì
（语）分～
（二）bì
（文）～阳〔地名〕
娩 miǎn（统读）
缈 miǎo（统读）
皿 mǐn（统读）
闽 mǐn（统读）
茗 míng（统读）
酩 mǐng（统读）
谬 miù（统读）
摸 mō（统读）
模
（一）mó
～范、～式、～型、～糊、～棱两可、～特儿
（二）mú
～子、～具、～样
膜 mó（统读）
摩 mó
按～、抚～
嬷 mó（统读）
墨 mò（统读）
耱 mò（统读）
沫 mò（统读）
缪 móu
绸～
N
难
（一）nán
困～（或变轻声）、～兄～弟（难得的兄弟，现多用作贬义）
（二）nàn
排～解纷、发～、刁～、责～、～兄～弟（共患难或同受苦难的人）
蝻 nǎn（统读）
蛲 náo（统读）
讷 nè（统读）
馁 něi（统读）
嫩 nèn（统读）
恁 nèn（统读）
妮 nī（统读）
拈 niān（统读）
鲇 nián（统读）
酿 niàng（统读）
尿
（一）niào
糖～症
（二）suī
（只用于口语名词）尿（niào）～、～脬
嗫 niè（统读）
宁
（一）níng
安～
（二）nìng
～可、无～〔姓〕
忸 niǔ（统读）
脓 nóng（统读）
弄
（一）nòng
玩～
（二）lòng
～堂
暖 nuǎn（统读）
衄 nǜ（统读）
疟
（一）nüè
（文）～疾
（二）yào
（语）发～子
娜
（一）nuó
婀～、袅～

（二）nà
（人名）
O
殴 ōu（统读）
呕 ǒu（统读）
P
杷 pá（统读）
琶 pá（统读）
牌 pái（统读）
排 pǎi
~子车
迫 pǎi
~击炮
湃 pài（统读）
爿 pán（统读）
胖 pán
心广体~（~为安舒貌）
蹒 pán（统读）
畔 pàn（统读）
乓 pāng（统读）
滂 pāng（统读）
脬 pāo（统读）
胚 pēi（统读）
喷
（一）pēn
~嚏
（二）pèn
~香
（三）pen
嚏~
澎 péng（统读）
坯 pī（统读）
披 pī（统读）
匹 pǐ（统读）
僻 pì（统读）
譬 pì（统读）
片
（一）piàn
~子、唱~、画~、相~、影~、~儿会
（二）piān
（口语一部分词）~子、~儿、唱~儿、画~儿、相~儿、影~儿
剽 piāo（统读）
缥 piāo
~缈（飘渺）
撇 piē
~弃
聘 pìn（统读）
乒 pīng（统读）
颇 pō（统读）
剖 pōu（统读）
仆
（一）pū
前~后继
（二）pú
~从
扑 pū（统读）
朴
（一）pǔ
俭~、~素、~质
（二）pō
~刀
（三）pò
~硝、厚~
蹼 pǔ（统读）
瀑 pù
~布
曝
（一）pù
一~十寒
（二）bào
~光（摄影术语）
Q
栖 qī
两~
戚 qī（统读）
漆 qī（统读）
期 qī（统读）
蹊 qī
~跷
蛴 qí（统读）
畦 qí（统读）
萁 qí（统读）
骑 qí（统读）
企 qǐ（统读）
绮 qǐ（统读）
杞 qǐ（统读）
槭 qì（统读）
洽 qià（统读）
签 qiān（统读）
潜 qián（统读）
荨
（一）qián
（文）~麻
（二）xún
（语）~麻疹
嵌 qiàn（统读）
欠 qian
打哈~
戕 qiāng（统读）
镪 qiāng
~水
强
（一）qiáng
~渡、~取豪夺、~制、博闻~识
（二）qiǎng
勉~、牵~、~词夺理、~迫、~颜为笑

（三）jiàng
倔～
襁 qiǎng（统读）
跄 qiàng（统读）
悄
（一）qiāo
～～儿的
（二）qiǎo
～默声儿的
橇 qiāo（统读）
翘
（一）qiào
（语）～尾巴
（二）qiáo
（文）～首、～楚、连～
怯 qiè（统读）
挈 qiè（统读）
趄 qie
趔～
侵 qīn（统读）
衾 qīn（统读）
噙 qín（统读）
倾 qīng（统读）
亲 qìng
～家
穹 qióng（统读）
黢 qū（统读）
曲（麯）qū
大～、红～、神～
渠 qú（统读）
瞿 qú（统读）
蠼 qú（统读）
苣 qǔ
～荬菜
龋 qǔ（统读）
趣 qù（统读）
雀 què
～斑、～盲症
R
髯 rán（统读）
攘 rǎng（统读）
桡 ráo（统读）
绕 rào（统读）
任 rén〔姓，地名〕
妊 rèn（统读）
扔 rēng（统读）
容 róng（统读）
糅 róu（统读）
茹 rú（统读）
孺 rú（统读）
蠕 rú（统读）
辱 rǔ（统读）
挼 ruó（统读）
S
靸 sǎ（统读）
噻 sāi（统读）
散
（一）sǎn
懒～、零零～～、～漫
（二）san
零～
丧 sāng
哭～着脸
扫
（一）sǎo
～兴
（二）sào
～帚
埽 sào（统读）
色
（一）sè（文）
（二）shǎi（语）
塞
（一）sè
（文）动作义。
（二）sāi
（语）名物义，如："活～"、"瓶～"；动作义，如"把洞～住"。
森 sēn（统读）
煞
（一）shā
～尾、收～
（二）shà
～白
啥 shá（统读）
厦
（一）shà（语）
（二）xià
（文）～门、噶～
杉
（一）shān
（文）紫～、红～、水～
（二）shā
（语）～篙、～木
衫 shān（统读）
姗 shān（统读）
苫
（一）shàn
（动作义）如"～布"。
（二）shān
（名物义）如"草～子"。
墒 shāng（统读）
猞 shē（统读）
舍 shè
宿～
慑 shè（统读）
摄 shè（统读）
射 shè（统读）
谁 shéi，又音 shuí
娠 shēn（统读）

什（甚）shén
～么
蜃 shèn（统读）
葚
（一）shèn
（文）桑～
（二）rèn
（语）桑～儿
胜 shèng（统读）
识 shí
常～、～货、～字
似 shì
～的
室 shì（统读）
螫
（一）shì（文）
（二）zhē（语）
匙 shi
钥～
殊 shū（统读）
蔬 shū（统读）
疏 shū（统读）
叔 shū（统读）
淑 shū（统读）
菽 shū（统读）
熟
（一）shú（文）
（二）shóu（语）
署 shǔ（统读）
曙 shǔ（统读）
漱 shù（统读）
戍 shù（统读）
蟀 shuài（统读）
孀 shuāng（统读）
说 shuì
游～
数 shuò
～见不鲜
硕 shuò（统读）
蒴 shuò（统读）
艘 sōu（统读）
嗾 sǒu（统读）
速 sù（统读）
塑 sù（统读）
虽 suī（统读）
绥 suí（统读）
髓 suǐ（统读）
遂
（一）suì
不～、毛～自荐
（二）suí
半身不～
隧 suì（统读）
隼 sǔn（统读）
莎 suō
～草
缩
（一）suō
收～
（二）sù
～砂密（一种植物）
嗍 suō（统读）
索 suǒ（统读）

T

趿 tā（统读）
鳎 tǎ（统读）
獭 tǎ（统读）
沓
（一）tà
重～
（二）ta
疲～
（三）dá
一～纸
苔
（一）tái（文）
（二）tāi（语）
探 tàn（统读）
涛 tāo（统读）
悌 tì（统读）
佻 tiāo（统读）
调 tiáo
～皮
帖
（一）tiē
伏伏～～、俯首～耳、妥～
（二）tiě
请～、字～儿
（三）tiè
字～、碑～
听 tīng（统读）
庭 tíng（统读）
骰 tóu（统读）
凸 tū（统读）
突 tū（统读）
颓 tuí（统读）
蜕 tuì（统读）
臀 tún（统读）
唾 tuò（统读）

W

娲 wā（统读）
挖 wā（统读）
瓦 wà
～刀
喎 wāi（统读）
蜿 wān（统读）
玩 wán（统读）
惋 wǎn（统读）
脘 wǎn（统读）
往 wǎng（统读）

忘 wàng（统读）
微 wēi（统读）
巍 wēi（统读）
薇 wēi（统读）
危 wēi（统读）
韦 wéi（统读）
违 wéi（统读）
唯 wéi（统读）
圩
（一）wéi
～子
（二）xū
～（墟）场
纬 wěi（统读）
委 wěi
～靡
伪 wěi（统读）
萎 wěi（统读）
尾
（一）wěi
～巴
（二）yǐ
马～儿
尉 wèi
～官
文 wén（统读）
闻 wén（统读）
紊 wěn（统读）
喔 wō（统读）
蜗 wō（统读）
硪 wò（统读）
诬 wū（统读）
梧 wú（统读）
牾 wǔ（统读）
乌 wù
～拉（也作"靰鞡"）、～拉草
杌 wù（统读）
骛 wù（统读）

X

夕 xī（统读）
汐 xī（统读）
晰 xī（统读）
析 xī（统读）
皙 xī（统读）
昔 xī（统读）
溪 xī（统读）
悉 xī（统读）
熄 xī（统读）
蜥 xī（统读）
螅 xī（统读）
惜 xī（统读）
锡 xī（统读）
樨 xī（统读）
袭 xí（统读）
檄 xí（统读）
峡 xiá（统读）
暇 xiá（统读）
吓 xià
杀鸡～猴
鲜 xiān
屡见不～、数见不～
锨 xiān（统读）
纤 xiān
～维
涎 xián（统读）
弦 xián（统读）
陷 xiàn（统读）
霰 xiàn（统读）
向 xiàng（统读）
相 xiàng
～机行事
淆 xiáo（统读）
哮 xiào（统读）
些 xiē（统读）
颉 xié
～颃
携 xié（统读）
偕 xié（统读）
挟 xié（统读）
械 xiè（统读）
馨 xīn（统读）
囟 xìn（统读）
行 xíng
操～、德～、发～、品～
省 xǐng
内～、反～、～亲、不～人事
芎 xiōng（统读）
朽 xiǔ（统读）
宿 xiù
星～、二十八～
煦 xù（统读）
蓿 xu
苜～
癣 xuǎn（统读）
削
（一）xuē
（文）剥～、～减、瘦～
（二）xiāo
（语）切～、～铅笔、～球
穴 xué（统读）
学 xué（统读）
雪 xuě（统读）
血
（一）xuè
（文）用于复音词及成语，如"贫～"、"呕心沥～"、"～泪史"、"狗～喷头"、"心～"等。

（二）xiě
（语）口语多单用，如“流了点儿～”及几个口语常用词，如：“鸡～”、“～晕”、“～块子”等。
谑 xuè（统读）
寻 xún（统读）
驯 xùn（统读）
逊 xùn（统读）
熏 xùn
煤气～着了
徇 xùn（统读）
殉 xùn（统读）
蕈 xùn（统读）
Y
押 yā（统读）
崖 yá（统读）
哑 yǎ
～然失笑
亚 yà（统读）
殷 yān
～红
芫 yán
～荽
筵 yán（统读）
沿 yán（统读）
焰 yàn（统读）
夭 yāo（统读）
肴 yáo（统读）
杳 yǎo（统读）
舀 yǎo（统读）
钥
（一）yào
（语）～匙
（二）yuè
（文）锁～
曜 yào（统读）
耀 yào（统读）
椰 yē（统读）
噎 yē（统读）
叶 yè
～公好龙
曳 yè
弃甲～兵、摇～、～光弹
屹 yì（统读）
轶 yì（统读）
谊 yì（统读）
懿 yì（统读）
诣 yì（统读）
艾 yì
自怨自～
荫 yìn（统读）
（“树～”、“林～道”应作“树阴”、“林阴道”）
应
（一）yīng
～届、～名儿、～许、提出的条件他都～了、是我～下来的任务
（二）yìng
～承、～付、～声、～时、～验、～邀、～用、～运、～征、里～外合
萦 yíng（统读）
映 yìng（统读）
佣 yōng
～工
庸 yōng（统读）
臃 yōng（统读）
壅 yōng（统读）
拥 yōng（统读）
踊 yǒng（统读）
咏 yǒng（统读）
泳 yǒng（统读）
莠 yǒu（统读）
愚 yú（统读）
娱 yú（统读）
愉 yú（统读）
伛 yǔ（统读）
屿 yǔ（统读）
吁 yù
呼～
跃 yuè（统读）
晕
（一）yūn
～倒、头～
（二）yùn
月～、血～、～车
酝 yùn（统读）
Z
匝 zā（统读）
杂 zá（统读）
载
（一）zǎi
登～、记～
（二）zài
搭～、怨声～道、重～、装～、～歌～舞
簪 zān（统读）
咱 zán（统读）
暂 zàn（统读）
凿 záo（统读）
择
（一）zé
选～
（二）zhái
～不开、～菜、～席
贼 zéi（统读）
憎 zēng（统读）
甑 zèng（统读）
喳 zhā

唧唧～～
轧（除“～钢”、“～辊”读 zhá 外，其余都读 yà）
（gá 为方言，不审）
摘 zhāi（统读）
粘 zhān
～贴
涨 zhǎng
～落、高～
着
（一）zháo
～慌、～急、～家、～凉、～忙、～迷、～水、～雨
（二）zhuó
～落、～手、～眼、～意、～重、不～边际
（三）zhāo
失～
（四）zhe
笑～
沼 zhǎo（统读）
召 zhào（统读）
遮 zhē（统读）
蛰 zhé（统读）
辙 zhé（统读）
贞 zhēn（统读）
侦 zhēn（统读）
帧 zhēn（统读）
胗 zhēn（统读）
枕 zhěn（统读）
诊 zhěn（统读）
振 zhèn（统读）
知 zhī（统读）
织 zhī（统读）
脂 zhī（统读）
植 zhí（统读）
殖
（一）zhí
繁～、生～、～民
（二）shi
骨～
指 zhǐ（统读）
掷 zhì（统读）
质 zhì（统读）
蛭 zhì（统读）
秩 zhì（统读）
栉 zhì（统读）
炙 zhì（统读）
中 zhōng
人～（人的上唇正中凹下的部分）
种 zhòng
点～（义同“点播”。动宾结构念 diǎnzhǒng，义为点播种子）
诌 zhōu（统读）
骤 zhòu（统读）
轴 zhòu
大～子戏、压～子
碡 zhou
碌～
烛 zhú（统读）
逐 zhú（统读）
属 zhǔ
～望
筑 zhù（统读）
著 zhù
土～
转 zhuǎn
运～
撞 zhuàng（统读）
幢
（一）zhuàng
一～楼房
（二）chuáng
经～（佛教所设刻有经咒的石柱）
拙 zhuō（统读）
茁 zhuó（统读）
灼 zhuó（统读）
卓 zhuó（统读）
综 zōng
～合
纵 zòng（统读）
粽 zòng（统读）
镞 zú（统读）
组 zǔ（统读）
钻
（一）zuān
～探、～孔
（二）zuàn
～床、～杆、～具
佐 zuǒ（统读）
唑 zuò（统读）
柞
（一）zuò
～蚕、～绸
（二）zhà
～水（在陕西）
做 zuò（统读）
作
（除“～坊”读 zuō 外，其余都读 zuò）

附录7：汉字应用水平测试模拟试卷

汉字应用水平测试模拟试卷（一）

第一部分：书写填空题，根据语境、读音提示填写汉字，共30题。

（一）根据下列各题所给出的汉语拼音和同音字填写正确的汉字。

1. 媒____（shuò 硕）
2. 青面____（liáo 辽）牙
3. 笑容可____（jū 居）
4. 一____（cù 促）而就
5. ____（xiá 霞）迩
6. 情____（tóu 头）意合
7. 惩前____（bì 庇）后
8. 世外桃____（yuán 援）
9. ____（xún 寻）序
10. 投鼠____（jì 计）器
11. 待价而____（gū 辜）
12. 滥____（yú 鱼）充数
13. ____（huá 划）众取宠
14. ____（píng 萍）添
15. 不可思____（yì 毅）

（二）在下列各题的横线上填入正确的汉字，把成语补充完整。

16. ____精竭虑
17. 同仇敌____
18. 沆____一气
19. 心怀____测
20. 并驾齐____
21. 气势____礴
22. 为民请____
23. 曲意____迎
24. ____鹉学舌
25. 喜形于____
26. ____山遍野
27. ____火烧身
28. 顺____摸瓜
29. 弹冠相____
30. 以柔克____

第二部分：选择题，在语境中判断字形正误，共40题。

（三）在下列各题的四个词语中，请找出用字有错误的一项。

31. A. 和霭　B. 漱口　C. 恒心　D. 拿手　（　）
32. A. 责备　B. 依恋　C. 商榷　D. 蓝球　（　）
33. A. 遛弯　B. 票卷　C. 绫罗　D. 耳聋　（　）
34. A. 稗益　B. 皎洁　C. 诬蔑　D. 馈赠　（　）
35. A. 棘手　B. 踌躇　C. 峻工　D. 窘迫　（　）
36. A. 盘恒　B. 挤兑　C. 猝尔　D. 强悍　（　）
37. A. 驸马　B. 簇拥　C. 沉缅　D. 流连　（　）
38. A. 情侣　B. 渲泄　C. 离散　D. 蔼然　（　）

39. A. 隘口 B. 登极 C. 毛躁 D. 雾凇 (　　)
40. A. 装祯 B. 通脱 C. 喑哑 D. 作祟 (　　)
41. A. 左袒 B. 咀咒 C. 煊赫 D. 旋律 (　　)
42. A. 修饰 B. 提要 C. 原气 D. 倩影 (　　)
43. A. 渝期 B. 缄默 C. 背时 D. 暧昧 (　　)
44. A. 杵臼 B. 畿辅 C. 歧异 D. 坐阵 (　　)
45. A. 追朔 B. 深谙 C. 快捷 D. 臧否 (　　)
46. A. 编遣 B. 尤如 C. 马镫 D. 横披 (　　)
47. A. 阖第 B. 欺瞒 C. 抵柱 D. 饶头 (　　)
48. A. 脉胳 B. 晋级 C. 揭晓 D. 邂逅 (　　)
49. A. 傩神 B. 浙沥 C. 炮制 D. 梵文 (　　)
50. A. 孤陋 B. 摹写 C. 压诈 D. 置喙 (　　)

（四）在下列各题的四句话中，请找出加点字使用错误的一项。

51. A. 真理越辨越明。 (　　)
B. 从这些细节处理上可以看出他心思缜密。
C. “天”字的笔画数为4。
D. 黄锦玉认为，有了祖先的庇荫，才有自己今日的成就。

52. A. 敝帚自珍，我总舍不得淘汰案头那老式的黑铁书架。 (　　)
B. 一种深蓝色的有机燃料叫做靛蓝。
C. 膑骨是组成人体膝关节的骨头。
D. 因为激动，他哽咽了半天，说不出话。

53. A. 这种手机功能一般，没什么好希罕的。 (　　)
B. 我国国土广袤，资源丰富。
C. 要取得好的学习成绩，归根结底靠学习者自己努力。
D. 老皇历不要再翻，否则要被新时代淘汰。

54. A. 罗大爷家里就他一个人，孤苦伶仃的。 (　　)
B. 蔡医生医术精湛，能诊治多种疑难病征。
C. 上光水色交相辉映，令人赏心悦目。
D. 铁杵成针的故事妇孺皆知。

55. A. 多日过度劳累，营养又不好，他看上去很憔悴。 (　　)
B. 昨晚我们科室的同事聚餐，为将要远赴东北的老蒴饯行。
C. 这是一个英雄倍出的年代，很多事迹可歌可泣。
D. 天气变化很快，一会儿便云收雨霁。

56. A. 说到别人的事情，她最喜欢添油加醋了。 (　　)
B. 在这千钧一发之际，一个勇敢的年轻人冲了出来。
C. 别再让我们猜迷了，赶紧告诉我们她是你的什么人吧。
D. 小姑娘长得都很好看，十分俊俏。

57. A. 他和她情投意合，结为贤伉俪。 (　　)

B. 送交征文的时间已于昨日截至。

C. 陈翠花和李夏莲是妯娌，相处很是融洽。

D. 吃到新鲜的榴莲曾经是一件很不容易的事情。

58. A. 受到惊吓，她的心嗵嗵地跳了起来。 (　　)

B. 有钱没钱的，他总爱穿着名牌，抽着雪茄，俨然一副阔老相。

C. 是骡子是马，拉出去遛遛就知道了。

D. 人们通常把危害社会与他人的人称为蟊贼。

59. A. 干工作不能拈轻怕重，要勇挑重担。 (　　)

B. 昨天我们家的水笼头坏了，多亏姜师傅帮忙修好了。

C. 整天蔫头耷脑的人，给他人的观感不佳。

D. 为了不影响家人休息，她蹑手蹑脚地上得楼来。

60. A. 娜娜的肌肤如凝脂一般娇嫩。 (　　)

B. 亮仔笑起来很不自然，有时像是在佞笑。

C. 他是一位虔诚的教徒，按时祈祷。

D. 远处山峦层迭，景色甚是迷人。

61. A. 高个子借着酒兴，蓄意起衅。 (　　)

B. 看护工作要是出了什么差迟，我可承担不起责任。

C. 混入了三聚氰胺的奶粉戕害了许多无辜婴幼儿的身心健康。

D. 事情经过很是蹊跷，让人摸不着头脑。

62. A. 腿部受伤，秦峰踉踉跄跄地走了进来。 (　　)

B. 涉嫌经济犯罪的公司董事长被取消了省人大代表资格。

C. 《激流三步曲》包括《家》、《春》、《秋》。

D. 老李看上去总是那样笑容可掬。

63. A. 青少年学生应多颂读优秀的中国古典诗文。 (　　)

B. 从前，女子出嫁的多，男子入赘的少。

C. 那个女人的打扮俗不可耐。

D. 我们素昧平生，一下子说不好对你的看法。

64. A. 工程质量太差，在建的桥梁居然坍塌下来。 (　　)

B. 喝好茶要配好茶具。

C. 千叮宁，万嘱托，老妈妈唯恐有什么地方关照不周。

D. 人不能骄傲自大，也不要妄自菲薄。

65. A. 组织集体活动使用经费的开支帐目一定要清楚。 (　　)

B. 熹微的晨光中，小区不少居民已开始锻炼身体了。

C. 实不相瞒，我就是那个经常匿名给你发电子邮件的人。

D. 远近山峰十分峻秀，像从画师笔下画出来的。

66. A. 教育事业的重大意义就在于薪火相传。 （ ）

B. 杜甫诗作常悲天悯人，具有强烈的现实主义精神。

C. 缪强富有正义感，敢于仗义直言。

D. 许多书法作品被镌刻在古代碑碣上了。

67. A. 不少俱乐部对足协的整顿举措有所杯葛。 （ ）

B. 保持身心健康，就能永葆青春。

C. 有人认为越俎代庖是多管闲事。

D. 这首诗表达了作者对光明的想往。

68. A. 那个衣衫褴褛的老人曾经办过工厂。 （ ）

B. 不当之处，请多包涵。

C. 南瓜有时也被称作“窝瓜”，富含多种营养成分。

D. 有人说磅秤的计量不是很准确。

69. A. 谙达人情世故，更有助于完成交际性强的工作。 （ ）

B. 婚姻非同儿戏，你们一定要处理好自己的终生大事。

C. “掮客”有时被看作贬义词。

D. 他们家的室内装修很好，美轮美奂。

70. A. 电压偏低，加之墙壁反光效果欠佳，屋内灯光显得有些暗淡。（ ）

B. 工作再忙，我们也要按部就班，不能乱了阵脚。

C. 不远处有一个岸标，醒目地矗立在那里。

D. 由于印象深刻，我已牢牢记住了他的像貌。

第三部分：选择填空题，选择正确汉字填入句中，共 10 题。

（五）在下列各题的四个选项中，请选出能够正确填入句子括号中的一项。

71. 秋天，枫叶变红，与苍松、翠柏相映成趣，凄（ ）中又包含（ ）烈。 （ ）

A. 清/热　B. 清/浓　C. 凉/热　D. 凉/浓

72. 思绪如片片白云，飘（ ）在我心灵的天空上，使之变得（ ）静而高远。 （ ）

A. 荡/宁　B. 荡/安　C. 浮/安　D. 浮/宁

73. 他们发（ ）连续作战的优良作风，完成了较为（ ）重的劳动任务。 （ ）

A. 扬/繁　B. 扬/沉　C. 挥/沉　D. 挥/繁

74. 省教委领导多次（ ）临我校，（ ）定了我校教改方面已经取得的成绩。 （ ）

A. 亲/肯　B. 亲/确　C. 莅/肯　D. 莅/确

75. 考（ ）结果显示，这一片湿地的生态环境非常适（ ）丹顶鹤的栖息。 （ ）

A. 察/应　B. 查/合　C. 察/合　D. 查/应

76. 年幼的孩子们对这位慈母般易于（　　）近的老师十分信（　　）。（　　）

A. 亲/任　B. 亲/赖　C. 接/任　D. 接/赖

77. 听到对方数（　　）自己，江华（　　）然作色。（　　）

A. 落/愀　B. 落/欣　C. 说/愀　D. 说/欣

78. 他们意志坚（　　），不受外部世界的（　　）惑而停下前进的脚步。（　　）

A. 定/诱　B. 决/诱　C. 定/迷　D. 决/迷

79. 大家（　　）传李冰昨天下午曾被警察带去（　　）问。（　　）

A. 风/诘　B. 流/诘　C. 风/询　D. 流/询

80. 光和影有着和（　　）的（　　）律，如梵婀玲上奏着的名曲。（　　）

A. 谐/韵　B. 谐/旋　C. 睦/旋　D. 睦/韵

第四部分：选择题，判断字音正误或异同，共30题。

（六）在下列各题的四个字中，请找出注音（汉语拼音和同音字）错误的一项。

81. A. 骁（yáo 摇）　B. 梏（gù 固）
C. 玷（diàn 店）　D. 痣（zhì 智）（　　）

82. A. 沛（pèi 配）　B. 懦（nuò 诺）
C. 韬（tāo 掏）　D. 讷（nà 那）（　　）

83. A. 吁（xū 虚）　B. 吟（jīn 金）
C. 忿（fèn 奋）　D. 戽（hù 护）（　　）

84. A. 葸（sī 丝）　B. 汶（wèn 问）
C. 梭（suō 缩）　D. 育（yō 哟）（　　）

85. A. 瑞（ruì 锐）　B. 膺（yīng 鹰）
C. 兢（jīng 精）　D. 鳏（guān 观）（　　）

86. A. 襄（xiāng 湘）　B. 瞳（tóng 同）
C. 苑（yuán 园）　D. 猬（wèi 喂）（　　）

87. A. 羞（xiū 修）　B. 媲（bǐ 比）
C. 栽（zāi 哉）　D. 酝（yùn 韵）（　　）

88. A. 侮（wǔ 舞）　B. 递（dì 帝）
C. 悯（mǐn 敏）　D. 蕈（tán 谈）（　　）

89. A. 稍（shāo 烧）　B. 儡（lěi 蕾）
C. 歃（chā 叉）　D. 猾（huá 华）（　　）

90. A. 氮（dàn 但）　B. 啾（jiū 究）
C. 屡（lǚ 缕）　D. 觎（yǔ 雨）（　　）

（七）在下列各题的四组字中，请找出两个汉字读音不同的一项。

91. A. 最—醉　B. 炀—阳　C. 苏—稣　D. 沾—战　（　　）
92. A. 试—拭　B. 纶—伦　C. 馈—愧　D. 亥—骇　（　　）
93. A. 刍—厨　B. 丐—钙　C. 堕—坠　D. 诞—啖　（　　）
94. A. 孢—褒　B. 诋—邸　C. 棘—辣　D. 断—椴　（　　）
95. A. 符—副　B. 睾—篙　C. 噩—呃　D. 扩—廓　（　　）
96. A. 卅—萨　B. 阻—狙　C. 伞—馓　D. 彤—桐　（　　）
97. A. 硝—枭　B. 怨—愿　C. 啧—则　D. 岷—泯　（　　）
98. A. 吻—雯　B. 哲—谪　C. 鹦—罂　D. 饨—豚　（　　）
99. A. 裢—链　B. 闵—皿　C. 趴—啪　D. 劾—河　（　　）
100. A. 麾—诙　B. 剐—寡　C. 邯—坩　D. 府—釜　（　　）

（八）在下列各题的四组词语中，请找出加点字读音不同的一项。

101. A. 诋毁—抵挡　B. 枷锁—疮痂
C. 崎岖—畦田　D. 针灸—内疚　（　　）
102. A. 诡谲—橘子　B. 琼脂—邛崃
C. 婶婶—审视　D. 毋宁—荒芜　（　　）
103. A. 自缢—溢出　B. 怯懦—祛除
C. 螨虫—满意　D. 抖擞—老叟　（　　）
104. A. 闷热—愤懑　B. 羁绊—稽查
C. 缴费—交费　D. 梵语—浮泛　（　　）
105. A. 含蓄—邗江　B. 饿殍—碧缥
C. 结果—结束　D. 疝气—汕头　（　　）
106. A. 曝晒—曝光　B. 颔首—电焊
C. 莴苣—蜗居　D. 鹞鹰—钥匙　（　　）
107. A. 语言—囹圄　B. 扫兴—扫帚
C. 哭泣—堆砌　D. 花翎—伶俐　（　　）
108. A. 碾压—药捻　B. 肌腱—鉴定
C. 饵料—洱海　D. 蠡测—范蠡　（　　）
109. A. 巾帼—国体　B. 疖子—揭开
C. 漫画—谩骂　D. 树阴—荫庇　（　　）
110. A. 牌坊—油坊　B. 芙蓉—榕树
C. 挺立—快艇　D. 倨傲—据说　（　　）

第五部分：选择题，判断字义正误或异同，共 20 题。

（九）在下列各题的四个选项中，请选出加点字解释正确的一项。

111. 礼尚往来　（　　）
A. 风尚　B. 尊崇　C. 还　D. 尚且
112. 川流不息　（　　）

A. 河流　B. 平地　C. 四川　D. 长条状物体

113. 义愤填膺　（　）

A. 担当　B. 胸膛　C. 讨伐　D. 承受

114. 大相径庭　（　）

A. 直径的简称　B. 直接前行　C. 小路　D. 比喻方法

115. 旷日持久　（　）

A. 空阔　B. 久远　C. 心胸开朗　D. 耽搁

116. 滥竽充数　（　）

A. 过度　B. 浮泛不切实际

C. 腐败　D. （江湖水等）溢出

117. 厝火积薪　（　）

A. 房屋　B. 暂停或浅埋棺材待葬

C. 放置　D. 寂寞

118. 量入为出　（　）

A. 古代测量体积的器物　B. 容纳度

C. 数量　D. 权衡

119. 敝帚自珍　（　）

A. 破旧　B. 谦辞　C. 衰败　D. 僻静

120. 泥古不化　（　）

A. 泥巴　B. 用泥灰涂抹　C. 不知变通　D. 泥状物

（十）在下列各题的四组词语中，请找出加点字意义不同的一项。

121. A. 绀青—发绀　B. 合唱—合脚

C. 汲取—汲水　D. 忧悒—郁悒　（　）

122. A. 居中—居功　B. 酣饮—半酣

C. 鸣谢—鸣冤　D. 惬意—惬怀　（　）

123. A. 出粜—粜米　B. 撒娇—娇气

C. 俯冲—俯允　D. 摇曳—曳光　（　）

124. A. 受洗—领洗　B. 苦旱—苦夏

C. 竹篾—篾席　D. 沿袭—袭取　（　）

125. A. 踵武—接踵　B. 广袤—延袤

C. 吆喝—喝问　D. 残缺—缺口　（　）

126. A. 罔效—罔替　B. 修饰—饰词

C. 漫游—散漫　D. 赏识—赞赏　（　）

127. A. 俊秀—俊美　B. 旨趣—异趣

C. 体恤—恤金　D. 泥鳅—鳅鱼　（　）

128. A. 鼓噪—噪声　B. 牝鸡—牝牛

C. 探病—探访　D. 暴戾—乖戾　（　）

129. A. 颀长—修颀　　B. 荤腥—开荤
C. 年岁—歉岁　　D. 曼妙—曼舞　　(　　)

130. A. 崛起—奇崛　　B. 妆饰—卸妆
C. 姻亲—姻娅　　D. 屹然—屹立　　(　　)

汉字应用水平测试模拟试卷（一）参考答案及解析

第一部分：书写填空题，根据语境、读音提示填写汉字，共30题。

（一）根据下列各题所给出的汉语拼音和同音字填写正确的汉字。

1. 妁。“女”旁，不要误读为“sháo（勺）”。
2. 獠。“犭”旁。
3. 掬。“扌”旁。
4. 蹴。“足”旁，不要误读为“jiù（就）”。
5. 遐。“辶”旁。
6. 投。“扌”旁。
7. 毖。形旁是“必”，不是“死”。
8. 源。“氵”旁。
9. 循。“彳”旁。
10. 忌。“心”旁。
11. 沽。“氵”旁。
12. 竽。“⺮”字头。
13. 哗。“口”旁。
14. 平。不要误写为“凭”。
15. 议。“讠”旁。

（二）在下列各题的横线上填入正确的汉字，把成语补充完整。

16. 殚。“歹”旁。
17. 忾。“忄”旁。不要误读为“qì（气）”。
18. 溢。“氵”旁。
19. 叵。半包围结构。
20. 驱。“马”旁。
21. 磅。“石”旁。
22. 命。“人”旁。
23. 逢。“辶”旁。
24. 鹦。“鸟”旁。
25. 色。“气色”义。
26. 漫。“氵”旁。
27. 引。“弓”旁。
28. 藤。“艹”旁。

29．庆。“广”旁。

30．刚。“刂”旁。不要误写为“钢”。

第二部分：选择题，在语境中判断字形正误，共40题。

（三）在下列各题的四个词语中，请找出用字有错误的一项。

31．答：A。“和靄”的“靄”应是“蔼”。

32．答：D。“蓝球”的“蓝”应是“篮”。

33．答：B。“票卷”的“卷”应是“券”。

34．答：A。“稗益”的“稗”应是“裨”。

35．答：C。“峻工”的“峻”应是“竣”。

36．答：A。“盘恒”的“恒”应是“桓”。

37．答：C。“沉缅”的“缅”应是“湎”。

38．答：B。“渲泄”的“渲”应是“宣”。

39．答：D。“雾淞”的“淞”应是“凇”。

40．答：A。“装祯”的“祯”应是“帧”。

41．答：B。“咀咒”的“咀”应是“诅”。

42．答：C。“原气”的“原”应是“元”。

43．答：A。“渝期”的“渝”应是“逾”。

44．答：D。“坐阵”的“阵”应是“镇”。

45．答：A。“追朔”的“朔”应是“溯”。

46．答：B。“尤如”的“尤”应是“犹”。

47．答：C。“抵柱”的“抵”应是“砥”。

48．答：A。“脉胳”的“胳”应是“络”。

49．答：B。“浙沥”的“浙”应是“淅”。

50．答：C。“压诈”的“诈”应是“榨”。

（四）在下列各题的四句话中，请找出加点字使用错误的一项。

51．答：A。“辨”应是“辩”。

52．答：C。“膑”应是“髌”。

53．答：A。“希”应是“稀”。

54．答：B。“征”应是“症”。

55．答：C。“倍”应是“辈”。

56．答：C。“迷”应是“谜”。

57．答：B。“至”应是“止”。

58．答：B。“老”应是“佬”。

59．答：B。“笼”应是“龙”。

60．答：D。“迭”应是“叠”。

61．答：B。“迟”应是“池”。

62．答：C。“步”应是“部”。

63．答：A。“颂”应是“诵”。

64．答：C。“宁”应是“咛”。

65．答：A。“帐”应是“账”。

66．答：C。“直”应是“执”。

67．答：D。“想”应是“向”。

68．答：C。“窝”应是“倭”。

69．答：B。“生”应是“身”。

70．答：D。“像”应是“相”。

第三部分：选择填空题，选择正确汉字填入句中，共10题。

（五）在下列各题的四个选项中，请选出能够正确填入句子括号中的一项。

71．答：B。“凄清”与“凄凉”都是形容词。形容环境或景物时，“凄凉”较“凄清”冷落萧条的程度要深许多。根据题意，枫叶与苍松等掩映下的秋景，虽然也算得萧条，但令人感伤的程度还不是很深，因此选“清”构词“凄清”更合适。

“浓烈”与“热烈”都是形容词，都有“强烈”义素。“浓烈”注重形容客观印象，“热烈”注重形容主观情感。根据题意，秋景留给欣赏者的更多是客观印象，因此选“浓”构词“浓烈”更合适。

72．答：D。“飘荡”与“飘浮”都是动词，都包含“物体移动”的词义。一般而言，“飘荡”之物多在水中，“飘浮”之物多在空中。思绪既然如“白云”，当选“飘”构词“飘浮”更合适。

“宁静”与“安静”都是形容词，指“（环境、心情）安静”。“宁静”侧重形容人的内心的平静。即使同用于描写景物，“宁静”也较“安静”更注重形容人的内心感受。“白云”既是飘浮在“我心灵的天空”，选“宁”构词“宁静”就是最恰当的了。

73．答：A。“发扬”与“发挥”都是动词。“发扬”的基本义为“发展和提倡（优良作风、传统等）。“发挥”的基本义为“把内在的性质或能力表现出来”。两个动词的搭配对象不同。试题中，与“作风”搭配的应是“发扬”。

“繁重”与“沉重”都是形容词。“繁重”多指“（工作、任务）多而重”。“沉重”多指“分量大；程度深”或“（心情）忧郁，不愉快”。根据题意“完成劳动任务”，选“繁”构词“繁重”最恰当。

74．答：C。“莅临”与“亲临”都是动词，都有“光临（某处）”的词义，但两者适用范围不同。“莅临”用于上级领导去下级单位等，“亲临”强调前往某处的是“本人”而不是他人。根据题意，选“莅”构词“莅临”最恰当。

“肯定”与“确定”都是动词。“肯定”的基本义是“承认事物的存在或事物的真实性（跟‘否定’相对）”。“确定”的基本义是“明确而肯定”。根据题意，“我校”教改方面取得的成绩是一种已然的明确的存在，上级领导对此只要给予“肯定”或“否定”的评价即可。因此，本题选“肯”构词“肯定”最恰当。

75. 答：C。“考察”与“考查”都是动词。“考察”侧重于“观察”。“考查”侧重于“检查”。根据题意，判断湿地的生态环境是否适合丹顶鹤的栖息，需要“考察”。

“适应”与“适合”都是动词。“适应”的词义为“适合（客观条件或需要）”。“适合”的词义为“符合（实际情况或客观要求）”。“适应”强调两者关系的和谐，侧重行为的主动性。“适合”侧重与两者指标量上的相符。题中“考察”的目的是弄明白“湿地”的客观条件是否符合丹顶鹤的栖息，而不是判断丹顶鹤是否“适应”湿地的生态环境。选“合”构词“适合”更符合题意。

76. 答：B。“亲近”与“接近”都有动词义。就“靠近”语义讲，“亲近”比“接近”有更多情感上的亲密性。题中，孩子们对老师的“靠近”是更多情感上的亲密，因此选“亲”构词“亲近”最合适。

“信赖”与“信任”都是动词。“信赖”较“信任”在“相信而敢于托付”的基础上多出了“依靠”的义素。“信赖”较“信任”更适合于题中孩子们对老师的情感。

77. 答：A。“数落”与“数说”都是动词，都有“列举叙述”词义。“数落”多指向“不当之处”。“数说”可涉及中性或良好事项。下文提到江华脸色不好看，显然受到对方坏的方面的指责，选用“落”构词“数落”更合题意。

“愀然”与“欣然”都是动词，都与“人物表情或心情”有关。“愀然”是不愉快的表情或心情。“欣然”是愉快的表情或心情。题中江华受到数落，表情或心情愉快不起来，因此选“愀”构词“愀然”最合适。

78. 答：A。“坚定”与“坚决”都是形容词，都有“明确、不犹豫”词义。两者搭配对象多有不同，“坚定”多与“意志、立场”等搭配。“坚决”多与“态度”等搭配。题中出现“意志”，因而选“定”构词“坚定”最合适。

“诱惑”与“迷惑”都有动词义，相同点在于“困惑”。“诱惑”侧重于使用手段使他人困惑。“迷惑”的原因可能来自外部，也可能出自本身。题中的“惑”来自“外部世界”，因而选“诱”构词“诱惑”更恰当。

79. 答：C。“风传”与“流传”都是动词，都有“传播”义。“风传”多为不好或不可靠的“流传”，适应范围较窄。“李冰被警察带去”，很容易使人联想到他可能犯事了，因此选“风”构词“风传”更贴切题意。

“诘问”与“询问”都是动词，都有“问话”义。“询问”多用于一般性问话。“诘问”是带有“责怪”、“追问”性质的问话。“李冰被警察带去”，但并不意味着李冰真的犯罪了，也许只是被警察找去了解案情了，在确认李冰是犯罪分子以前，“责问”很不合适，“追问”也不合问话人身份，所以选“询”构词“询问”更恰当。

80．答：B。“和谐”与“和睦”都是形容词，都有“相和”义。“和谐”更多用于一般意义上的相互关系。“和睦”多用于人际尤其是亲近的人际关系。题中的相互关系是“光和影”的关系，因此选用“谐”构词“和谐”更恰当。

“旋律”与“韵律”都是名词，都有“节律”义。“旋律”多用于乐曲。“韵律”多用于诗词。题中提及“梵婀玲上奏着的名曲”，因此本题应该选“旋”构词“旋律”。

第四部分：选择题，判断字音正误或异同，共30题。

（六）在下列各题的四个字中，请找出注音（汉语拼音和同音字）错误的一项。

81．答：A。“骁”应读“xiāo”。

82．答：D。“讷”应读“nè”。

83．答：B。“吟”应读“yín”。

84．答：A。“葸”应读“xǐ”。

85．答：B。“赝”应读“yàn”。

86．答：C。“苑”应读“yuàn”。

87．答：B。“媲”应读“pì”。

88．答：D。“蕈”应读“xùn”。

89．答：C。“歃”应读“shà”。

90．答：D。“觎”应读“yú”。

（七）在下列各题的四组字中，请找出两个汉字读音不同的一项。

91．答：D。沾（zhān）—战（zhàn）

92．答：B。纶（guān）—伦（lún）

93．答：C。堕（duò）—坠（zhuì）

94．答：C。棘（jí）—辣（là）

95．答：A。符（fú）—副（fù）

96．答：B。阻（zǔ）—狙（jū）

97．答：D。岷（mín）—泯（mǐn）

98．答：A。吻（wěn）—雯（wén）

99．答：A。裢（lián）—链（liàn）

100．答：C。邯（hán）—坩（gān）

（八）在下列各题的四组词语中，请找出加点字读音不同的一项。

101．答：D。针灸（jiǔ）—内疚（jiù）

102．答：A。诡谲（jué）—橘子（jú）

103．答：B。怯懦（qiè）—祛除（qū）

104．答：C。缴费（jiǎo）—交费（jiāo）

105. 答：C。结果（jiē）—结束（jié）

106. 答：A。曝晒（pù）—曝光（bào）

107. 答：B。扫兴（sǎo）—扫帚（sào）

108. 答：D。蠡测（lí）—范蠡（lǐ）

109. 答：D。树阴（yīn）—荫庇（yìn）

110. 答：A。牌坊（fāng）—油坊（fáng）

第五部分：选择题，判断字义正误或异同，共20题。

（九）在下列各题的四个选项中，请选出加点字解释正确的一项。

111. 答：B。“礼尚往来”语义为“礼节上注重有来有往”。从试题提供的4个选项看，“尚”的义项“尊崇”最符合题意。

112. 答：A。“川流不息”语义为“（行人、车马等）像河流等一样连续不断”。从试题提供的4个选项看，“川”的义项“河流”最符合题意。

113. 答：B。“义愤填膺”语义为“义愤填满胸膛”。从试题提供的4个选项看，“膺”的义项“胸膛”最符合题意。

114. 答：C。“大相径庭”中“庭”是“庭院”的意思，整个成语的语义为“彼此（像庭院和道路一样）相差很远或矛盾很深”。从试题提供的4个选项看，“径”的义项“小路”最符合题意。

115. 答：D。“旷日持久”语义为“多费时日，拖延很久”。从试题提供的4个选项看，“旷”的义项“耽搁”最符合题意。

116. 答：A。“滥竽充数”语义为“比喻没有真才实干却混迹于行家之中”。从试题提供的4个选项看，“滥”的义项“过度”最符合题意。

117. 答：C。“厝火积薪”语义为“火种放在柴堆下面”。从试题提供的4个选项看，“厝”的义项“放置”最符合题意。

118. 答：D。“量入为出”语义为“根据收入情况确定支出的限度”。从试题提供的4个选项看，“量”的义项“权衡”最符合题意。

119. 答：A。“敝帚自珍”语义为“把破扫帚当宝物看待，比喻对一般不被看好但属于自己所有的东西的珍视”。从试题提供的4个选项看，“敝”的义项“破旧”最符合题意。

120. 答：C。“泥古不化”语义为“拘泥古代的制度或说法，不知道结合具体情况加以变通”。从试题提供的4个选项看，“泥”的义项“不知变通”最符合题意。

（十）在下列各题的四组词语中，请找出加点字意义不同的一项。

121. 答：B。“合唱”与“合脚”的“合”，字义分别为“一起”与“符合”。

122. 答：A。“居中”与“居功”的“居”，字义分别为“处于（某位置）”与“当”。

123. 答：C。“俯冲”与“俯允”的“俯”，字义分别为“由上往下”与

“敬辞”。

124. 答：D。“沿袭”与“袭取”的“袭”，字义分别为“照样子做”与“袭击”。

125. 答：A。“踵武”与“接踵”的“踵”，字义分别为“因循”与“脚跟”。

126. 答：B。“修饰”与“饰词”的“饰”，字义分别为“修整装点使美观”与“掩饰”。

127. 答：C。“体恤”与“恤金”的“恤”，字义分别为“怜悯”与“救济”。

128. 答：A。“鼓噪”与“噪声”的“噪”，字义分别为“叫嚷”与“杂乱刺耳”。

129. 答：C。“年岁”与“歉岁”的“岁”，字义分别为“年”与“年成”。

130. 答：B。“妆饰”与“卸妆”的“妆”，字义分别为“女子打扮等”与“身上饰物或演员装饰”。

汉字应用水平测试模拟试卷（二）

第一部分：书写填空题，根据语境、读音提示填写汉字，共30题。

（一）根据下列各题所给出的汉语拼音和同音字填写正确的汉字。

1. ____（cè 策）隐
2. 刚____（bì 庇）
3. 残____（yuán 原）断壁
4. ____（pēng 烹）然心动
5. 众____（qíng 晴）易举
6. 火中取____（lì 力）
7. 睡眼____（xīng 兴）松
8. 不____（jū 居）小节
9. 如丧考____（bǐ 笔）
10. 星火____（liáo 辽）原
11. 不卑不____（kàng 炕）
12. 无独有____（ǒu 藕）
13. 计日____（chéng 橙）功
14. 循规____（dǎo 导）矩
15. 行踪____（guǐ 鬼）秘

（二）在下列各题的横线上填入正确的汉字，把成语补充完整。

16. ____颈之交
17. ____然泪下
18. 义愤填____
19. 妇____皆知
20. 心如刀____
21. 顺水____舟
22. 声名____起
23. 脍____人口
24. 曲意____迎
25. 一____千金
26. 纸____金迷
27. ____坚执锐
28. 无____可击
29. 不____其数
30. ____口不言

第二部分：选择题，在语境中判断字形正误，共40题。

（三）在下列各题的四个词语中，请找出用字有错误的一项。

31. A. 梳装　B. 犒劳　C. 嗔怒　D. 眉睫　（　　）
32. A. 沉溺　B. 箕踞　C. 梵文　D. 温馨　（　　）
33. A. 惊蛰　B. 痿靡　C. 解释　D. 反哺　（　　）
34. A. 豇豆　B. 扇情　C. 谒见　D. 孳乳　（　　）
35. A. 缜密　B. 鱼鳔　C. 羞臊　D. 褴褛　（　　）
36. A. 哄传　B. 贷款　C. 经受　D. 膨涨　（　　）
37. A. 谥号　B. 式微　C. 撕混　D. 芜杂　（　　）
38. A. 樽俎　B. 叨光　C. 蹒跚　D. 弹核　（　　）
39. A. 忧柔　B. 玲珑　C. 凛冽　D. 狐媚　（　　）
40. A. 荼毒　B. 颀骨　C. 藉贯　D. 部署　（　　）

41. A. 安祥　B. 偶然　C. 矩形　D. 演绎　(　　)
42. A. 宴会　B. 相符　C. 荧光　D. 表帅　(　　)
43. A. 震撼　B. 皱纹　C. 凭添　D. 札记　(　　)
44. A. 雅俗　B. 戮穿　C. 静谧　D. 绯红　(　　)
45. A. 孱弱　B. 沆瀣　C. 烦燥　D. 诙谐　(　　)
46. A. 岚气　B. 蜂涌　C. 难耐　D. 雀跃　(　　)
47. A. 韬略　B. 涅槃　C. 款待　D. 痉挛　(　　)
48. A. 司南　B. 淆杂　C. 欧姆　D. 奇途　(　　)
49. A. 乖巧　B. 盒饭　C. 亲睐　D. 迷糊　(　　)
50. A. 警惕　B. 翩跹　C. 修茸　D. 湮灭　(　　)

（四）在下列各题的四句话中，请找出加点字使用错误的一项。

51. A. 干活时不小心，衣服弄上了不少油渍。　(　　)
B. 一切尽在把握中，这场比赛我们已经稳操胜卷。
C. 作家才华横溢，文笔恣肆。
D. 不签约而写作的人往往被称为自由撰稿人。

52. A. 此人做事一向专横跋扈。　(　　)
B. 久病不愈就成沉疴。
C. 这里曾是原军政府驻地。
D. 她家的小孩真玩皮，把我放在桌上的文件弄得乱七八糟的。

53. A. 该商品的生产批号已被注销。　(　　)
B. 极少数商人屯积居奇，谋求不义之财。
C. 老江为人通脱，遇事轻易不往心里去。
D. 警方发出最后通牒，要求所有涉案人员前来自首。

54. A.《聊斋志异》里记载了不少神异故事，大多寓意深刻。　(　　)
B. 有些运动员由于没有坚持高强度训练，体能开始蜕化。
C. 乱发手机短信骚扰别人，也是一种不文明行为。
D. 桑榆之年，我一定要再回故乡去看一看。

55. A. 宿舍里那台电视机使用年头多了，屏幕图象很不清晰。　(　　)
B. 历经战乱，图书馆许多珍贵藏书散佚在外。
C. 由于责任重大，工作人员做起事来过于紧张，如临深渊、如履薄冰。
D. 青年志愿者大都热衷于公益事业。

56. A. 老哥俩见面时的那个热和劲儿，让人看了直“嫉妒”。　(　　)
B. 反映问题的渠道是畅通的，大家轻易不要激化矛盾。
C. 赵先生的文章把看似简单的人生哲理讲得很透澈。
D. 书法家笔法遒劲，作品具有极高的观赏和收藏价值。

57. A. 这种口服液口感很好，算得上是琼浆玉液。　(　　)

B. 谁也不知道他脸上的疤是怎么来的，因为他对此一向讳莫如深。
C. 年龄大的和尚常自称老衲。
D. 他是个工作狂，常常通宵达旦。

58. A. 这篇小说以“80 后”年轻人创业例程为创作题材，可读性很强。 （　　）
B. 有些人穿衣服胡乱模仿，真正是东施效颦。
C. 看园人一眼瞥见几个矮个子从墙洞里钻进来。
D. 海市蜃楼再美也虚幻。

59. A. 为了减轻自己的罪状，犯罪嫌疑人不断攀扯其他人。 （　　）
B. 公共场所经常张贴“小心扒窃”等警示用语。
C. 老金学识渊博而风度优雅，堪称夙儒。
D. 春运期间，常有人倒卖车票，从中牟利。

60. A. 天资聪慧，加上勤奋刻苦，他每次考试都是名列前茅。 （　　）
B. 她说话向来水份很大，当不得真的。
C. 几次求职都没有成功，他对前途感到十分渺茫。
D. 周女士很是怀旧，近日总在缅想以前的闺中好友。

61. A. 酒席上，尊长者通常被安排在首坐。 （　　）
B. 他做梦都想得到一本武林秘籍，好早日成为武林高手。
C. 八旗子弟一度是纨绔子弟的代名词。
D. 小说情结跌宕起伏，引人入胜。

62. A. 外行混迹内行，就是滥竽充数。 （　　）
B. 谎言重复多了，也就不能再去诓骗他人了。
C. 很多地方做得欠当，敬请宽宥。
D. 只要你虚心好学，一定会大有受益。

63. A. 元旦将至，异地邮发的明信片又多了起来。 （　　）
B. 一般认为，印第安人是北美大陆的土著居民。
C. 双方相处甚欢，关系很好，说得上水乳交溶。
D. 这台机器的款型正合我们需要，赶紧买回去吧。

64. A. 将来历不明的人带回家，就等于开门揖盗。 （　　）
B. 我们要大胆运用专业人才，共同克服技术难关。
C. 最近小日子过得不错，他感到很惬意。
D. “本来无一物，何处惹尘埃”是佛家偈语。

65. A. 十多位省市领导前来为省博物馆开馆仪式剪彩。 （　　）
B. 这个人看上去浑浑噩噩，整天不知道在干什么。
C. 春节前，城市里已看不到人工舂米的场景了。
D. 闵霞太困了，从早到晚，十足睡了 10 来个小时。

66. A. 清明前夕，许多青少年学生前往祭扫烈士陵园。 （　　）
B. 市话剧团的演员十分敬业，场场演出都精彩动人。

C. 几位新四军老战士辑录出版了一套极有文献价值的回忆丛书。

D. 二十年后，他和她邂逅相逢。

67. A. 他编造的故事荒诞不经，没有人愿意相信。（　　）

B. 最近我已经自顾不暇，无法再帮朋友做些什么了。

C. 极少数干部贪赃枉法，生活极度奢糜。

D. 去海外留学，再回到中国大陆，这样的人常被称为“海归”。

68. A. 公安部门采取有力措施，坚决删夷涉黑势力。（　　）

B. 他是蜚声文坛的著名作家。

C. 她的书法记忆已达炉火纯青的境界。

D. 她的鼻窦炎已经很严重了，应该马上去医院治疗。

69. A. 不堪先祖的美誉蒙垢，牧民们开始奋起反抗外来入侵。（　　）

B. 儿子送来的热水袋，祛除了我心头的寒意。

C. 昨天，我们终于观察到了难得一见的日蚀现象。

D. 她最喜欢阅读那些记载稗官野史的小册子。

70. A. 小花蒙眬中开了门，好像还没睡醒。（　　）

B. 这些大学生好学不倦，每天都到校图书馆去批阅大量馆藏书刊。

C. 老鹰、秃鹫都是猛禽，都市的天空轻易也看不到它们的身影。

D. 他至今仍是一位懵懂少年，偶尔有些鲁莽之举也不奇怪。

第三部分：选择填空题，选择正确汉字填入句中，共 10 题。

（五）在下列各题的四个选项中，请选出能够正确填入句子括号中的一项。

71. 他有一颗仁（　　）之心，时时关（　　）福利院里的孩子们。（　　）

A. 义/切　　B. 义/心　　C. 爱/切　　D. 爱/心

72. 鲁迅先生的为人和为文令人钦（　　），他的思想如明灯，闪（　　）在我们前进的道路上。（　　）

A. 慕/烁　　B. 佩/烁　　C. 慕/耀　　D. 佩/耀

73. 会谈在（　　）烈而友（　　）的氛围中进行。（　　）

A. 热/善　　B. 热/好　　C. 激/善　　D. 激/好

74. 我国政府严正（　　）明，国家主权不容外来干（　　）。（　　）

A. 申/预　　B. 声/预　　C. 申/涉　　D. 声/涉

75. 地震灾（　　）发生后，当地政府立即组织有关部门对灾民进行（　　）济。（　　）

A. 难/救　　B. 难/接　　C. 害/救　　D. 害/接

76. 当时发生的一个偶（　　）事件差点儿（　　）没了他的才名。（　　）

A. 尔/淹　　B. 尔/湮　　C. 然/淹　　D. 然/湮

77. 他为人比较豁（　　），较能宽（　　）周围人的“不敬”。（　　）

A. 达/容　B. 然/容　C. 达/恕　D. 然/恕

78. 古典音乐是那样的艰（　　），不是轻（　　）就能学会的。（　　）

A. 深/率　B. 深/易　C. 难/率　D. 难/易

79. 历史教科书（　　）曲事实，将（　　）致年轻一代对历史真相的错误认识。（　　）

A. 歪/招　B. 委/招　C. 歪/导　D. 委/导

80. 电视连续剧《红楼梦》很好地体现了小说原作的风（　　），给观众留下了极为深（　　）的印象。（　　）

A. 味/厚　B. 格/厚　C. 味/刻　D. 格/刻

第四部分：选择题，判断字音正误或异同，共 30 题。

（六）在下列各题的四个字中，请找出注音（汉语拼音和同音字）错误的一项。

81. A. 橛（jué 绝）　B. 泾（jīng 惊）　C. 抟（tuán 团）　D. 践（jiàn 见）（　　）

82. A. 措（cuò 错）　B. 淆（yáo 谣）　C. 噼（pī 披）　D. 沱（tuó 驼）（　　）

83. A. 赣（gàn 干）　B. 涎（yán 沿）　C. 戟（jǐ 几）　D. 帆（fān 翻）（　　）

84. A. 粕（pò 破）　B. 薯（shǔ 蜀）　C. 郓（yùn 运）　D. 跖（shí 实）（　　）

85. A. 坤（kūn 昆）　B. 蔑（miè 灭）　C. 铿（jiān 尖）　D. 幽（yōu 优）（　　）

86. A. 械（jiè 借）　B. 腌（yān 烟）　C. 蜿（wān 弯）　D. 囵（lún 沦）（　　）

87. A. 岚（lán 兰）　B. 筋（jīn 今）　C. 穴（xué 学）　D. 隘（yì 溢）（　　）

88. A. 莨（làng 浪）　B. 氦（hài 害）　C. 迸（bìng 病）　D. 笃（dǔ 赌）（　　）

89. A. 椽（chuán 传）　B. 冼（xiǎn 显）　C. 凿（zuò 作）　D. 缮（shàn 善）（　　）

90. A. 屑（xiè 谢）　B. 傣（tài 太）　C. 孜（zī 资）　D. 喻（yù 遇）（　　）

（七）在下列各题的四组字中，请找出两个汉字读音不同的一项。

91. A. 盖—钙　B. 样—恙　C. 遽—遂　D. 扶—凫（　　）

92. A. 汰—钛　B. 祜—佑　C. 科—轲　D. 菩—葡（　　）

93. A. 狩—授　B. 嚏—替　C. 霾—黧　D. 蹊—吸（　　）

94. A. 攘—镶　B. 支—汁　C. 盈—萦　D. 舔—腆（　　）

95. A. 条—髫　B. 眨—贬　C. 耐—奈　D. 蘑—魔　(　　)

96. A. 苣—踞　B. 腾—疼　C. 既—觊　D. 缚—缠　(　　)

97. A. 跬—瑰　B. 搐—矗　C. 导—祷　D. 孑—杰　(　　)

98. A. 郴—彬　B. 厥—決　C. 茗—冥　D. 诮—俏　(　　)

99. A. 莘—绅　B. 喂—味　C. 续—絮　D. 垣—桓　(　　)

100. A. 永—甬　B. 拆—柝　C. 痣—秩　D. 伤—墒　(　　)

(八) 在下列各题的四组词语中，请找出加点字读音不同的一项。

101. A. 盟国—朦胧　B. 龟兹—丘壑
C. 摇曳—游弋　D. 弑君—嗜好　(　　)

102. A. 纨绔—玩耍　B. 抽搐—触动
C. 妃嫔—海滨　D. 结缡—淋漓　(　　)

103. A. 守成—首饰　B. 卦辞—挂彩
C. 便笺—艰难　D. 荏苒—仍然　(　　)

104. A. 登载—载重　B. 崽子—宰杀
C. 绮丽—启发　D. 沈阳—哂笑　(　　)

105. A. 灯塔—旱獭　B. 安宁—宁可
C. 天堑—拉纤　D. 姣好—蛟龙　(　　)

106. A. 洮河—桃李　B. 邂逅—泄气
C. 弥漫—猕猴　D. 休戚—亲戚　(　　)

107. A. 即使—诘屈　B. 殄灭—珍视
C. 更次—庚帖　D. 泗水—酋长　(　　)

108. A. 溃乱—昏聩　B. 慑服—摄影
C. 豁达—藿香　D. 请帖—字帖　(　　)

109. A. 舐犊—舔碗　B. 蠕动—儒家
C. 螺母—骡马　D. 礁石—茭白　(　　)

110. A. 帷幄—龌龊　B. 捎色—少时
C. 似的—恰似　D. 皓齿—昊天　(　　)

第五部分：选择题，判断字义正误或异同，共 20 题。

(九) 在下列各题的四个选项中，请选出加点字解释正确的一项。

111. 嘘寒问暖　(　　)
A. 从嘴里吐气　B. 叹气
C. 用“嘘”声表示制止　D. 驱逐

112. 休戚相关　(　　)
A. 休息　B. 停止　C. 禁止　D. 欢乐

113. 退避三舍　(　　)
A. 住所　B. 古代行军三十里为一舍
C. 谦称自己的家　D. 饲养家畜等的窝棚

114. 熟视无睹 ( )

A. 食物烧煮到可吃的程度　B. 植物果实成熟了

C. 经常接触而清楚　D. 有经验

115. 迫在眉睫 ( )

A. 逼近　B. 压服　C. 急切　D. 被迫

116. 破涕为笑 ( )

A. 鼻涕　B. 眼泪　C. 液状物　D. 水流

117. 朋比为奸 ( )

A. 朋友　B. 结党　C. 相比　D. 亲善

118. 披肝沥胆 ( )

A. 分开　B. 打开　C. 散开　D. 盖或搭在肩背上

119. 厚此薄彼 ( )

A. 与“薄”相对　B. 厚度

C. 看重　D. （情谊）深

120. 嫉恶如仇 ( )

A. 迅速　B. 迅猛　C. 病患　D. 憎恶

（十）在下列各题的四组词语中，请找出加点字意义不同的一项。

121. A. 汤锅—鸡汤　B. 刍秣—反刍

C. 行款—款式　D. 打鼾—鼾睡 ( )

122. A. 姿态—心态　B. 溃决—溃堤

C. 鹧鸪—鹁鸪　D. 猜嫌—避嫌 ( )

123. A. 绛红—绛紫　B. 伉俪—骈俪

C. 梗概—梗阻　D. 就擒—擒拿 ( )

124. A. 娴雅—娴静　B. 米糠—糠心

C. 深渊—渊源　D. 冷凝—凝聚 ( )

125. A. 憷场—发憷　B. 拘泥—拘礼

C. 夹缝—夹杂　D. 蔓草—枝蔓 ( )

126. A. 骥足—骥才　B. 流星—流浪

C. 莅会—莅任　D. 签押—求签 ( )

127. A. 偏将—偏方　B. 侗族—侗戏

C. 流亡—兴亡　D. 颓丧—颓废 ( )

128. A. 耍弄—耍笑　B. 信步—信用

C. 模拟—拟古　D. 洽谈—面洽 ( )

129. A. 侵吞—吞食　B. 坨子—泥坨

C. 黝黑—黝黯　D. 雀跃—雀躁 ( )

130. A. 谶语—谶纬　B. 凛冽—凛秋

C. 头晕—晕厥　D. 怅惘—惘然 ( )

汉字应用水平测试模拟试卷（二）参考答案及解析

第一部分：书写填空题，根据语境、读音提示填写汉字，共30题。

（一）根据下列各题所给出的汉语拼音和同音字填写正确的汉字。

1. 恻。“忄”旁。不要误读为“zé（则）”。
2. 愎。“忄”旁。不要误读为“fù（复）”。
3. 垣。“土”旁。不要误写为“桓”。
4. 怦。“忄”旁。不要误读为“píng（平）”。
5. 擎。“手”旁。不要误读为“jìng（敬）”。
6. 栗。“木”旁。不要误写为“粟”。
7. 惺。“忄”旁。
8. 拘。“扌”旁。
9. 妣。“女”旁。不要误写为“仳”。
10. 燎。“火”旁。
11. 亢。与“卑”反义。
12. 偶。“亻”旁。与“独”反义。
13. 程。“禾”旁。不要误写为“成”。
14. 蹈。“足”旁。不要误读为“yǎo（舀）”。
15. 诡。“讠”旁。不要误读为“wēi（危）”。

（二）在下列各题的横线上填入正确的汉字，把成语补充完整。

16. 刎。“刂”旁。
17. 潸。“氵”旁。
18. 膺。“月（肉）”旁。
19. 孺。“子”旁。不要误写为“乳”。
20. 绞。“纟”旁。
21. 推。“扌”旁。
22. 鹊。“鸟”旁。不要误写为“雀”。
23. 炙。火上肉。
24. 逢。“辶”旁。
25. 掷。“扌”旁。不要误写为“郑”。
26. 醉。“酉”旁。
27. 披。“扌”旁。
28. 懈。“忄”旁。不要误写为“解”。

29. 计。“讠”旁。不要误写为“记”。
30. 缄。“纟”旁。不要误写为“闭”或“哑”。

第二部分：选择题，在语境中判断字形正误，共40题。

（三）在下列各题的四个词语中，请找出用字有错误的一项。

31. 答：A。“梳装”的“装”应是“妆”。
32. 答：D。“温罄”的“罄”应是“馨”。
33. 答：B。“痿靡”的“痿”应是“萎”。
34. 答：B。“扇情”的“扇”应是“煽”。
35. 答：C。“羞躁”的“躁”应是“臊”。
36. 答：D。“膨涨”的“涨”应是“胀”。
37. 答：C。“撕混”的“撕”应是“厮”。
38. 答：D。“弹核”的“核”应是“劾”。
39. 答：A。“忧柔”的“忧”应是“优”。
40. 答：C。“藉贯”的“藉”应是“籍”。
41. 答：A。“安祥”的“祥”应是“详”。
42. 答：D。“表帅”的“帅”应是“率”。
43. 答：C。“凭添”的“凭”应是“平”。
44. 答：B。“戮穿”的“戮”应是“戳”。
45. 答：C。“烦燥”的“燥”应是“躁”。
46. 答：B。“蜂涌”的“涌”应是“拥”。
47. 答：D。“痉孪”的“孪”应是“挛”。
48. 答：D。“奇途”的“奇”应是“歧”。
49. 答：C。“亲睐”的“亲”应是“青”。
50. 答：C。“修茸”的“茸”应是“葺”。

（四）在下列各题的四句话中，请找出加点字使用错误的一项。

51. 答：B。“卷”应是“券”。
52. 答：D。“玩”应是“顽”。
53. 答：B。“屯”应是“囤”。
54. 答：B。“蜕”应是“退”。
55. 答：A。“象”应是“像”。
56. 答：C。“澈”应是“彻”。
57. 答：D。“霄”应是“宵”。
58. 答：A。“例”应是“历”。
59. 答：C。“夙”应是“宿”。
60. 答：B。“份”应是“分”。
61. 答：A。“坐”应是“座”。
62. 答：D。“受”应是“收”。

63. 答：C。“溶”应是“融”。

64. 答：B。“运”应是“任”。

65. 答：D。“十”应是“实”。

66. 答：B。“彩”应是“采”。

67. 答：C。“糜”应是“靡”。

68. 答：A。“删”应是“芟”。

69. 答：C。“蚀”应是“食”。

70. 答：B。“批”应是“披”。

第三部分：选择填空题，选择正确汉字填入句中，共10题。

（五）在下列各题的四个选项中，请选出能够正确填入句子括号中的一项。

71. D。“仁爱”是形容词，表示“能同情、爱护和帮助人”。“仁义”是名词，表示“仁爱和正义”，口语中“仁义”也有形容词性，表示“性情和顺善良”。题中名词“心”的前面是形容词性定语，因此选用“爱”构成形容词“仁爱”最恰当。

“关心”与“关切”都是动词，都有“把人或事放在心上”义。“关切”的程度较“关心”深。题中，他对福利院里的孩子们的关注是日常性的，选“心”构词“关心”就很合适。

72. C。“钦慕”与“钦佩”都是动词，都有“敬重”义。“钦慕”侧重于“仰慕”。“钦佩”侧重于“佩服”。鲁迅先生对于后生而言，除了被敬重，更多的是“仰慕”，因此选“慕”构词“钦慕”更恰当。

“闪耀”与“闪烁”都是动词，都有“发出光亮”义。“闪耀”者通常一直光亮。“闪烁”者往往明暗不定。鲁迅思想既然是指路明灯，当然会一直照耀而不是明暗不定。因此，选“耀”构词“闪耀”更合题意。

73. B。“热烈”与“激烈”都是形容词，都有“剧烈”义。“热烈”侧重于情绪或氛围。“激烈”侧重于程度深或强度大。会谈的氛围当用“热烈”来形容。

“友好”与“友善”都有形容词性，有“亲近”义。“友善”较“友好”更多“为善”义素。会谈双方重在表现关系融洽，而不是“善良”。

74. C。“申明”与“声明”都是动词，都有“告白于世人”义。“申明”重在申说和解释。“声明”重在公开宣布。为了使“国家主权不容外来干涉”观点更有说服力，需要适当对自己的观点作一些申说。因此，选“申”构词“申明”更贴切。

“干预”与“干涉”都是动词，都有“过问”义。“干涉”较“干预”程度深，且多涉及不该过问的事情。

75. A。“灾难”与“灾害”都是名词，都有“灾祸”义。“灾难”较“灾害”受损程度深，给人民带来的损伤更严重。题中提到“地震”，所以选“难”构词“灾难”更恰当。

“救济”与“接济”都是动词，都有“给灾民或生活困难的人提供物质帮助”义。“救济”通常是有组织的行为。“接济”则多为个人自发行为。题中当地政府出门，组织对灾民援助，因此选“救”构词“救济”最合题意。

76. D。“偶尔”主要具有副词性，表示“间或、有时候”。“偶然”主要具有形容词性，表示“事理上不一定要发生而发生的”。题中“事件”的发生显然出乎意料，因此选“然”构成通常意义上的形容词“偶然”最适合题意。

“淹没”与“湮没”都是动词，都有“使沉没”义。“淹没”主要用于洪水等自然灾害使人或物沉没。“湮没”主要指使人的才华、名声等沉没。题中提及“才名”，因此，选“湮”构词“湮没”为恰当。

77. A。“豁达”与“豁然”都是形容词，都有“阔达”义。“豁达”多指人的性格和胸怀。“豁然”多指外部环境。题中提到“为人”，所以选“达”构词“豁达”正合适。

“宽容”与“宽恕”都是动词，都有“宽大”义。“宽容”侧重于“容忍度”。“宽恕”侧重于“饶恕”。周围人对他“不敬”，他都能容忍，是“度”很大。选“容”构词“宽容”更合题意。

78. B。“艰难”与“艰深”都是形容词，都有“困难”义。“艰难”更多用于生活处境之难。“艰深”更多用于道理、文辞深奥不好懂。古典音乐难学，是因为它“艰深”。

“轻易”与“轻率”都是形容词，都有“不很费周折”义。“轻易”侧重指过于简单。“轻率”侧重指态度草率。古典音乐不好学，所以选“易”构词“轻易”更恰当。

79. C。“歪曲”是动词，指故意改变（事实或内容）。“委曲”一是形容词，指“（曲调、道路、河流等）弯弯曲曲的，曲折”，二是名词，指“事情的底细和原委”。题中，“事实”前是动词，联系后文，该动词当是“歪曲”。

“招致”与“导致”都是动词，都“产生后果”。“招致”重在“搜罗”。“导致”强调结果。歪曲史实，后果是使年轻人错误认识历史。选用“导”构词“导致”更合乎题意。

80. D。“风格”与“风味”都是名词，都表示一定的“特色”。“风格”指在一个时代、一个民族、一个流派或一个人的文艺作品所表现的主要的思想特点和艺术特点。“风味”指事物（多指地方）特色。题中，电视连续剧和同名小说《红楼梦》都是文艺作品，因此选“格”构词“风格”合乎题意。

“深厚”与“深刻”都是形容词，都与“程度深”有关。“深厚”多用于对情感的体验。“深刻”多用于认识的深度。电视作品给观众留下的印象，属于认知范围，选“刻”构词“深刻”最为妥帖。

第四部分：选择题，判断字音正误或异同，共 30 题。

（六）在下列各题的四个字中，请找出注音（汉语拼音和同音字）错误的一项。

81. A。“鳜”应读“guì”。

82. B。“淆”应读“xiáo”。

83. B。“涎”应读“xián”。

84. D。“跖”应读“zhí”。

85. C。“铿”应读“kēng”。

86. A。“械”应读“xiè”。

87. D。“隘”应读“ài”。

88. C。“迸”应读“bèng”。

89. C。“凿”应读“záo”。

90. B。“傣”应读“dǎi”。

（七）在下列各题的四组字中，请找出两个汉字读音不同的一项。

91. C。遽（jù）—遂（suì）

92. B。祜（hù）—佑（yòu）

93. C。霾（mái）—黧（lí）

94. A。攘（rǎng）—镶（xiāng）

95. B。眨（zhǎ）—贬（biǎn）

96. D。缚（fù）—缠（chán）

97. A。跬（kuǐ）—瑰（guī）

98. A。郴（chēn）—彬（bīn）

99. D。垣（yuán）—桓（huán）

100. B。拆（chāi）—柝（tuò）

（八）在下列各题的四组词语中，请找出加点字读音不同的一项。

101. 答：C。摇曳（yè）—游弋（yì）

102. 答：C。妃嫔（pín）—海滨（bīn）

103. 答：D。荏苒（rěn）—仍然（réng）

104. 答：A。登载（zǎi）—载重（zài）

105. 答：B。安宁（níng）—宁可（nìng）

106. 答：D。休戚（qì）—亲戚（qi）

107. 答：B。殄灭（tiǎn）—珍视（zhēn）

108. 答：D。请帖（tiě）—字帖（tiè）

109. 答：A。舐犊（shì）—舔碗（tiǎn）

110. 答：C。似的（shì）—恰似（sì）

第五部分：选择题，判断字义正误或异同，共20题。

（九）在下列各题的四个选项中，请选出加点字解释正确的一项。

111. 答：A。“嘘寒”语义为“呵出热气去温暖受寒的人”，“嘘寒问暖”语义为“形容对别人的生活十分关切”。从试题提供的4个选项看，“嘘”的义项“从嘴里吐气”最符合题意。

112. 答：D。“休戚相关”语义为“欢乐和忧愁彼此相关”。从试题提供的4个选项看，“休”的义项“欢乐”最符合题意。

113. 答：B。“退避三舍”语出《左转·僖公二十八年》，指晋文公战时信守诺言退兵90里。现语义为“比喻对人让步，不与争执”。从试题提供的4个选项看，“舍”的义项“古代行军三十里为一舍”最符合题意。

114. 答：C。“熟视无睹”语义为“经常看见却跟没有看见一样，指对事物漠不关心”。从试题提供的4个选项看，“熟”的义项“经常接触而清楚”最符合题意。

115. 答：A。“迫在眉睫”语义为“比喻事情近在眼前，十分紧迫”。从试题提供的4个选项看，“迫”的义项“逼近”最符合题意。

116. 答：B。“破涕为笑”语义为“不再哭泣反而笑了起来”。从试题提供的4个选项看，“涕”的义项“眼泪”最符合题意。

117. 答：B。“朋比为奸”语义为“比喻互相勾结干坏事”。从试题提供的4个选项看，“朋”的义项“结党”最符合题意。

118. 答：A。“披肝沥胆”语义为“比喻开诚相见，也比喻极尽忠诚”。从试题提供的4个选项看，“披”的义项“分开”最符合题意。

119. 答：C。“厚此薄彼”语义为“重视或有待一方，轻视或怠慢另一方，对人对事不同样相待”。从试题提供的4个选项看，“厚”的义项“看重”最符合题意。

120. 答：D。“嫉恶如仇”语义为“痛恨坏人坏事就像痛恨仇敌一样”。从试题提供的4个选项看，“嫉”的义项“憎恶”最符合题意。

（十）在下列各题的四组词语中，请找出加点字意义不同的一项。

121. 答：A。“汤锅”与“鸡汤”的“汤”，字义分别为“热水”与“食物煮后所得汁液”。

122. 答：D。“猜嫌”与“避嫌”的“嫌”，字义分别为“怨恨”与“嫌疑”。

123. 答：C。“梗概”与“梗阻”的“梗”，字义分别为“大略”与“阻碍”。

124. 答：B。“米糠”与“糠心”的“糠”，字义分别为“稻谷等碾后掉下的皮壳等”与“（萝卜等）内部发空，质地变松”。

125. 答：C。“夹缝”与“夹杂”的“夹”，字义分别为“处于两者之间”与“掺杂”。

126. 答：D。“签押”与“求签”的“签”，字义分别为“在文件等上写姓名、文字或画记号”与“用于占卜等的小竹片或小细棍”。

127. 答：C。“流亡”与“兴亡”的“亡”，字义分别为“逃走”与“灭亡”。

128. 答：B。“信步”与“信用”的“信”，字义分别为“随意”与“诚信”。

129. 答：A。“侵吞”与“吞食”的“吞”，字义分别为“侵占”与“不经咀嚼而下咽”。

130. 答：C。“头晕”与“晕厥”的“晕”，字义分别为“昏乱”与“昏迷”。

汉字应用水平测试模拟试卷（三）

第一部分：书写填空题，根据语境、读音提示填写汉字，共30题。

（一）根据下列各题所给出的汉语拼音和同音字填写正确的汉字。

1. 倾箱倒____（qiè 切）
2. 相形见____（chù 处）
3. ____（kuī 亏）然不动
4. 大气磅____（bó 伯）
5. 针____（biān 边）
6. 失魂落____（pò 破）
7. ____（tián 田）不知耻
8. 肆无忌____（dàn 旦）
9. 妙____（qù 去）横生
10. ____（páo 袍）制
11. 百无____（liáo 疗）赖
12. ____（yuán 元）木求鱼
13. 人心向____（bèi 倍）
14. 礼____（shàng 上）往来
15. 不____（xiè 谢）一顾

（二）在下列各题的横线上填入正确的汉字，把成语补充完整。

16. 豆____年华
17. 焚膏继____
18. 运筹____幄
19. ____酊大醉
20. ____枉过正
21. ____言逆耳
22. 无动于____
23. 曲意____迎
24. 望眼____穿
25. 食不____腹
26. 发扬____大
27. 言简意____
28. 变本加____
29. 含辛____苦
30. 狐____虎威

第二部分：选择题，在语境中判断字形正误，共40题。

（三）在下列各题的四个词语中，请找出用字有错误的一项。

31. A. 寿诞　B. 雷霆　C. 愤发　D. 腠理　（　）
32. A. 打嗝　B. 姆指　C. 包销　D. 开恩　（　）
33. A. 深奥　B. 哽咽　C. 安顿　D. 临摩　（　）
34. A. 盗版　B. 附合　C. 赋闲　D. 吐蕃　（　）
35. A. 防碍　B. 攫取　C. 起疑　D. 契合　（　）
36. A. 盛况　B. 沱茶　C. 剪缉　D. 废墟　（　）
37. A. 驰骛　B. 混纺　C. 荤腥　D. 客店　（　）
38. A. 失敬　B. 砝则　C. 相貌　D. 引荐　（　）
39. A. 薪响　B. 如愿　C. 愧疚　D. 嫡出　（　）
40. A. 耳垢　B. 咯血　C. 焕散　D. 受戒　（　）

41. A. 揶揄　B. 油渍　C. 窥视　D. 滚服　(　　)
42. A. 芰夷　B. 针贬　C. 艳羡　D. 自刎　(　　)
43. A. 潦草　B. 瑜伽　C. 阑珊　D. 矜持　(　　)
44. A. 秉性　B. 题纲　C. 谬误　D. 狙击　(　　)
45. A. 睢鸠　B. 破涕　C. 霄壤　D. 媒妁　(　　)
46. A. 高枕　B. 通衢　C. 胭红　D. 掳获　(　　)
47. A. 勋业　B. 幅射　C. 畏葸　D. 世态　(　　)
48. A. 强弩　B. 商榷　C. 瞧楼　D. 朔月　(　　)
49. A. 鬼秘　B. 陷阱　C. 入围　D. 豪饮　(　　)
50. A. 孤僻　B. 奚落　C. 寿斑　D. 风縻　(　　)

（四）在下列各题的四句话中，请找出加点字使用错误的一项。

51. A. 演说者声音洪亮，演说内容很有感召力。　(　　)
B. 经常跟人怄气，会活得不开心的。
C. 召开师生恳谈会，有助于解决一些学生的心理问题。
D. 某些地方，年年在喊精减机构，办事人员却是年年增多。

52. A. 山道蟠曲，须谨慎驾驶。　(　　)
B. 既然你不乐意，明天就不用参加这项活动了。
C. 丹顶鹤属于候鸟，每年都会飞到江苏北部地区过冬的。
D. 穷兵黩武使隋炀帝很快断送了短命的王朝。

53. A. 学期初举行开学典礼是成规，因意义重大，就坚持了下来。(　　)
B. 他们到现场查勘了地形，选准了奠基地点。
C. 看着两个可怜的孩子，一向以冷漠自居的他动了恻隐之心。
D. 虽已历经魔难，终是痴情不改。

54. A. 种种迹象表明，他已不怎么在意我们之间的情谊了。　(　　)
B. 月色迷朦，我们在小溪畔漫步。
C. 盲目引起投资项目的种种弊端已经显现出来。
D. 他们俩如能成为小两口，倒很般配。

55. A. 编辑在发表这篇文章时加上了按语。　(　　)
B. 感觉他的情绪比较低落，整天唉声叹气的。
C. 妻子唠唠叨叨，杨立新早已心情撩乱，不得不放下手中的笔。
D. "君子一言，驷马难追。"你说话可得算数哦。

56. A. 吴缨看他不顺眼，懒得跟他搭讪。　(　　)
B. 单位对口部门经常组织文体活动，连络员工感情。
C. 老师评价学生要客观，不能把个人好恶掺杂进去。
D. 眼睁睁失去了一次就业的好机会，小亮心中怅恨不已。

57. A. 公司斥资 500 万，用于设备更新。　(　　)
B. 刘备三顾茅庐，才有了魏蜀吴三国鼎立之势。

C. 看上去身体还算健壮的老夏，昨天下午盍然去世。

D. 大家都回去休息了，车间里就剩下我在唱独角戏。

58. A. 晚会即将结束，大家也已意兴斓珊。 (　　)

B. 相较众多平庸作品，她的广告创意独树一帜。

C. 封建社会里，国君的意旨不容拂逆。

D. 在坦克履带的重压下，路上的土块很快成为齑粉。

59. A. 她说话有时过于含蓄，让我们不能完全领会她的语意。 (　　)

B. 面对众多穿着名牌服装的同事，林欣自觉有点儿寒碜。

C. 公司供销人员参加今年的广交会，共签了8项订单。

D. 大敌当前，战士们迅速聚积到指挥官的周围，准备战斗。

60. A. 收到老朋友的诗作后，她和诗一首，并且很快寄出。 (　　)

B. 她做什么事情都有点儿娇揉造作。

C. 常来公园锻炼的那位老人，鹤发童颜，精神很好。

D. 才出去旅行了一个星期，他的肤色已变得黝黑。

61. A. 听完经理的讲话内容，大家反应强烈。 (　　)

B. 他们同仇敌忾，共同抵御外寇的入侵。

C. 库料保管不善，有人混水摸鱼，占了公家很多便宜。

D. 也许是争执得有点儿累了，屋子里的吵闹声渐次停息下来。

62. A. 来自江西的小丁总是孑然一身，显得很是孤单。 (　　)

B. 他创作的小品总能不落窠臼。

C. 社论观点鲜明，行文简捷。

D. 读了深度报道，我对毒奶粉事件的来龙去脉了解得更清楚。

63. A. 钥匙圈上的饰品能发出蓝莹莹的光来。 (　　)

B. 看这架式，她是非要和你离婚不可了。

C. 希望你下次发言有点儿新意，不要总是陈词滥调。

D. 有人说他性情乖戾，其实是因为大家对他太缺乏了解。

64. A. 得到某著名歌星的签名唱片，是她梦寐以求的事情。 (　　)

B. 听了大家的夸奖，她面有赧颜。

C. 游击队员们成功阻击了进入伏击圈的敌人。

D. 春天来了，花园里姹紫嫣红，煞是好看。

65. A. 他的茄克和裤子的颜色搭配不够和谐。 (　　)

B. 进得门来，老板将他劈头盖脸一通臭骂。

C. 时间不早了，还有很多事情需要我们商榷。

D. 光线不好，路道也较曲折，车手们逡巡不愿前行。

66. A. 急风知劲草。越是环境艰难，越能看出一个人的意志是否坚定。

B. 两笔汇款金额合计人民币柒万元整。 (　　)

C. 他徜徉在公园一条幽僻的小路上。

D. 一经使出撒手锏，孙哲立刻扭转了盘中不利局势，赢得了棋赛的胜利。

67. A. 在老师的悉心指导下，他的技艺日臻完美。 （　　）

B. 王明刚帮朋友摆平事端，只落个火中取栗，什么好处也没得到。

C. 这几天他遇到了不少窝心事，有点儿烦。

D. 快到发饷的日子了，手头又能宽松一些了。

68. A. 因为业务能力强，老板在许多方面都倚重他。 （　　）

B. 他因得罪皇上而再被罢黜。

C. 那个老实人常被同伴戏虐，心中很是郁闷。

D. 老教授将许多私人藏书赠予南方大学的莘莘学子。

69. A. 今年暑假，我们去了好几个风景名胜区旅游，花消很大。 （　　）

B. 性命攸关，大家不得不慎重起来。

C. 如果缺乏有力监督，职权部门就较容易孳生腐败现象。

D. 一周前，总统向国会提交了本年度的国情咨文。

70. A. 综观各国经济发展近况，可知金融风暴给世界经济发展带来的负面影响要比想象的大好多。 （　　）

B. 酱醋蒜泥等是中国人喜用的佐餐调料。

C. 钱老太太儿孙满堂，鸿福齐天。

D. 母亲伫立村头，期盼儿子能在日落前赶回家来。

第三部分：选择填空题，选择正确汉字填入句中，共 10 题。

（五）在下列各题的四个选项中，请选出能够正确填入句子括号中的一项。

71. 值此迎新晚会，同学们不妨放（　　）一下神经，尽（　　）欢乐。 （　　）

A. 置/情　　B. 置/力　　C. 松/情　　D. 松/力

72. 钱钧不慎遗（　　）了一只 MP3，他在校园里张贴了好多寻物启（　　）。 （　　）

A. 弃/示　　B. 失/示　　C. 弃/事　　D. 失/事

73. 郑老师教学用语浅（　　）易懂，广大师生对此（　　）评如潮。 （　　）

A. 白/考　　B. 白/好　　C. 薄/考　　D. 薄/好

74. 成功招（　　）了大量极有（　　）养的志愿者，是北京奥运获得巨大成功的因素之一。 （　　）

A. 募/教　　B. 聘/教　　C. 募/素　　D. 聘/素

75. 他何（　　）不想把晚会举办成功，但用来准备的时间实在过于紧（　　）。 （　　）

A. 尝/迫　　B. 尝/急　　C. 不/迫　　D. 不/急

76. 他的麻（　　）思想，给小区治安工作带来较为严重的（　　）果。（　　）

A. 痹/结　B. 痹/后　C. 醉/结　D. 醉/后

77. 尽管王明奋力拼搏，仍未能遏（　　）对手凌厉的攻势，（　　）失金牌。（　　）

A. 止/丢　B. 止/痛　C. 制/丢　D. 制/痛

78. 她的一席话，引得听众（　　）然大笑，会场气氛顿时活（　　）起来。（　　）

A. 哄/跃　B. 轰/跃　C. 哄/泼　D. 轰/泼

79. 精装书只比平装书稍（　　）贵一些，但装帧的观（　　）效果要好得多。（　　）

A. 加/赏　B. 微/赏　C. 加/望　D. 微/望

80. 他多次违（　　）劳动纪律，最近（　　）到单位的警告处分。（　　）

A. 反/受　B. 反/收　C. 背/收　D. 背/受

第四部分：选择题，判断字音正误或异同，共30题。

（六）在下列各题的四个字中，请找出注音（汉语拼音和同音字）错误的一项。

81. A. 锁（suǒ 所）　B. 答（tái 台）　C. 祠（cí 慈）　D. 郡（jùn 俊）（　　）

82. A. 蹉（cuō 撮）　B. 缸（gāng 刚）　C. 掮（jiān 坚）　D. 病（bìng 并）（　　）

83. A. 耿（gěng 梗）　B. 氛（fēn 分）　C. 钾（jiǎ 假）　D. 羸（yíng 营）（　　）

84. A. 茶（chá 查）　B. 胴（dòng 冻）　C. 疮（chuāng 窗）　D. 趁（chèn 衬）（　　）

85. A. 喋（dié 叠）　B. 暗（àn 案）　C. 韭（jiǔ 酒）　D. 漆（qī 七）（　　）

86. A. 肋（lèi 累）　B. 迄（qì 气）　C. 傥（dǎng 挡）　D. 禹（yǔ 羽）（　　）

87. A. 宦（huàn 换）　B. 粹（cuì 脆）　C. 廉（lián 联）　D. 偎（wèi 卫）（　　）

88. A. 凰（huáng 黄）　B. 旅（lǚ 吕）　C. 靥（yàn 艳）　D. 啄（zhuó 浊）（　　）

89. A. 券（juàn 眷）　B. 饴（yí 姨）　C. 劫（jié 杰）　D. 镯（zhuō 桌）（　　）

90. A. 蚀（shí 石）　B. 辗（zhǎn 斩）

C. 赂（luò 骆）　　D. 饷（xiǎng 想）　（　）

（七）在下列各题的四组字中，请找出两个汉字读音不同的一项。

91. A. 呼—惚　B. 眈—单　C. 缀—掇　D. 聂—孽　（　）

92. A. 秭—第　B. 矶—鸡　C. 国—掴　D. 脊—戟　（　）

93. A. 鲢—联　B. 你—旎　C. 沆—坑　D. 娶—龋　（　）

94. A. 鲨—裟　B. 河—貉　C. 炬—苣　D. 怯—祛　（　）

95. A. 驮—跺　B. 荻—狄　C. 庇—敝　D. 惹—诺　（　）

96. A. 杳—藐　B. 菠—钵　C. 爸—鲅　D. 扁—匾　（　）

97. A. 措—厝　B. 绔—库　C. 涉—陟　D. 毒—渎　（　）

98. A. 瓜—刮　B. 炝—怆　C. 忱—陈　D. 鳖—敝　（　）

99. A. 酱—匠　B. 跤—皎　C. 偏—翩　D. 焊—翰　（　）

100. A. 淀—绽　B. 靛—垫　C. 桅—维　D. 猴—瘊　（　）

（八）在下列各题的四组词语中，请找出加点字读音不同的一项。

101. A. 友谊—适宜　　B. 贞节—砧板
C. 缜密—诊断　　D. 提纲—刚劲　（　）

102. A. 烈属—劣势　　B. 沤肥—怄气
C. 发酵—孝敬　　D. 谛听—缔造　（　）

103. A. 巳时—良驷　　B. 角膜—角色
C. 拓荒—唾骂　　D. 萱草—喧哗　（　）

104. A. 涟漪—作揖　　B. 情愫—素质
C. 歌曲—曲折　　D. 码头—蚂蝗　（　）

105. A. 龃龉—囹圄　　B. 中间—间隙
C. 灌溉—概要　　D. 洄游—蛔虫　（　）

106. A. 纶巾—王冠　　B. 拜谒—竭力
C. 滇池—颠倒　　D. 花蒂—谛听　（　）

107. A. 打捞—洪涝　　B. 撺弄—蹿跳
C. 癖好—马匹　　D. 枸杞—苟且　（　）

108. A. 粳米—精纺　　B. 坯料—邳州
C. 衷心—热中　　D. 埋怨—埋没　（　）

109. A. 歃血—大厦　　B. 俚歌—理据
C. 柞蚕—榨取　　D. 懦夫—诺言　（　）

110. A. 剽掠—漂流　　B. 闪烁—矍铄
C. 溃疡—阳台　　D. 良莠—诱惑　（　）

第五部分：选择题，判断字义正误或异同，共 20 题。

（九）在下列各题的四个选项中，请选出加点字解释正确的一项。

111. 命运多舛　（　）
A. 不顺利　B. 相违背　C. 差错　D. 损坏

112. 置之度外 (　　)

A. 设立　　B. 购买

C. 放（在一定地方）　　D. 建立

113. 志大才疏 (　　)

A. 除阻　　B. 分散　　C. 不亲密　　D. 浅薄

114. 应运而生 (　　)

A. 作出反响　　B. 适应　　C. 承诺　　D. 与预言相符

115. 亡羊补牢 (　　)

A. 饲养牲畜的圈　　B. 囚禁犯人的地方

C. 坚固　　D. 稳妥

116. 疾风劲草 (　　)

A. 迅速　　B. 迅猛　　C. 病患　　D. 憎恶

117. 颠扑不破 (　　)

A. 跌落　　B. 错乱　　C. 颠簸　　D. 跳跃着跑

118. 因地制宜 (　　)

A. 依靠　　B. 照老样子做　　C. 根据　　D. 表因果连词

119. 一鼓作气 (　　)

A. 气体统称　　B. 气势　　C. 生气　　D. 习气

120. 悬梁刺股 (　　)

A. 部门名称　　B. 成条状的东西

C. 大腿　　D. 臀部

（十）在下列各题的四组词语中，请找出加点字意义不同的一项。

121. A. 扦子—蜡扦儿　　B. 叨光—叨扰

C. 剽掠—剽取　　D. 嫌隙—前嫌 (　　)

122. A. 厌倦—倦色　　B. 鲜见—鲜有

C. 养育—育林　　D. 木栉—栉发 (　　)

123. A. 襄理—襄助　　B. 离散—散发

C. 荒芜—芜秽　　D. 悬隔—悬殊 (　　)

124. A. 另案—另册　　B. 寰球—寰宇

C. 园囿—囿苑　　D. 畸变—畸零 (　　)

125. A. 岿然—岿巍　　B. 遴才—遴选

C. 惶恐—惊惶　　D. 快刀—快意 (　　)

126. A. 迂回—迂阔　　B. 编撰—撰文

C. 塞牙—塞车　　D. 收殓—入殓 (　　)

127. A. 刚毅—毅然　　B. 罹祸—罹难

C. 贤良—贤惠　　D. 门阑—凭阑 (　　)

128. A. 虚汗—虚席　　B. 发黏—黏性

C. 批改—审批　　D. 赅博—赅括　　(　　)

129. A. 煞尾—煞账　　B. 涉世—涉及

C. 释怀—冰释　　D. 透话—透信　　(　　)

130. A. 年谱—菜谱　　B. 泯灭—泯没

C. 殷实—殷富　　D. 炮姜—炮烙　　(　　)

汉字应用水平测试模拟试卷（三）参考答案及解析

第一部分：书写填空题，根据语境、读音提示填写汉字，共30题。

（一）根据下列各题所给出的汉语拼音和同音字填写正确的汉字。

1. 箧。“⺮”旁。不要误读为“jiā（夹）”。
2. 绌。“纟”旁，不要误读为“chū（出）”。
3. 岿。“山”旁。不要误读为“guī（归）”。
4. 礴。“石”旁。
5. 砭。“石”旁。不要误读为“fá（乏）”。
6. 魄。“鬼”旁。
7. 恬。“忄”旁。
8. 惮。“忄”旁。不要误写为“殚”。
9. 趣。“走”旁。
10. 炮。“火”旁。多音字。
11. 聊。“耳”旁。
12. 缘。“纟”旁。不要误写为“源”。
13. 背。“月（肉）”旁。多音字。
14. 尚。下半部分半封口结构。
15. 屑。“尸”旁。

（二）在下列各题的横线上填入正确的汉字，把成语补充完整。

16. 蔻。“艹”旁。不要误写为“寇”。
17. 晷。“曰”旁。
18. 帷。“巾”旁。不要误写为“维”。
19. 酩。“酉”旁。
20. 矫。右上部分不是“夭”。
21. 忠。“心”旁。不要误写为“衷”。
22. 衷。“衣”旁。“衣”包“中”。不要误写为“中”。
23. 逢。“辶”旁。
24. 欲。“欠”旁。
25. 果。不要误写为“裹”。
26. 光。上半部分是倒立的“小”。不要误写为“广”。
27. 赅。“贝”旁。不要误写为“该”。
28. 厉。“厂”旁。不要误写为“励”。

29. 茹。“艹”旁。不要误写为“如”。

30. 假。“亻”旁。

第二部分：选择题，在语境中判断字形正误，共40题。

（三）在下列各题的四个词语中，请找出用字有错误的一项。

31. 答：C。“愤发”的“愤”应是“奋”。

32. 答：B。“姆指”的“姆”应是“拇”。

33. 答：D。“临摩”的“摩”应是“摹”。

34. 答：B。“附合”的“合”应是“和”。

35. 答：A。“防碍”的“防”应是“妨”。

36. 答：C。“剪缉”的“缉”应是“辑”。

37. 答：A。“驰骛”的“骛”应是“骛”。

38. 答：B。“砝则”的“砝”应是“法”。

39. 答：A。“薪响”的“响”应是“饷”。

40. 答：C。“焕散”的“焕”应是“涣”。

41. 答：D。“滚服”的“滚”应是“衮”。

42. 答：B。“针贬”的“贬”应是“砭”。

43. 答：A。“缭草”的“缭”应是“潦”。

44. 答：B。“题纲”的“题”应是“提”。

45. 答：A。“睢鸠”的“睢”应是“雎”。

46. 答：D。“掳获”的“掳”应是“虏”。

47. 答：B。“幅射”的“幅”应是“辐”。

48. 答：C。“瞧楼”的“瞧”应是“谯”。

49. 答：A。“鬼秘”的“鬼”应是“诡”。

50. 答：D。“风糜”的“糜”应是“靡”。

（四）在下列各题的四句话中，请找出加点字使用错误的一项。

51. 答：D。“減”应是“简”。

52. 答：A。“蟠”应是“盘”。

53. 答：D。“魔”应是“磨”。

54. 答：B。“朦”应是“蒙”。

55. 答：C。“撩”应是“缭”。

56. 答：B。“连”应是“联”。

57. 答：C。“盍”应是“溘”。

58. 答：A。“斓”应是“阑”。

59. 答：D。“积”应是“集”。

60. 答：B。“娇”应是“矫”。

61. 答：C。“混”应是“浑”。

62. 答：C。“捷”应是“洁”。

63. 答：B。“式”应是“势”。

64. 答：C。“阻”应是“狙”。

65. 答：A。“茄”应是“夹”。

66. 答：A。“急”应是“疾”。

67. 答：B。“粟”应是“栗”。

68. 答：C。“虐”应是“谑”。

69. 答：A。“消”应是“销”。

70. 答：C。“鸿”应是“洪”。

第三部分：选择填空题，选择正确汉字填入句中，共10题。

（五）在下列各题的四个选项中，请选出能够正确填入句子括号中的一项。

71. 答：C。“放置”与“放松”都是动词，有一定的“处置性”。“放置”强调安放。“放松”强调对事物的注意控制由紧到松的变化。“神经”需要的是松弛，所以选“松”构词“放松”正合题意。

“尽情”是副词，表示尽量由着自己的情感不加拘束。“尽力”是动词，表示竭尽所能。获得“欢乐”，需要的是“尽情”而不是“尽力”。

72. 答：D。“遗失”与“遗弃”都是动词，都有“失去”义。“遗失”重在“丢失”。“遗弃”重在“抛弃”。题中，MP3是在“不慎”中失去的，即并非“抛弃”，所以要选“失”构词“遗失”合乎题意。

“启事”与“启示”都有名词性，“启事”指为说明事项而公开刊登的文字。“启示”则指领悟到的道理。钱钧寻物，当然要说明失物的时间、地点及MP3相关事项，所以选“事”构词“启事”合乎题意。

73. 答：B。“浅白”与“浅薄”都是形容词，都有“程度浅”义。“浅白”侧重指“明白”。“浅薄”侧重指“肤浅”。教学语言“易懂”，当然是因为“浅白”。

“好评”是名词，指“好的评价”。“考评”是动词，指“考核评审”。广大师生对郑老师的课给予的是名词“好评”。

74. 答：C。“招募”与“招聘”都是动词，都有“招收”义。“招募”的往往是非正式或较低层次的工作人员。“招聘”的往往是有固定聘请或有一定专业特长的人才。北京奥运组委会需要的是临时性的工作人员，所以选“募”构词“招募”更合乎题意。

“素养”与“教养”都有名词性，都有“修养”义。名词“素养”侧重指平日的修养。名词“教养”侧重指文化品德方面的修养。奥运志愿人员首先要有较好的平日里的修养，才能更好为奥运服务，因此选“素”构词“素养”更合题意。

75. 答：A。“何尝”与“何不”都是副词，都有“反问语气”。“何尝”用反问语气婉转地表示从来没有或并不是。“何不”用反问语气表示应该或可以。晚会事实上没有预期的办得好，用“何尝”更好地表示了主观上“并不是”不想办好。

“紧急”与“紧迫”都是形容词，都有“急迫”义。“紧迫”的“急迫”程度强于“紧急”。时间紧到影响了晚会举办的效果，可见，选“迫”构词“紧迫”更合题意。

76. 答：B。“麻痹”用作转义时是形容词，表示“思想麻木，失去警觉”。“麻醉”用作转义时，是动词，“比喻用某种手段消磨人的意志，使人失去辨别是非的能力”。题中，“他”“麻”了的是“思想”，所以选“痹”构词“麻痹”合乎题意。

“结果”与“后果”都是名词，都表示在一定的“前因”作用下出现的状况。“结果”是中性词，“后果”带有贬义，用于坏的方面的结果。他的麻痹思想，带给小区治安工作的显示是不好的状况，选“后”构词“后果”合乎题意。

77. 答：D。“遏止”与“遏制”都是动词，都有“遏阻”义。“遏止”强调“阻止”。“遏制”强调“控制”。王明在棋局中能做的是“控制”而不是“阻止”对方的攻势，因此，当选“制”构词“遏制”。

“痛失”与“丢失”都是动词，都有“失去”义。“痛失”较“丢失”更多了“痛心”义素。可以避免而终于失去金牌，对当事棋手而言实在痛心。因此，选“痛”构词“痛失”更合乎题意。

78. 答：C。“哄然”与“轰然”都是形容词，都指很大的响声。发出“哄然”响声的是人，发出“轰然”声响的是物体的倒塌。听众的笑声是人发出的声音，因此，当选“哄”构词“哄然”。

“活泼”与“活跃”都有形容词性，都含“有生气”义。“活泼”更多指人的性格或物的特性更灵动。“活跃”更多指人或物的活动较频繁。会场气氛通常用“活泼”形容。

79. 答：B。“稍微”与“稍加”都是副词，都有“略微”义。“稍微”侧重指数量少或程度浅，“稍加”侧重指有所增加。精装书与平装书价格上的比较就是钱数的比较，所以选“微”构词“稍微”合乎题意。

“观赏”与“观望”都是动词，都有“观看”义。“观赏”重在“欣赏”，“观望”重在“张望”。书籍的装帧当然是用来“观赏”的，所以本题后一选项应是“赏”。

80. 答：A。“违反”与“违背”都是动词，都有“不合正规”义。“违反”更多与“法规”、“制度”等搭配使用。“违背”更多与“事理”、“意愿”等搭配使用。题中，“他”触犯的是劳动纪律，所以要选“反”构词“违反”，才合乎题意。

“受到”与“收到”都是动词，都有“获得”义。“受到”较“收到”多了“被动”义素。警告处分是单位外加给“他”的，对于“他”而言，是被动接受。所以选“受”构词“受到”更合乎题意。

第四部分：选择题，判断字音正误或异同，共30题。

（六）在下列各题的四个字中，请找出注音（汉语拼音和同音字）错误的一项。

81. 答：B。“笞”应读“chī”。

82. 答：C。“掮”应读“qián”。

83. 答：D。“羸”应读“léi”。

84. 答：A。“荼”应读“tú”。

85. 答：B。“喑”应读“yīn”。

86. 答：C。“傥”应读“tǎng”。

87. 答：D。“偎”应读“wēi”。

88. 答：C。“靥”应读“yè”。

89. 答：A。“券”应读“quàn”。

90. 答：C。“赂”应读“lù”。

（七）在下列各题的四组字中，请找出两个汉字读音不同的一项。

91. 答：C。缀（zhuì）—掇（duō）

92. 答：A。秭（zǐ）—第（dì）

93. 答：C。沆（hàng）—坑（kēng）

94. 答：D。怯（qiè）—祛（qū）

95. 答：D。惹（rě）—诺（nuò）

96. 答：A。杳（yǎo）—藐（miǎo）

97. 答：C。涉（shè）—陟（zhì）

98. 答：B。炝（qiàng）—怆（chuàng）

99. 答：B。跤（jiāo）—皎（jiǎo）

100. 答：A。淀（diàn）—绽（zhàn）

（八）在下列各题的四组词语中，请找出加点字读音不同的一项。

101. 答：A。友谊（yì）—适宜（yí）

102. 答：C。发酵（jiào）—孝敬（xiào）

103. 答：B。角膜（jiǎo）—角色（jué）

104. 答：C。歌曲（qǔ）—曲折（qū）

105. 答：B。中间（jiān）—间隙（jiàn）

106. 答：B。拜谒（yè）—竭力（jié）

107. 答：A。打捞（lāo）—洪涝（lào）

108. 答：D。埋怨（mán）—埋没（mái）

109. 答：C。柞蚕（zuò）—榨取（zhà）

110. 答：D。良莠（yǒu）—诱惑（yòu）

第五部分：选择题，判断字义正误或异同，共 20 题。

（九）在下列各题的四个选项中，请选出加点字解释正确的一项。

111. 答：A。“命运多舛”语义为“命运坎坷不顺”。从试题提供的 4 个选项看，“舛”的义项“不顺利”最符合题意。

112. 答：C。“置之度外”语义为“不（把生死、利害等）放在心上”。从试题提供的 4 个选项看，“置”的义项“放（在一定地方）”最符合题意。

113. 答：D。“志大才疏”语义为“志向很大但才能有限”。从试题提供的 4 个选项看，“疏”的义项“浅薄”最符合题意。

114. 答：B。“应运而生”语义为“原指应天命而降生，泛指随着某种形式而产生”。从试题提供的 4 个选项看，“应”的义项“适应”最符合题意。

115. 答：A。“亡羊补牢”语义为“羊跑失了才修理羊圈。比喻受损失后想办法补救，免得有更大损失”。从试题提供的 4 个选项看，“牢”的义项“饲养牲畜的圈”最符合题意。

116. 答：B。“疾风劲草”语义为“在猛烈的大风中，只有坚韧的草才不会被吹倒。比喻在大风浪或艰苦危机中只有立场坚定、意志坚决的人才经得起考验”。从试题提供的 4 个选项看，“疾”的义项“迅猛”最符合题意。

117. 答：A。“颠扑不破”语义为“无论怎样摔打都不会破裂，比喻永远不会被推翻（多指理论、道理等）”。从试题提供的 4 个选项看，“颠”的义项“跌落”最符合题意。

118. 答：C。“因地制宜”语义为“根据不同地区的具体情况规定适宜的办法”。从试题提供的 4 个选项看，“因”的义项“根据”最符合题意。

119. 答：B。“一鼓作气”语义为“比喻趁劲头大的时候一下子把事情完成”。从试题提供的 4 个选项看，“气”的义项“气势”最符合题意。

120. 答：C。“悬梁刺股”语出《战国策·秦策一》，语义为“（为防瞌睡）把头发吊在屋梁上，用针刺戳大腿。形容学习刻苦”。从试题提供的 4 个选项看，“股”的义项“大腿”最符合题意。

（十）在下列各题的四组词语中，请找出加点字意义不同的一项。

121. 答：C。“剽掠”与“剽取”的“剽”，字义分别为“掠取”与“剽窃”。

122. 答：D。“木栉”与“栉发”的“栉”，字义分别为“梳子”与“梳头”。

123. 答：B。“离散”与“散发”的“散”，字义分别为“聚着的人或物散开”与“分发”。

124. 答：D。“畸变”与“畸零”的“畸”，字义分别为“不正常”与“数字的零头”。

125. 答：D。“快刀”与“快意”的“快”，字义分别为“锋利”与“畅快”。

126. 答：A。“迂回”与“迂阔”的“迂”，字义分别为“弯曲”与“言行等古板不合时宜”。

127. 答：C。“贤良”与“贤惠”的“贤”，字义分别为“品德高尚或有才能”与“善良”。

128. 答：A。“虚汗”与“虚席”的“虚”，字义分别为“身体虚弱”与“空出（位置）”。

129. 答：B。“涉世”与“涉及”的“涉”，字义分别为“经历”与“相关”。

130. 答：D。“炮姜”与“炮烙”的“炮”，字义分别为“一种炮制中药的方法”与“一种古代酷刑”。

参考文献

1．中华人民共和国教育部国家语言文字工作委员会．汉字应用水平等级及测试大纲．广州：广东教育出版社，2006

2．佟乐泉．汉字应用水平测试培训手册．广州：广东教育出版社，2006

3．孙曼均．汉字应用水平测试字典．广州：广东教育出版社，2007

4．中国社会科学院语言研究所词典编辑室．现代汉语词典．北京：商务印书馆，2005

5．李行健．现代汉语规范词典．北京：外语教学与研究出版社，语文出版社，2004

6．黄伯荣，廖序东．现代汉语（上、下册）．北京：高等教育出版社，2007

7．曹炜．汉语精讲．北京：北京大学出版社，2001

8．国家语言文字工作委员会标准化工作委员会．现代汉语通用字笔顺规范．北京：语文出版社，1997

9．潘文．现代汉字的定义及其结构方式．南京师范大学文学院学报，2001（4）

10．张斌．现代汉语教学参考与训练．上海：复旦大学出版社，2002

11．（汉）许慎．说文解字．北京：中华书局，1963